もう一度わが家を住み直そう！

定年後が楽しくなるリフォーム

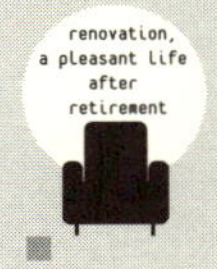

今井淳子（一級建築士）
加部千賀子（一級建築士）

亜紀書房

はじめに

「リフォームしようかな、どうしようかな」と迷っていませんか？
外壁の汚れが目立ってきたから、塗装の時期かな？
ガスファンヒーターが調子悪いから、この際床暖房にしたいな。
20年使ったキッチンセットを、おしゃれなのに替えたい！
地震が起きたら、古いわが家は大丈夫かしら……。
そろそろバリアフリーにしておかないと。

理由はさまざまでしょう。チラシをたくさん見て、展示場めぐりをして、家族で話し合い、ローンを組んでやっと手に入れたマイホーム。それなりに満足して暮らしてきたと思いますが、年数が経つといろいろと問題が出てきます。しかし、いざリフォームとなると、誰に相談すればよいのか、いくらぐらいかかるのか、どこまでやるべきか、今やることが本当によいのか、とわからないことが多くて悩んでしまいますね。

メンテナンスが主な目的ならば、傷んだものは修理して、器具は交換すればよいことです。美観上の問題も、塗装などできれいにすることはできます。リフォームの宣伝も盛んなので、評判のよいところに頼めば解決します。

ところが、メンテナンスだけでは解決しないこともたくさんありますね。住まいのあり方は、家族の生活そのもの。住まいを求めたとき、仕事やこれからの生き方、子どもの育て方などを一緒に思い悩んだように、リフォームや建て替えに際しても、仕事や家族のあり方と切り離して考えることはできないものです。

特に、ちょうどひと仕事終える50代の頃は「老い」という未知なる体験を前に、今後の生き方について考えるもの。老いに備える時期でもあり、また、定年後の新しい生き方にチャレンジする時期でもあります。そんな大事なときだからこそ、住まいがこれからの人生にふさわしいかどうかを考えることは、大事なことだと思います。

最近思うように体が動かず、家事がつらくなってきた。元気なうちに、介護向きの住まいにしておきたい。

子どもが独立して出ていったけど、今後どう住まおう?
これからの夫婦関係について、きちんと考えたい。
もうすぐ定年だから、趣味室がほしい。

こんな悩みは、業者に頼むだけでは解決しないでしょう。

生き方に迷ったとき、先輩たちの体験談はとても役に立ち、勇気を与えてくれます。リフォームも同じで、経験者である友人に住まいを見せてもらうのが一番です。苦労話、自慢話、失敗談を聞いたら、こんな勉強になることはないでしょう。でも、自分たちと似た条件でリフォームした友人がそんなにいるわけではないので、せめて実例集の中に参考になる例を見つけていただけたらと思います。

身近なリフォームの体験談を聞くように、この本を味わってください。迷っていることの解決の糸口になれば幸いです。

最後に、登場してくださった建て主のみなさまに、心からお礼を申し上げます。

二〇〇五年五月

今井　淳子
加部千賀子

定年後が楽しくなるリフォーム 目次

ADVICE

凡　例

本文の間取り図のうち、

●L=リビング、D=ダイニング、K=キッチン

●洗・脱=洗面脱衣所、浴=浴室

●洗=洗濯機、冷=冷蔵庫

●濃いグレーの部分=リフォーム対象範囲外です。

第1章

2世帯同居

——いい関係は家の造りから

離れて暮らしていた子ども夫婦が、子どもができたのをきっかけに頼ってきたり、また、自分たちの老後を考えて子ども一家を呼び寄せたり……。きっかけや目的はさまざまですが、みなさん、同居に備えてリフォームを考えるようです。

ここでは、子ども一家との同居にあたって自分の部屋を整えた2例、親夫婦と長年同居しながら自分たちの居住スペースを何度も改修した例をご紹介します。

同居する娘家族に頼らずに、自立生活ができる〝マイスペース〟

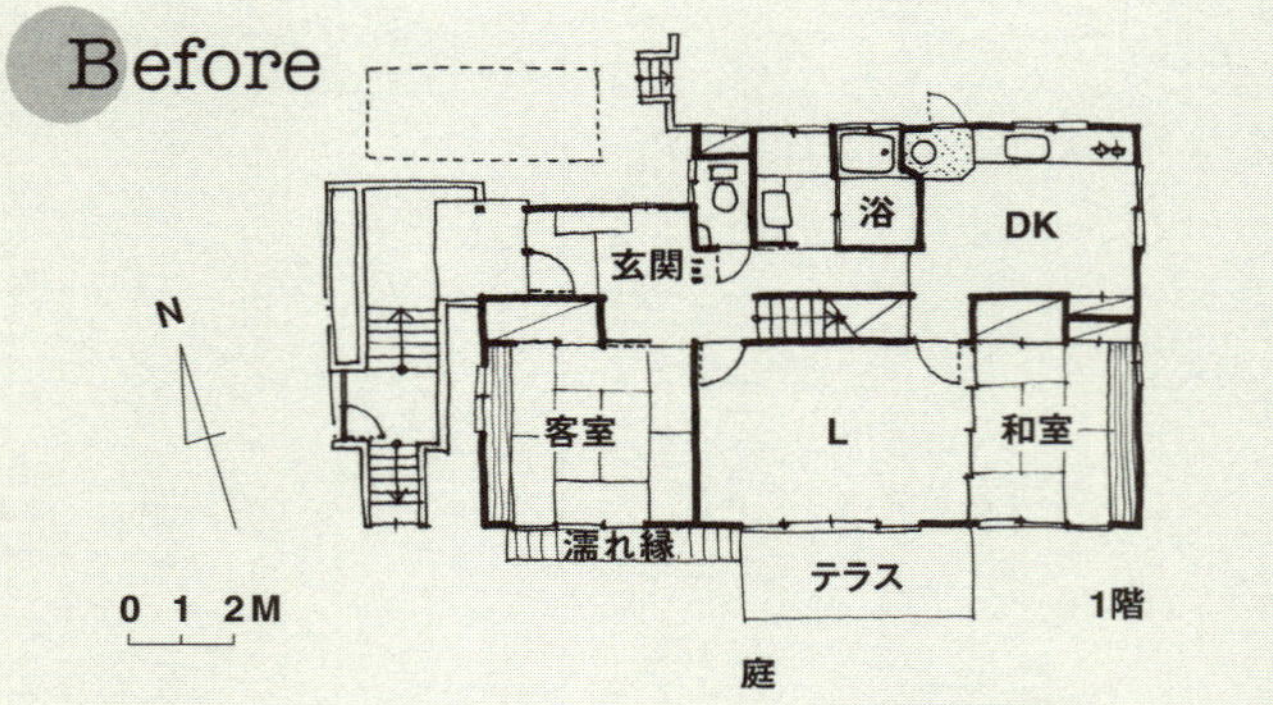

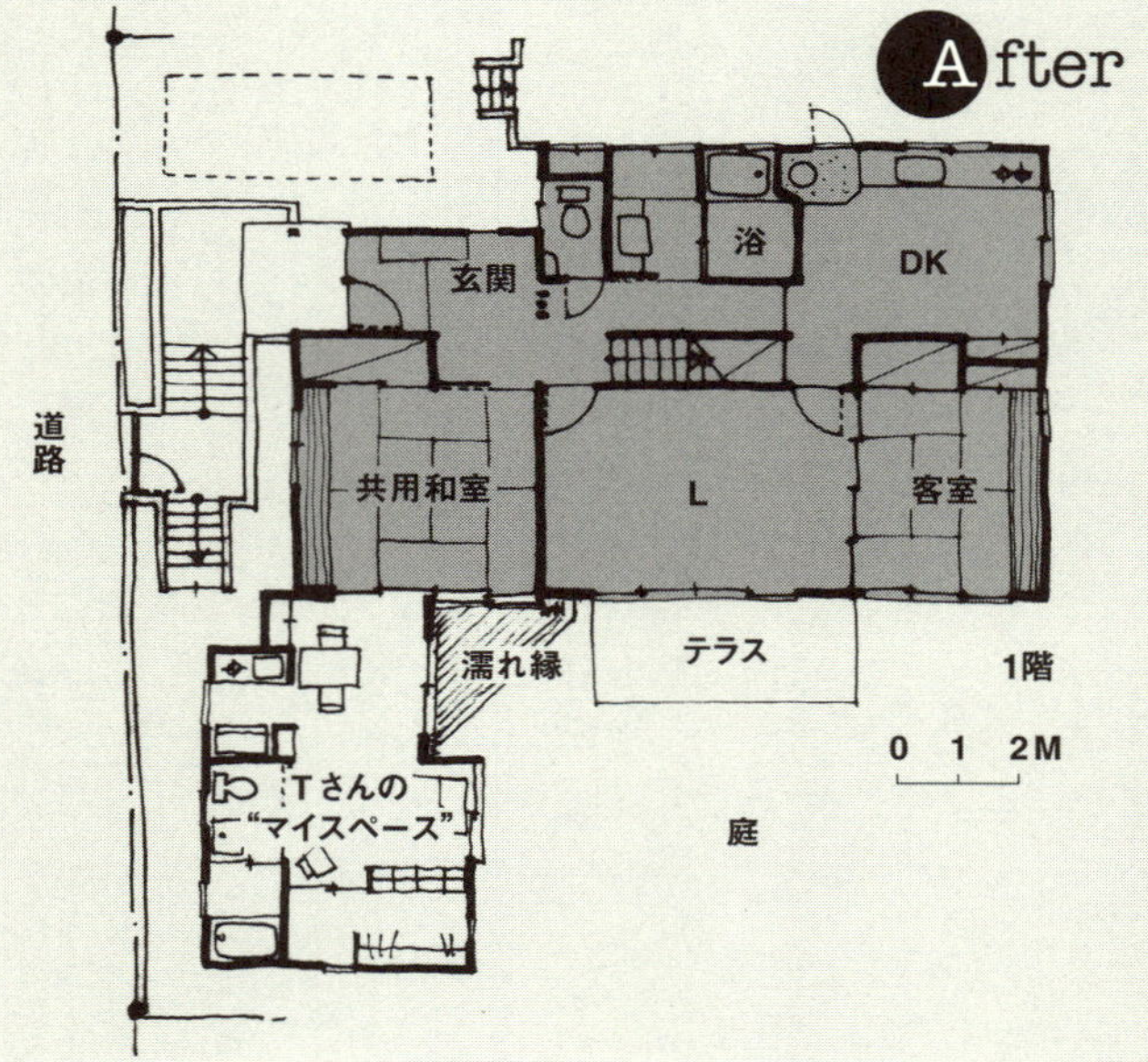

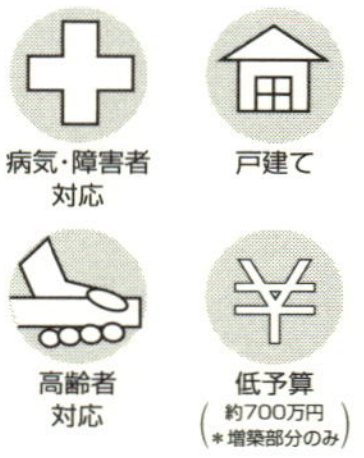

DATA

家族構成

Tさん	長女夫婦	孫2人
(70代女性)	(40代)	(10代)

所在地	築年数	構造
神奈川県	27年	木造2階建

POINT

- ●70歳女性のTさんが、娘家族と同居を始める。
- ●自分だけの生活スペースを増築して、自立生活を可能に。
- ●関節リウマチの痛みが緩和され、暮らしやすい住まい。

●娘一家を迎え入れる

70歳女性のTさんは、関節リウマチの持病があります。それでも、近くの団地に住む娘さん一家に支えられて、ひとり暮らしを続けてきました。しかし、娘さんたちから申し出があり、同居生活を始めることになりました。

Tさんが住んでいた家は、築26年になります。「建て替える」という選択肢もありましたが、しっかりとした造りなので、まだまだ充分住み続けられそうです。何よりも、そこには思い出のいっぱい詰まった家族の歴史がありますから、壊すことはせずにリフォームすることになりました。

●できる限り自分のことは自分でやりたい

娘さんたちがやってくれれば、家の中が賑やかになって生活に張りが出るというもの。自分の身に何かあったときにも安心です。

しかしその反面、これまでの気ままな生活が失われるのではないか、娘夫婦に気を遣わせたり、何かと不自由な思いをさせるのではないかと気がかりで仕方がありません。

そこでTさんは、娘さん一家と**生活スペースを完全に分ける**ことにしました。幸い敷地には余裕があり増築が可能だったので、それまで住んでいた2階建ての住まいを娘さん一家に使ってもらい、25・6平米（7・75坪）の**〝マイスペース〟を増築**することにしました。

Tさんが生活を分けたいと思ったのは、「**お互いに気兼ねしないように**」ということのほかに、もうひとつ理由がありました。それは、「**娘たちに甘えてしまうのではないか**」

と心配だったのです。

持病の関節リウマチのこともあって、そばにいればいろいろと頼ってしまうかもしれません。しかし、できる限り自分のことは自分でしたい、依存することなく楽しい同居生活にしたい。そのためにも、身体の不自由さとうまくつき合いながらひとりで生活できるように、狭いながらも多機能なスペースをつくることにしました。

●小さいながらも明るくおしゃれな空間

増築部分は限られた面積なので、できるだけ広く使えるようにワンルームにしました。床はコルクタイル、壁は紙に木片を漉《す》き込んだもの、天井は無垢のスギ板張りです。暖かくて足触りもよいコルクタイルは、関節リウマチのTさんに適しています。

ワンルームですが、必要に応じて家具や引き戸で区切りました。引き戸といっても、床にレールを埋め込み、天井と引き戸の間には合わせガラスを入れるだけにして、視覚的にはつながって見えるようにしました。

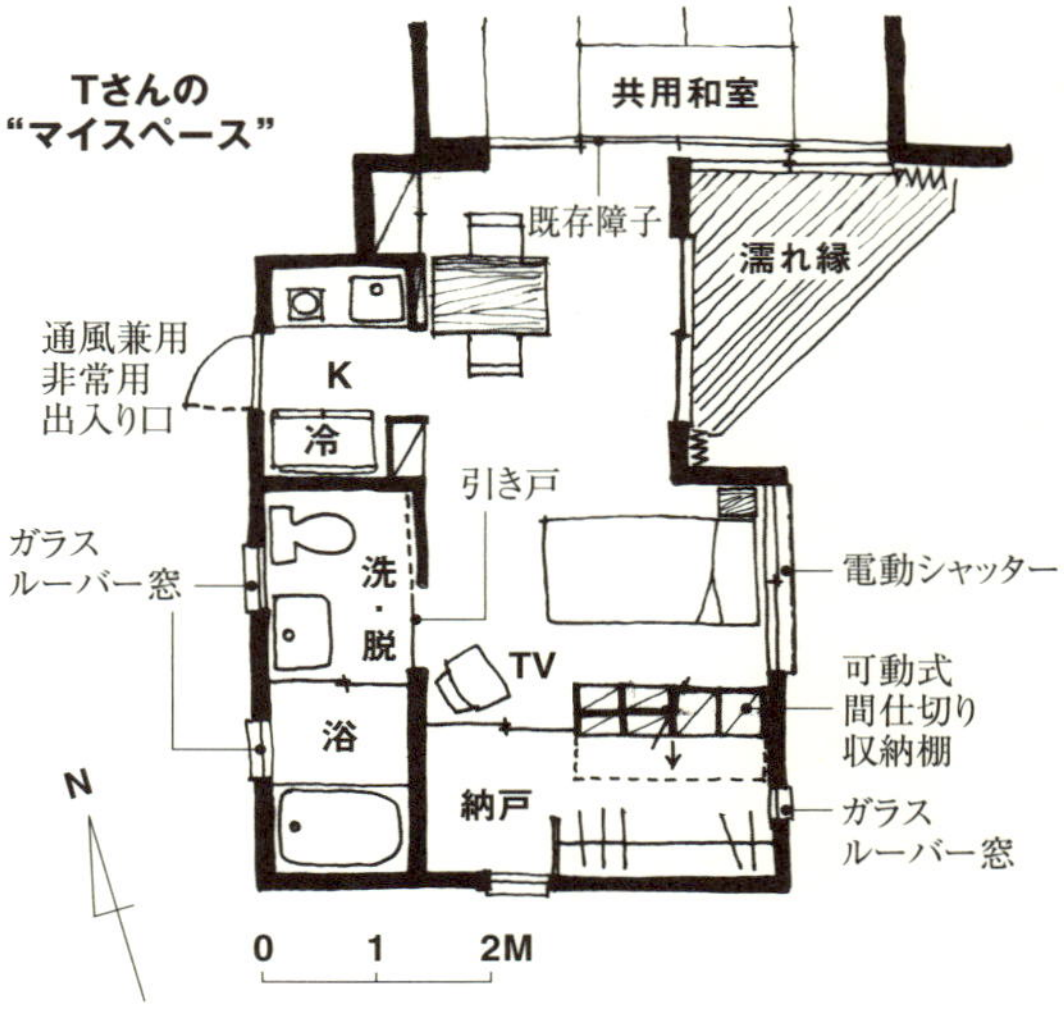

部屋の中心にベッドを置いてありますが、部屋の雰囲気によく合うデザインのカバーをかけてあるので、狭く見えたり雑然とした印象を与えることはありません。

食事は娘さん一家と一緒ですが、ひとりのときに料理をしたり、好きなときにお茶を楽しめるように、コーナーに小さなキッチンを設けました。

使い慣れた大型冷蔵庫を設置して、かわいらしいテーブルセットも置きました。そこでお茶を飲みながら庭を眺めたり、手紙を書いたりして過ごします。学校帰りのお孫さんも、ここでおやつを食べるそうです。

●関節リウマチにやさしい部屋

「関節リウマチ」は中高年の女性に多く見られ、手足の関節がこわばり、痛みを伴うことが多いようです。朝や寒いときに、特に辛いと言われます。

東向きの部屋は朝日がいっぱい入って暖かく、辛い朝も少しは調子がいいのですが、雨戸の開け閉てが結構大変です。今までは「朝寝坊と思われてはご近所にみっともない」と、手の痛みをこらえながら無理をすることもあったとか。

そこで、ちょっと贅沢ですが、ベッドの頭の上の窓には**電動式のシャッター雨戸**をつけ、寝たままでも開閉できるようにしました。朝、

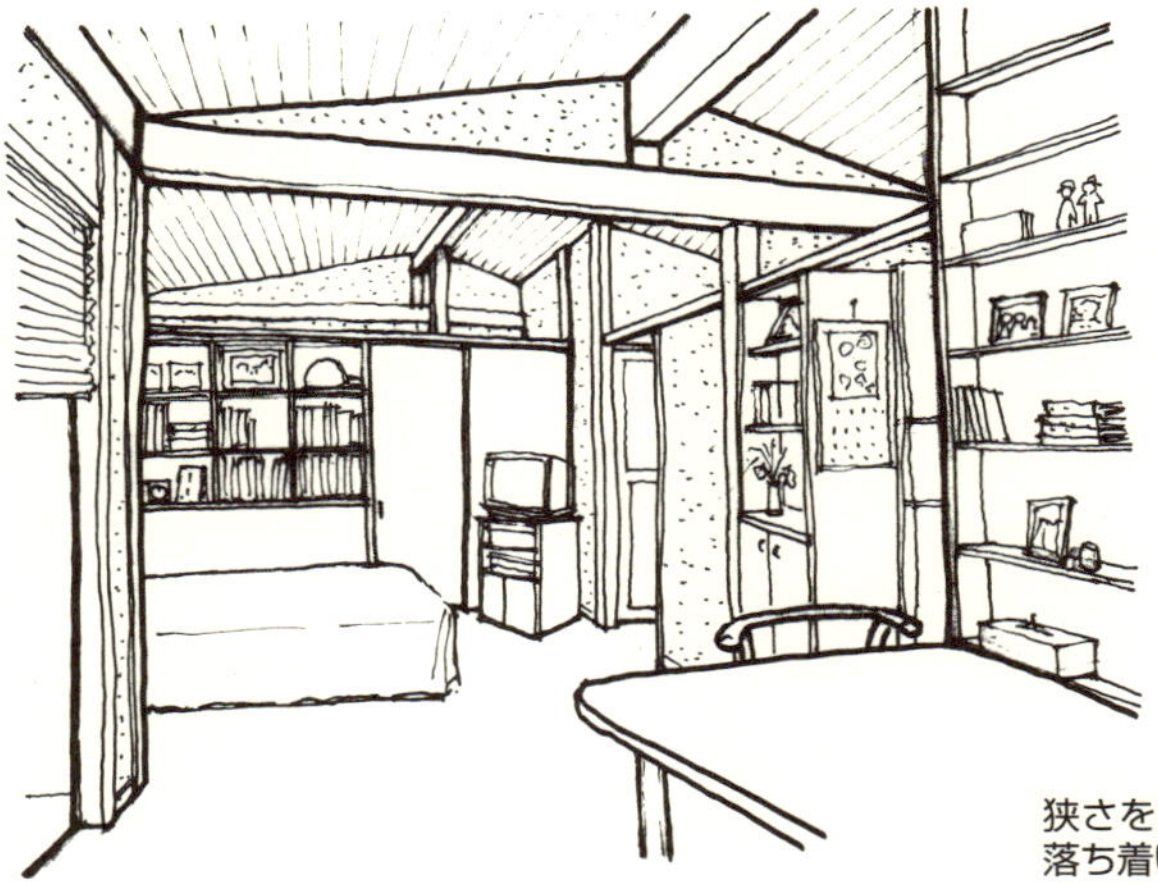

狭さを感じさせない
落ち着いた空間

目覚めたらスイッチを押して雨戸を開けます。日の光が差し込んできてしばらくすると部屋が暖かくなり、体調が整ってから起き上がることができ、だいぶ楽になったそうです。ブラインド機能があるシャッターなので、光のコントロールもできます。

冷房の風が関節部に当たると強く痛むとのことなので、なるべく自然の風が通るように、**ガラスルーバーの小窓**を設置しました。また「そもそも冷暖房の風が苦手」と言うTさんに、**床暖房**をベッドまわりや食卓の床だけでなく、浴室にも設置することを提案しました。

トイレ・洗面はベッドから数歩の距離です。引き戸で仕切ってありますが、戸を開けても便器は見えないように配置してありますので、通風のために開けておくことも多いようです。ここを開放してあると、だいぶ部屋が広く感じられます。

洗面台に手をかけて身体を支えられるので、トイレには手すりをつけていません。必要になったらすぐにつけられるように、**下地補強**だけはしてあります。

治療のために薬湯につかることが多いTさ

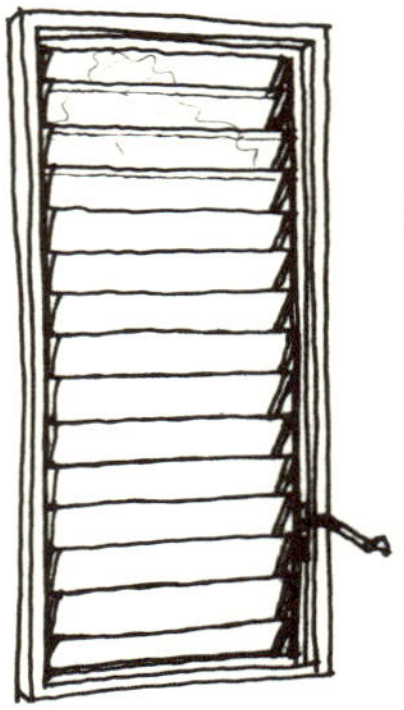
上部を透明ガラスにすると、空や庭の緑を見ることができる
下部は曇りガラス。プライバシーを保ちながら通風ができる

ガラスルーバー窓

換気量の調整が簡単で、ルーバーを水平にすると開口部面積全体で換気できる

床暖房
79ページ参照。

下地補強
164ページ参照。

んは、「**私専用のお風呂**で、誰にも気兼ねせずに好きな時間に入れて嬉しい」と喜んでくれました。独特の香りで家族に迷惑をかけたくないと思っていたようです。

●適度な距離が心地よい

いざというとき、この部屋から直接外へ出られるように、出入り口を設けてあります。これは通風窓としての役割も果たしています。

普段は、隣に位置する共用和室を通って、玄関やダイニング、リビングなどに行けるようになっています。Tさんの部屋との境には、和室の障子をそのまま生かしました。

共用和室とTさんの部屋は濡れ縁でもつながっており、どちらの部屋も外に開けた明るい空間になりました。以前はほとんど使われていなかった客室が、2つの家族の接点にな

ったようです。

2階には洋室が3つあり、娘さん夫婦とお孫さん2人の部屋になっています。2階から直接Tさんの部屋の中を見ることはできませんが、小窓から漏れる明かりで様子がわかります。1階のリビングからも、庭を通して気配が感じられるので、お互いに安心して暮らせるようです。

●思い出は納戸にしまう

年を重ねるということは、思い出が増えていくということ。形として残るものも多く、そばに置いておきたい物も増える一方です。

高齢の方にお聞きすると、家を建て替えたり施設に入所したりするときに、思い出の物を処分しなければならないのが一番辛いと言います。

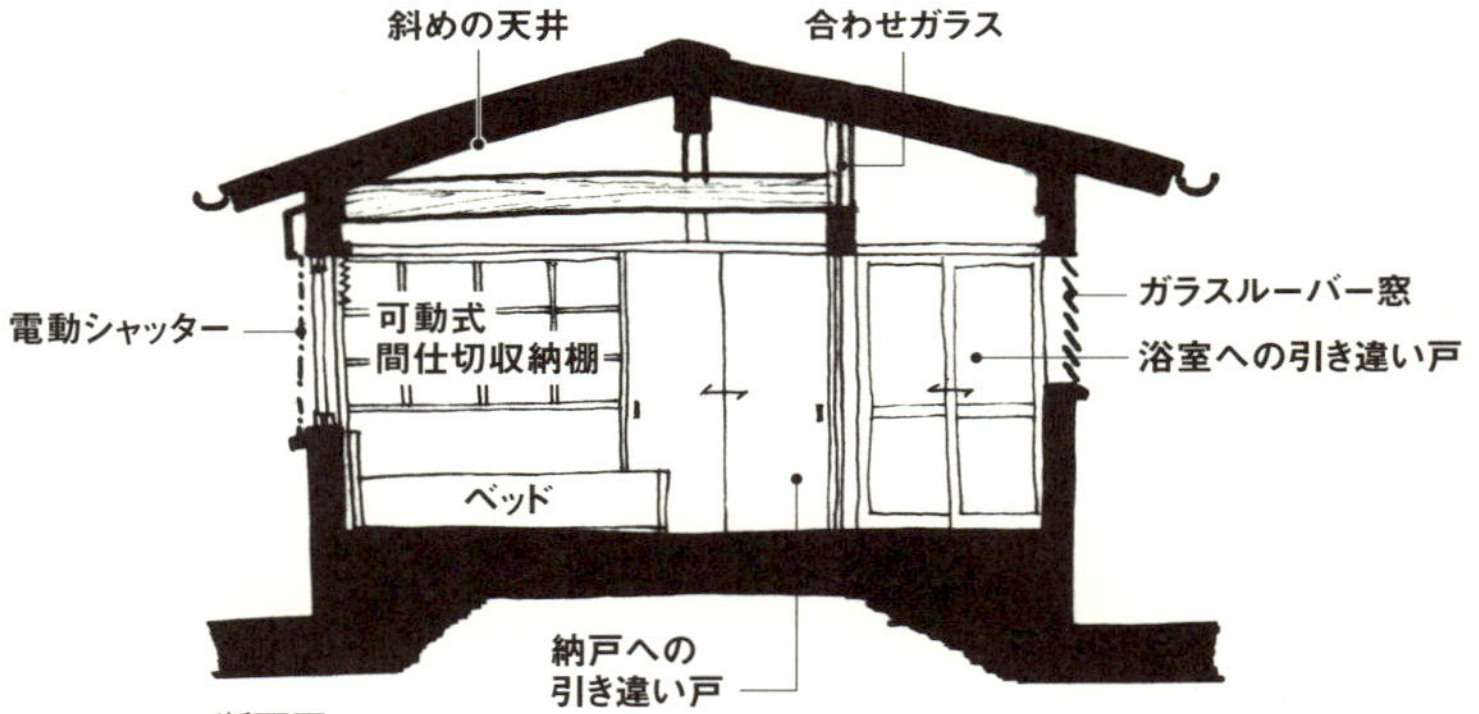

断面図

Tさんも、身近に置いておきたい物がたくさんありました。そこで、ベッドの側に写真や記念の小物を飾ることができ、裏側が収納になっている棚を間仕切りにして、納戸スペースをつくりました。普段は使わないけれど、身近に置いておきたい物をここに収納することによって、部屋はいつもすっきりとしています。

この間仕切り棚は、動かすことができます。**ベッドまわりにスペースが必要になったとき**、たとえば介護が必要になったときには、納戸スペースに押し込んでしまえばよいのです。

〝至れり尽くせりのワンルーム〟といった感じですが、Tさんにとっては必要なものばかり。〝自分のことを自分でしたい〟Tさんを、この部屋が支えています。……………今井

ベッドまわりにスペースが必要になったとき
134ページ参照。

引き戸

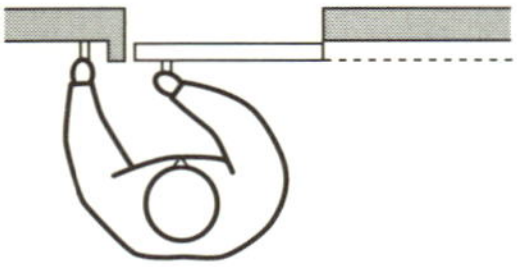

長所 スペースをとらず、開くときに後ろに下がる必要もない。

短所 気密性に欠ける。引き込みの壁が必要で、鍵の種類が限定される。

注意点 敷居は床とフラットに。埋め込みレールにするか、上吊り式にする。手が不自由な場合、大きめの取っ手に。

いろいろな取っ手

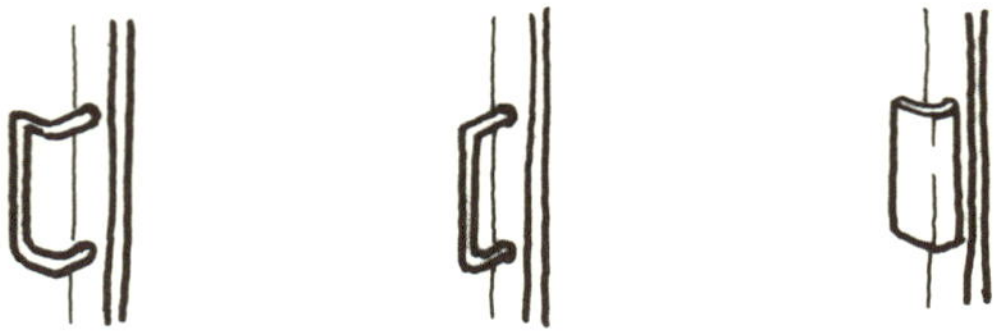

ONE POINT

手が不自由な場合、引き手をつけた方が引きやすいが、開口部が狭くなる。

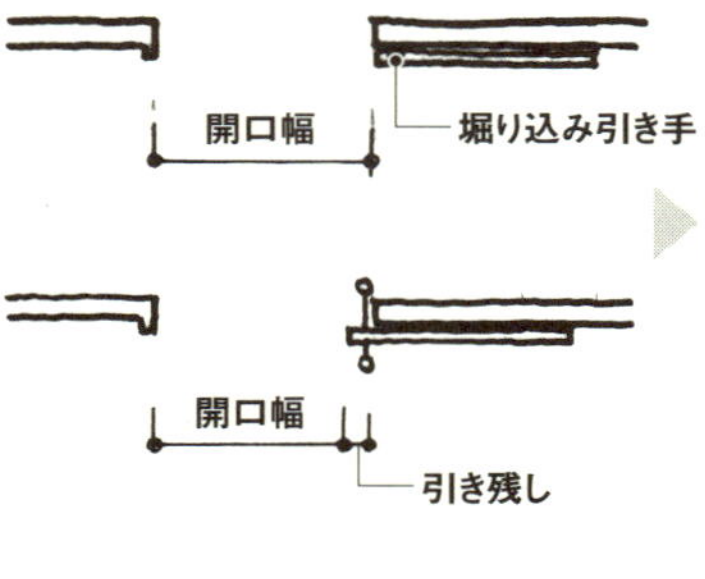

3枚引き戸にすれば、大きな開口部がとれる。

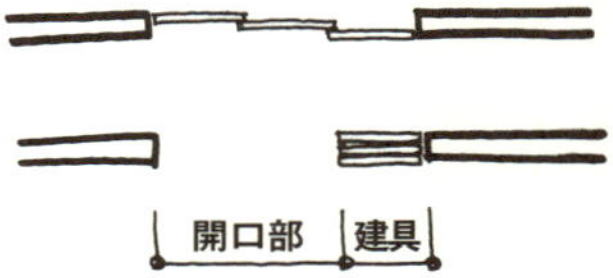

引き込み戸ならば、ドアでも後ろに下がらずとも開閉でき、狭い廊下でも大丈夫。

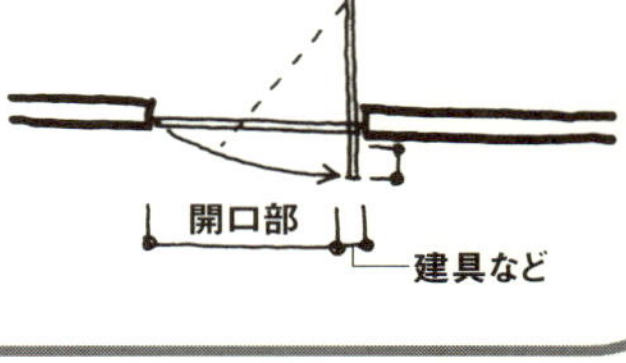

ADVICE

高齢者にやさしい

建具

どの建具がよいかは、その人の好みや生活スタイル、身体状況によるので「人それぞれ」。一般的には、ドアよりも、開きやすい引き戸の方が安全だと言われています。

ドア

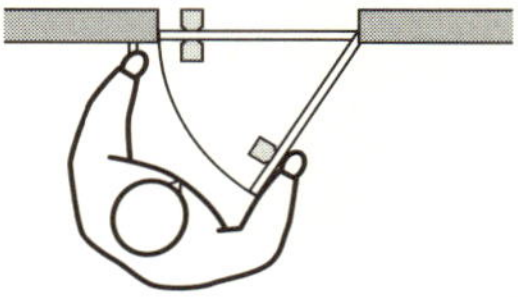

長所 気密性が高い。
鍵をかけるのが簡単。

短所 開くときに後ろに下がらなくてはならず、転倒の危険性がある。

注意点 手や指に力が入らなかったり、変形してしまった場合、ドアノブをレバーハンドルに取り替える。レバーハンドルは、肘や手の甲でも動かせる。
リウマチの場合、ひんやりとしない木製やプラスチック製を選ぶとよい。

取っ手

一般的なドアノブ
ぶつかると痛いので、大きすぎず角張っていないものを選ぶ。

レバーハンドル
先端が内側に丸まっているものは、衣服が引っかからない。

“老老介護”に突入する前に、息子家族を呼んで2世帯住宅に

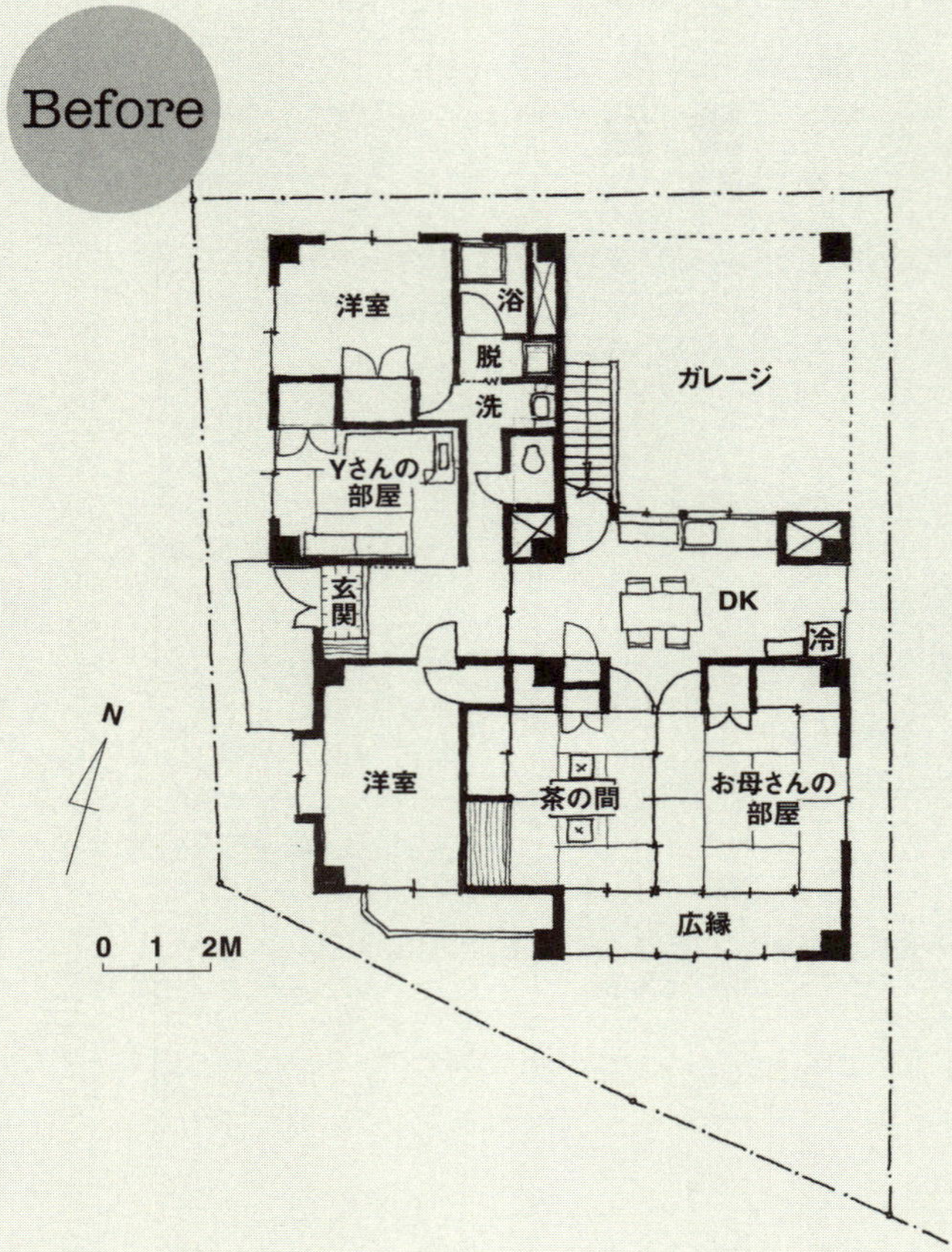

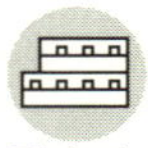

POINT

- ●60代女性のYさんは、90代のお母さんとふたり暮らしだったが、息子家族と同居を始める。
- ●マンションの2フロアーを合体させて、1住戸にする。下階にYさんとお母さん、上階に息子家族が住む。
- ●お母さんのための改善と、Yさんの将来のための対策。

After

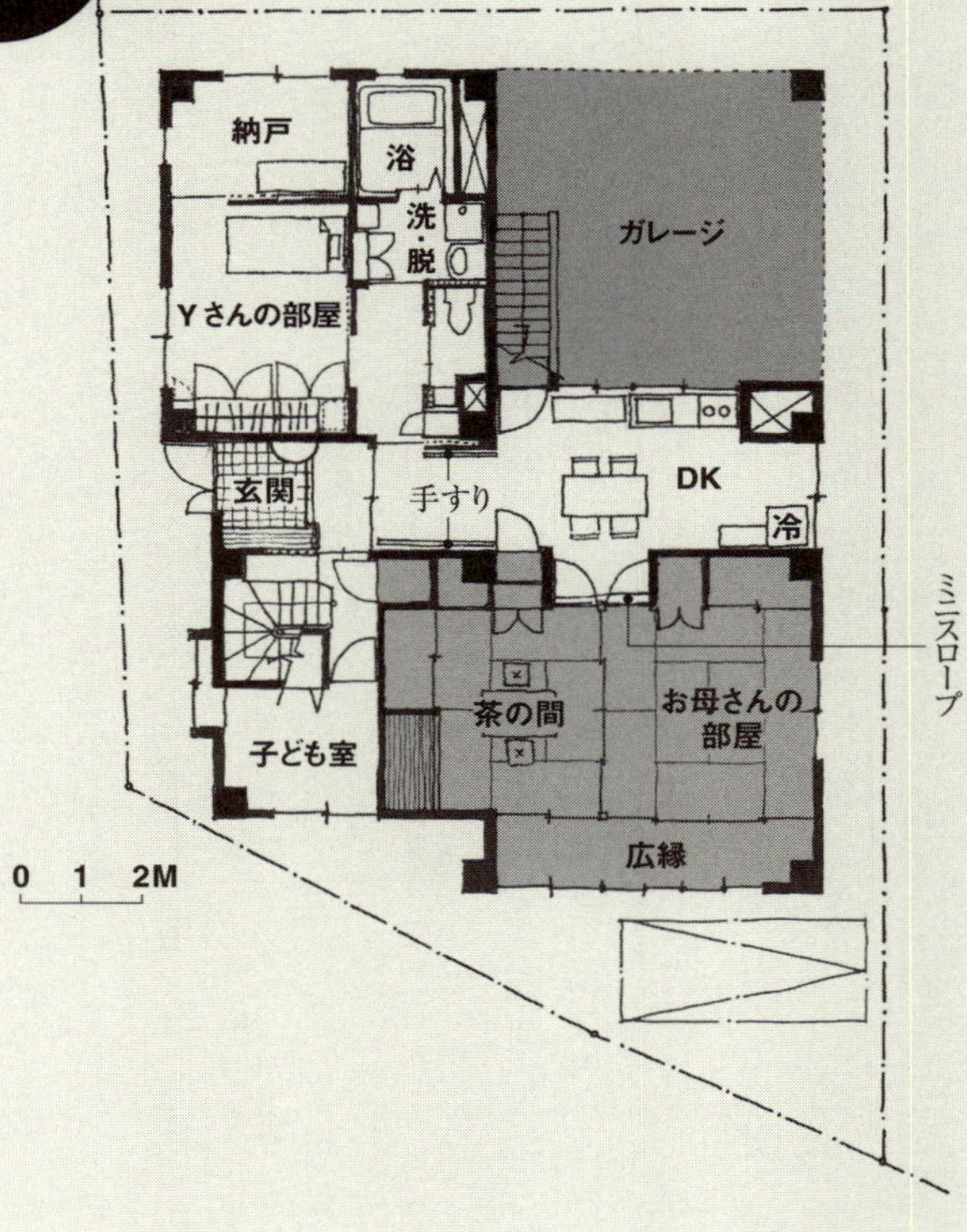

DATA

家族構成

Yさん	母	次男夫婦	孫1人
(60代女性)	(90代)	(30代)	(2歳)

所在地	築年数	構造
東京都	23年	鉄筋コンクリート造 3階建の1階

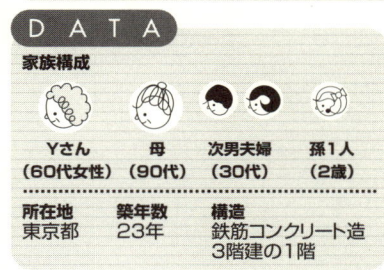

親の面倒を見ているうちにいつの間にか自分も年をとり、親の介護や先々の生活が心配になってきます。60代の女性Yさんも、そのひとりです。

●息子一家を呼んだきっかけ

Yさんは都心に賃貸マンションを持っており、その1階に90歳を超えるお母さんとふたりで暮らしていました。

お母さんは着替えや入浴には介助を要しますが、トイレはひとりで行けます。毎日の散歩やお茶の時間も、人の手を借りることなくひとりで楽しんでいましたが、だんだん物忘れが激しくなり、旅行等で部屋が変わるとパニックに陥るようになりました。

そこでYさんは、将来に備えて郊外に住む息子家族を呼ぶことにしました。かわいい孫との暮らしも楽しみですし、息子さんも通勤が便利になるので一挙両得です。

●〝老々介護〟にも備える

実は2世帯同居を計画する前から、Yさんはリフォームを考えていました。というのも、今は元気だからよいのですが、このまま〝老々介護〟になってしまったときに、今の住まいでは不便が出てくるのではないかと心配だったのです。

お母さんの部屋には、いつでも横になれるようにと常に布団を敷いています。起きている間、お母さんはYさんが準備したお茶道具で自分でお茶を入れて茶の間で過ごすのですが、トイレや浴室へ行くには壁や家具を頼りとした伝い歩きですし、玄関ホールを通る必要があり、寝巻き姿のときなど寒くて落ち着きません。

水まわりは、介助するにはトイレが狭く、洗面所、脱衣所も細かく仕切られていました。浴槽も縁が高いので、介護には向いていません。

また、部屋の出入り口ごとに段差がありました。これでは、高齢者の摺り足ではあっちこっちに引っかかります。

●縦につなげる・横につなげる

Yさんたちが住む1階は、和室中心の5DKです。部屋数はありますが、使い勝手がよくありません。そこで2階の賃貸室が空く機会を待っていたところ、ちょうど2住戸が空いたので、2階を息子家族用にして、1階をバリアフリー化することにしました。

上下階をつなぐ場合、新たに内階段を考えます。階段の位置によって、それぞれの階の空間性格が規定されるため大変重要です。何度も将来の増改築や使い勝手の変化を考慮に入れながら決めていきます。

検討の結果、玄関脇の洋室半分を階段としました。玄関ホールとその周囲を、2世帯の共用の場とします。

階段の新設には2階の床を抜く必要があります。床は鉄筋コンクリート造なので、**構造的に問題がないか**を判断し、抜いた周囲を**鉄骨で補強**します。

2階の子世帯部分は、2つの住戸を横につなげます。やはり、壁(鉄筋コンクリート造)の中でも構造的に問題のない部分に出入り口を空け、金物で補強します。

こうして2階は、息子家族4人が暮らすのに充分な広さとなりました。ただ、玄関が1

階ではお嫁さんは何かと不便でしょうから、もともとあった2階の玄関を勝手口にして生かしました。

●お母さんが暮らしやすいように

①水まわりの配置は変えない

Yさんとお母さんの住む1階部分は、本来ならば、お母さんの部屋を水まわりの隣に移すのが理想です。

しかし、部屋の位置関係が大きく変わるとお母さんの症状が悪化する恐れがあるため、そのままにしておくことにしました。つまり、お母さんの部屋とトイレ・洗面脱衣所・浴室の位置関係は変えません。

DKも新しくしたいところですが、お母さんの〝**生活リズム**〟を**維持**するため、あえて手をつけません。手すりをつけるだけにとどめました。

高齢者の場合、体に染みついた作業手順や方向感覚を変えようとすると戸惑いが生じ、思わぬ事故につながるからです。

②防寒対策

寝巻き姿で寒い玄関ホールを横切らなければならなかった問題は、**ホールに引き戸**を設けることで解決しました。これは、防寒とともにプライバシー確保の役割を果たしています。

③バリアフリー化

トイレは引き分け戸にし、廊下の幅を広げ、洗面所と脱衣所はワンルームに改造しました。

浴室は**高齢者対応のユニットバス**に替え、またぎ段差を小さくしました。

全体的に床は平らにしましたが、前述の通りお母さんの部屋は手をつけないことにした

ホールに引き戸
115ページ参照。
ミニスロープ
88〜89ページ参照。

ので、DKとのわずかな段差は**ミニスロープ**で解消しました。

●トイレ直結の個室に変身

Yさんが使っていた2つの部屋をつなげて、一室にしました。クローゼットのついた広い寝室と納戸になりましたが、ポイントはYさんの将来のために寝室とトイレをダイレクトに結んだ点です。

寝室の引き戸を開け、廊下の戸を閉めると、廊下までを取り込んだ**トイレつきの寝室**に変わります。これなら、夜中にトイレに行くのに壁や戸にぶつかったりつまずいたりする事故を防げます。

また、冬場でも部屋・廊下・トイレの**温度差がない**ので体に負担がかからず、トイレも億劫になりません。自分でトイレに行きやす

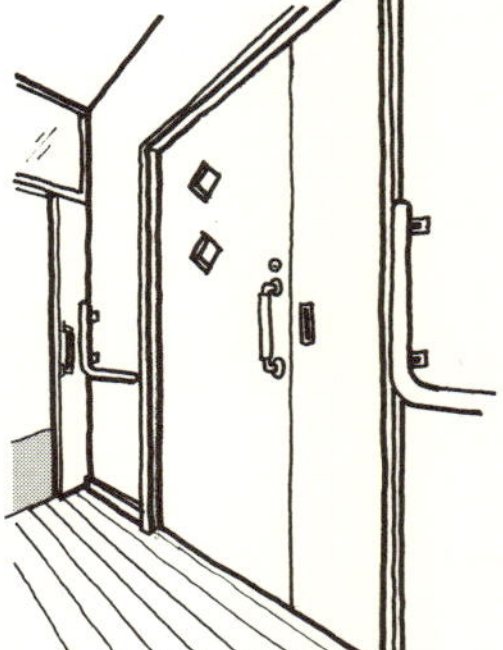

トイレを引き分け戸にすると、入り口が広くなり介助もしやすい

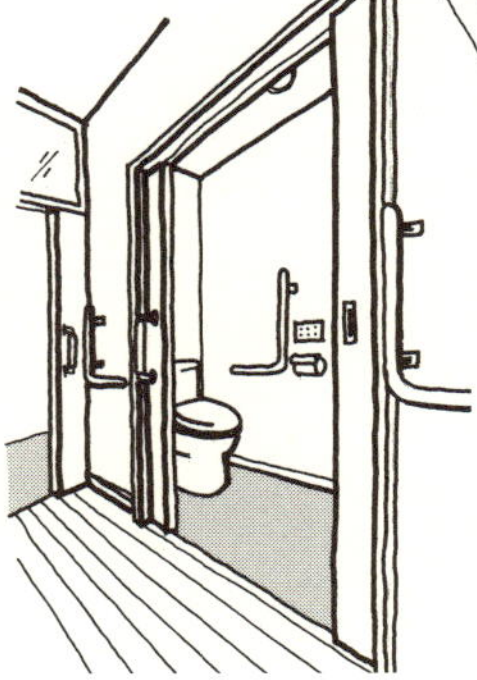

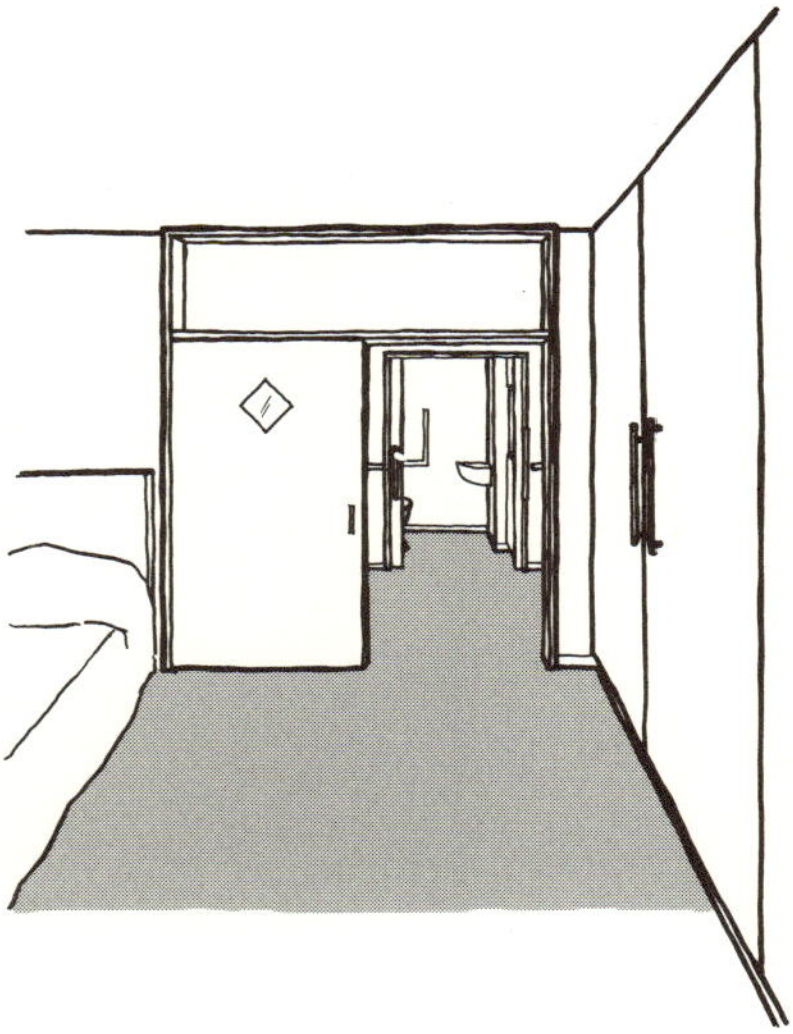

引き戸を開けておくことでトイレ直結の寝室に

いので、「**寝たきり**」**を防ぐ**ことにもつながります。

●完成後

2歳の孫はよく2階から下りてきて、飛び跳ねて踊っています。Yさんがレースのカーテンでつくったシンデレラのドレスが気に入っているのです。

2人目の孫も生まれ、さらに賑やかになりました。Yさんの願っていた2世帯住宅が実現したようです。……………………加部

2階からドレスを着た孫が下りてきて、
おばあちゃんもにっこり

ADVICE

将来を考えた水まわり①

配置

●トイレ、洗面脱衣所、浴室は1カ所に。
●水まわりは寝室の近くに。
●トイレ単独では狭い場合、洗面所とワンルーム化する。

寝室専用の水まわり

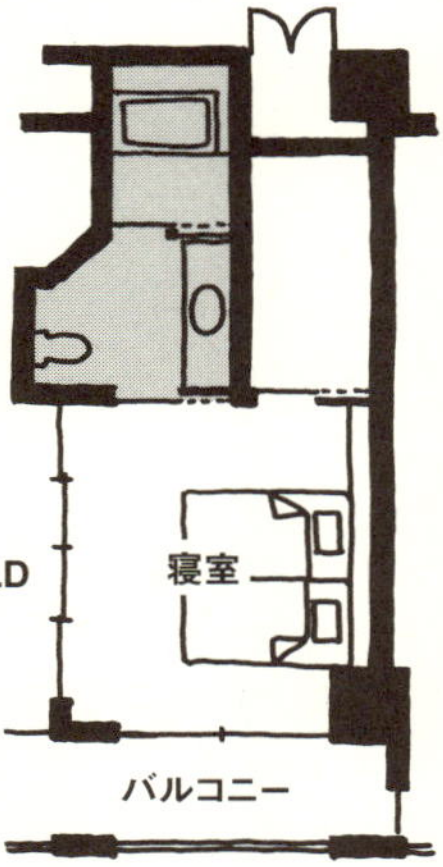

家族も使える水まわり

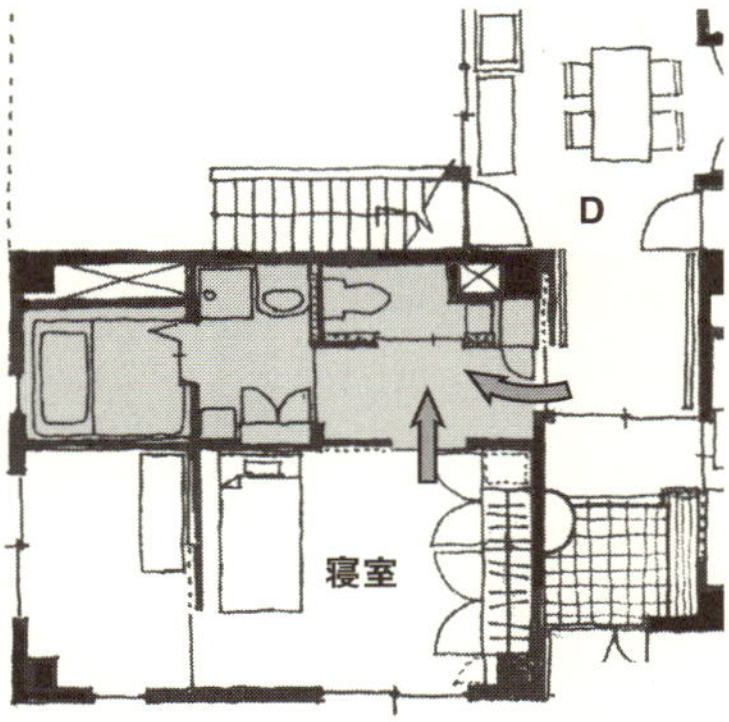

出入り口は2カ所設けると便利。

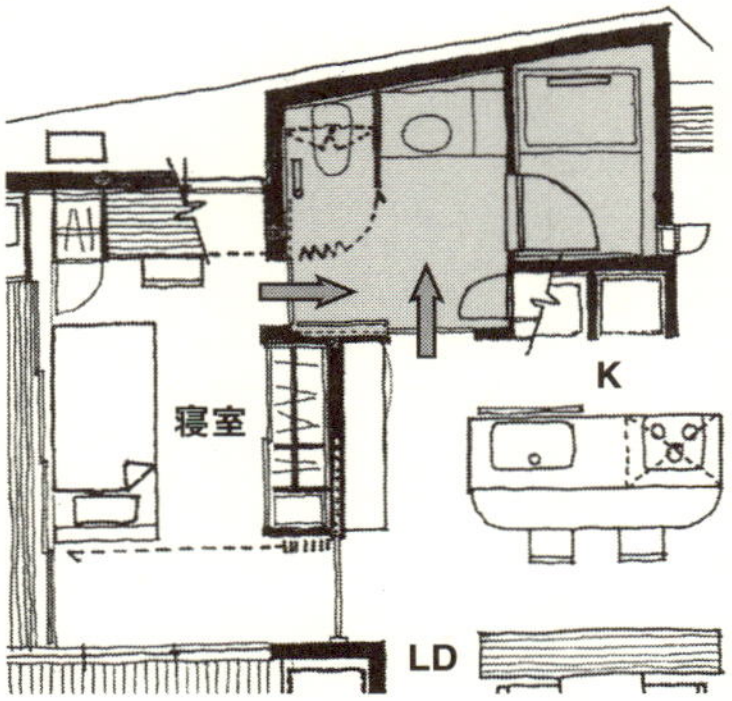

浴室

車椅子使用の場合、
狭い浴室の改造は
思いきってシャワー浴用に

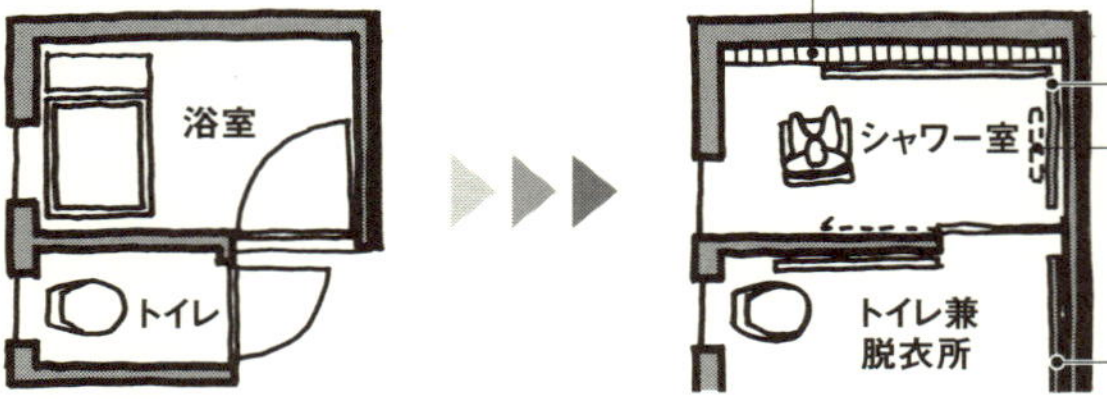

ONE POINT

太陽光線の一部である遠赤外線は、人間の皮膚や皮下組織に最も深く浸透する。温風暖房は表面を温めるが、遠赤外線は体の芯まで温める。

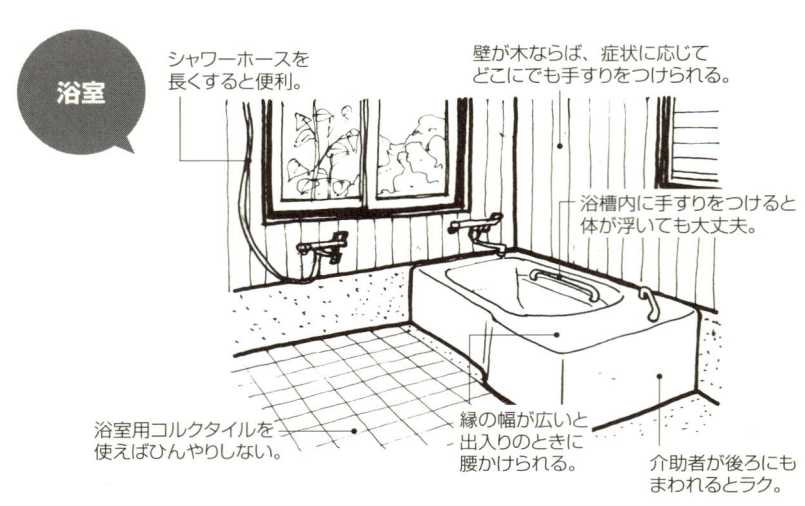

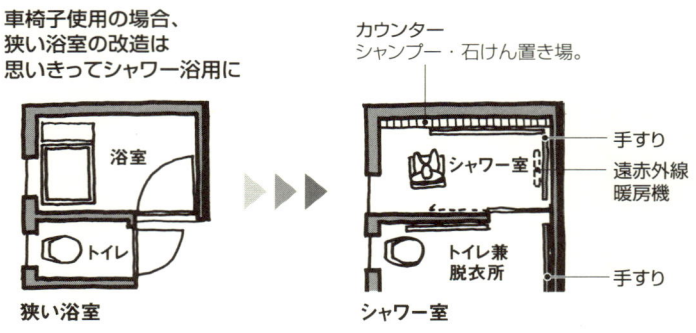

ADVICE

将来を考えた水まわり②

トイレ・浴室

高齢者・障害者用のトイレや浴室は、身体状況に合わせて改修するのが基本ですが、元気なうちのリフォームで準備しておけることもあります。一般的なバリアフリートイレと浴室をご紹介しましょう。

トイレ

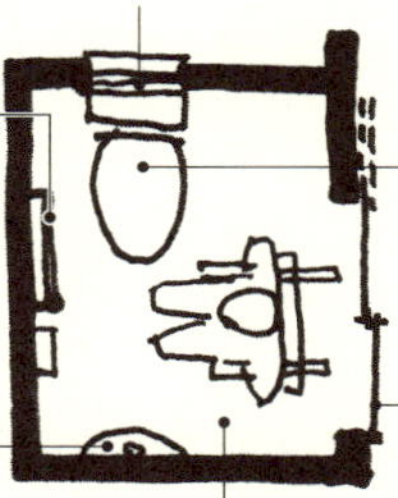
換気のための窓
窓がとれない場合はタイマー付換気扇を。
手すり
便器は白いもの
色つきでは尿の色や便の様子がわからず、健康チェックができない。
小さな手洗い場
便器についている手洗いは、ふり向かねばならず、体勢をくずしやすい。
耐水性の掃除しやすい床
滑りにくいもの。

狭いトイレのための工夫

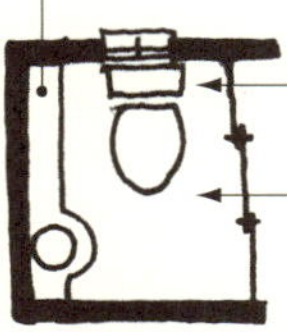
手すり代わりになる手洗いカウンター
奥の掃除も横からできる。
介助のときはこちらから。

狭くてもバリアフリー

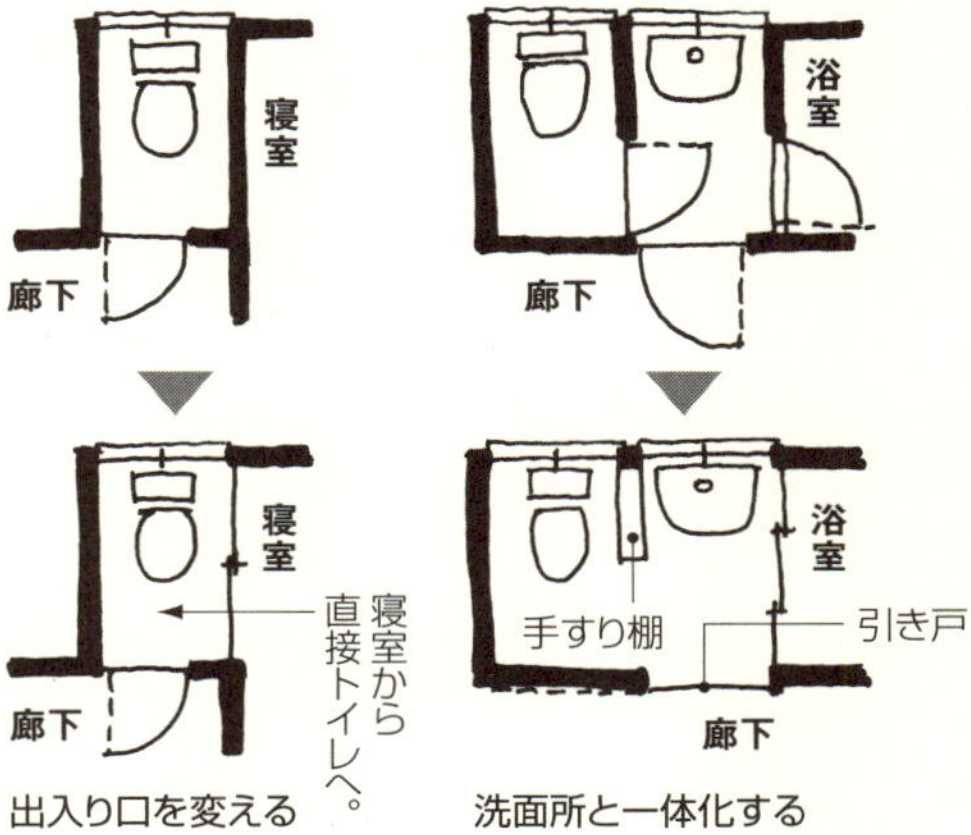

出入り口を変える　洗面所と一体化する

家族の変化に合わせて、何度もリフォームを重ねた家

戸建て

Before

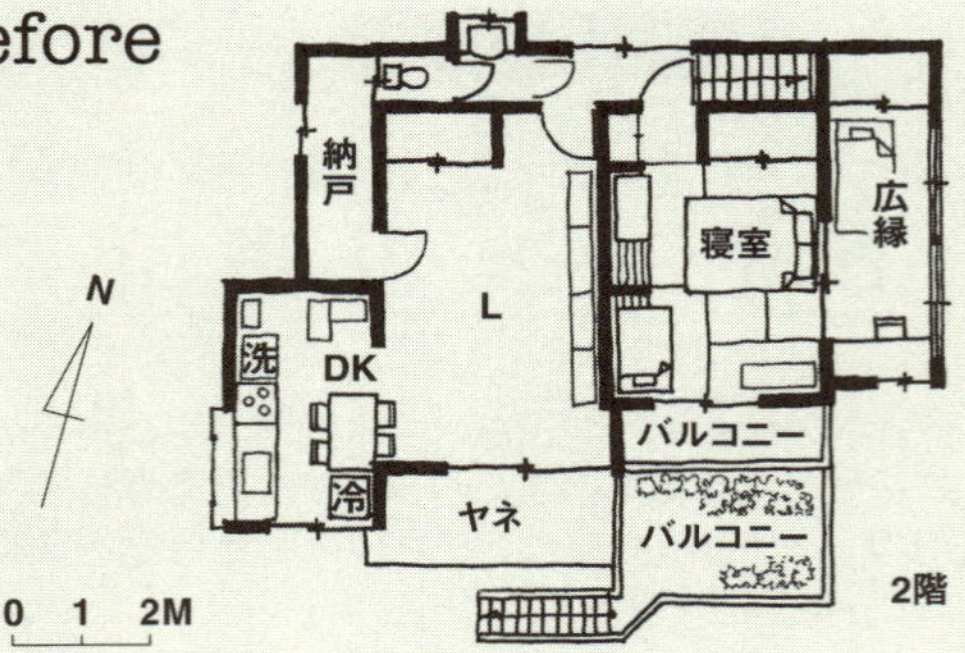

After

（5回のうち
3回目のリフォーム）

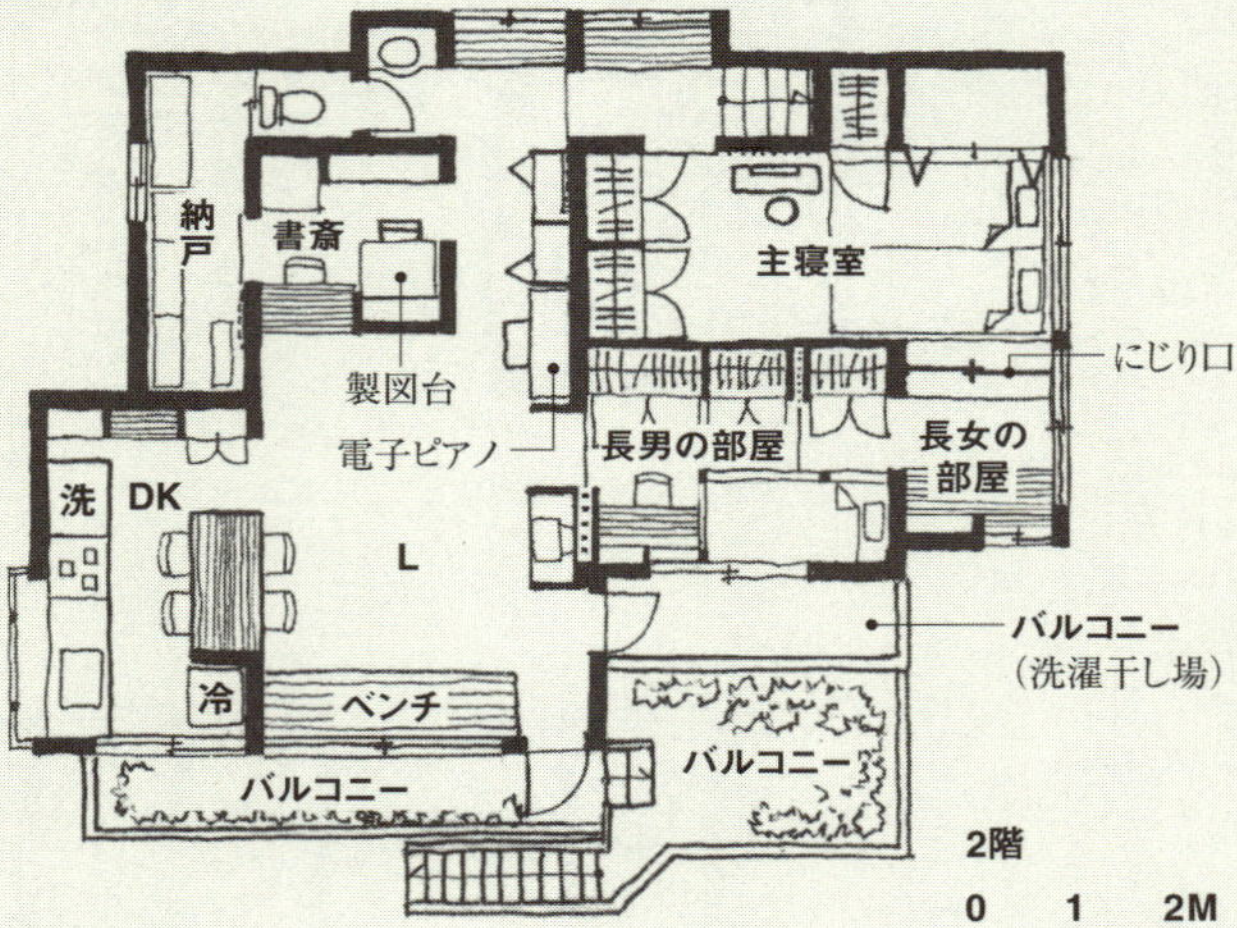

DATA

家族構成

Tさん	夫	長女	長男	両親
（40代女性）	（40代）	（10歳）	（5歳）	（70代）

所在地	築年数	構造
東京都	15年	木造2階建

POINT

- ●1回目…2世帯同居のため。
- ●2回目…子どもができて、部屋を増築。
- ●3回目…子ども部屋をつくるため。
- ●4回目…お父さんが亡くなったため。
- ●5回目…駐車場と、家族で楽しめる「バーベキュー広場」をつくる。

「リフォーム」というと、たいてい1～2回といったところですが、家族構成やライフスタイルの変化に合わせて何度も柔軟に造り替えるやり方もあります。

　夫の両親と2世帯で住んでいるTさんの家は、その典型。これまでに行った計5回のリフォームは、そのまま〝家族の歴史〟でもあります。

●「私も部屋がほしい」（3回目のリフォーム）

　Tさん宅は、緑多い住宅街の一角にあります。築15年の木造2階建て。1階に夫の両親、2階にTさん夫婦と子ども2人が生活しています。

　1回目のリフォームは、子どもが生まれ、夫の実家で2世帯同居を始めるときでした。個室とトイレだけだった2階にキッチンと納戸をつくりました。

　2回目は、2人目の子どもが生まれたときに、1階の屋根の上に子ども用のスペース（広縁）とバルコニーを増築。

　3回目の依頼は、冬のある昼下がり、Tさんに近所でばったり会ったときに、

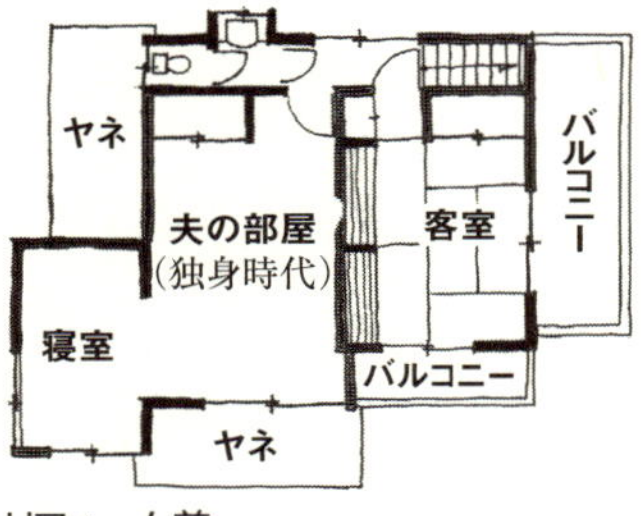

リフォーム前

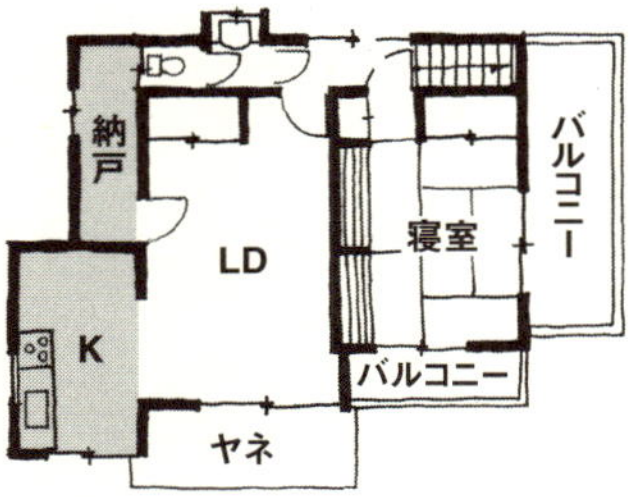

1回目リフォーム後

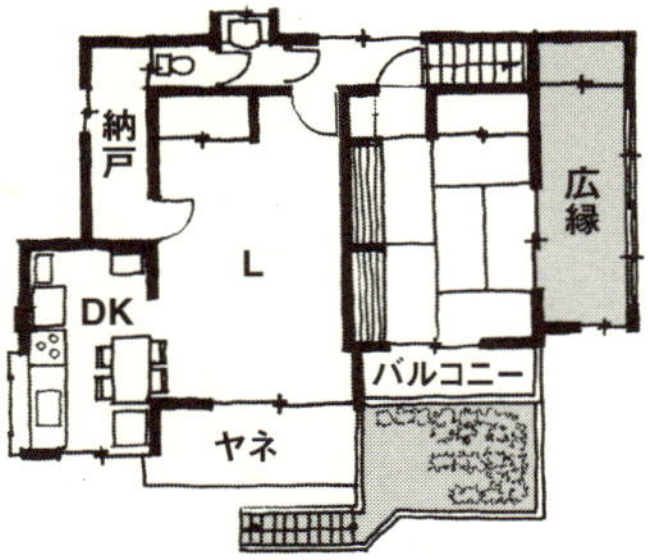

2回目リフォーム後

「リフォームしたいんだけど、やってくれる?」

と軽い調子で頼まれました。

「小学生になった長女が『自分の部屋がほしい』と言い出したの。寝室にいつもオモチャが散らかっているのも気になるし……」

●20坪に8つの機能を盛り込む

4人家族が住む2階は、広さ20坪。LDK、納戸、広縁つき和室があり、いわゆる「1LDK+S」です。

長男がまだ小さいので、LDにはオモチャがゴロゴロし、和室と広縁にはベッドとタンスが窮屈に並んでいます。

廊下は本の山。Tさんが副業で書評をしているため、毎週新刊の波が押し寄せてきます。おしゃれなTさんらしく、洋服やバッグも収納に入りきらないほど。「何とかしなくちゃ」と切実な思いでした。

リフォームの課題は、2階の20坪の中に、リビング・ダイニング・キッチン・洗面所・トイレ・主寝室・書斎・子ども室の8つの機能を盛り込むことです。

家族が一番長い時間を過ごすLDをできるだけ広くとる方針が決まり、それを中心に目的別のオープンなコーナーを配置しました。

●仕切りすぎないように

寝室(和室+広縁)があったところに、最小限の主寝室と子ども室をつくります。

主寝室はベッド2つが壁にぴったり並ぶだけの幅にして、残りは子ども室とします。ただし「小さな子どもに個室を持たせるのはよくない」という考えから、**入り口は開放的な**

引き戸にしました。入り口がキッチンに向かって開いているため、Tさんは常に子どもの様子がわかります。

子ども室は間口1間のウナギの寝床で、ベッドを2段にし、その両脇に勉強机コーナーを配し、それぞれが〝こもる〟ことのできる空間を確保しました。長女が成長したときのことを考え、長男スペースとの境に**可動式間仕切り**も設けます。

主寝室と子ども室との壁は、造りつけのクローゼットで仕切りましたが、長男がまだ母親に甘えたいので、本棚の一角に小さな出入り口を設けました。長男しか通れないこの〝**にじり口**〟は、「お母さーん」と顔を出したり、「早く寝なさい」と声をかけるのにとても便利だそうです。

夫婦の仕事場は、使うのがほとんど夜なの

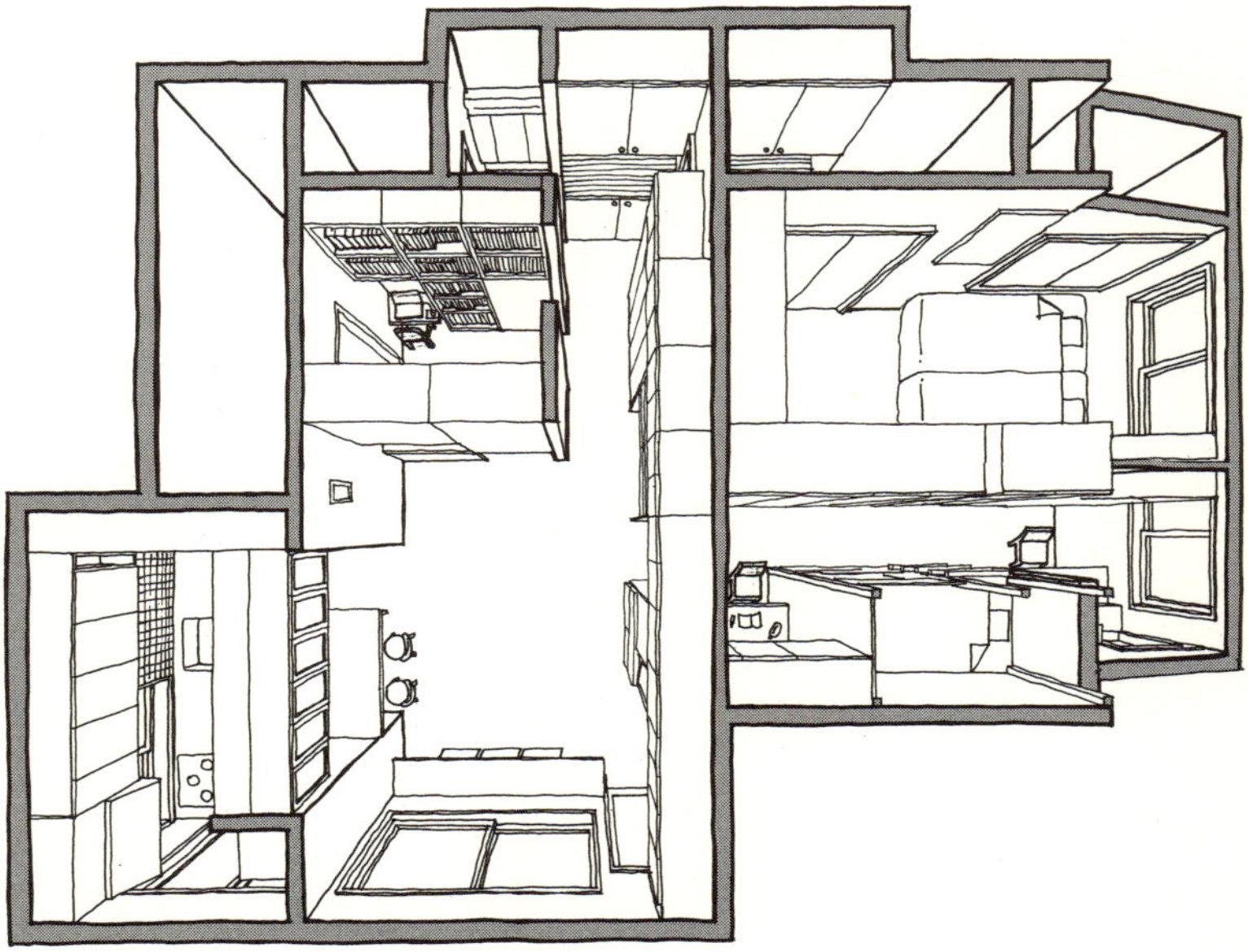

3回目のリフォームを終えて

で、隅の日の当たらない場所に設けました。たった１・５畳ですが、物書き用のカウンターと製図板を並べます。パソコンや資料がギッシリ詰まった棚は、座ったままでも物に手が届きます。

夫は「これで息子に邪魔されなくてすむ」と言ってほっとしている様子。一方、仕事をする親の姿が子どもに見えるように、**リビングに向かって小さな窓**を開けました。

●片づけやすい部屋

「うちの家族は、全員片づけが苦手だから」というTさん家族のために、リビングの壁一面（６・３メートル）に収納をつくりました。33インチのテレビ、オーディオ、掃除機などの大物、ビデオテープ、レコードや大量の本などの小物、それぞれのサイズに合わせて棚をつくります。造りつけ家具はコストがかかりますが、限られた空間を高密度に利用するにはベストの方法です。

家族が集まる大事なテーブルは、造りつけのカウンターテーブルにしました。**空間の中心を固定**すると、おのずと人や物の位置が決まってきて、雑然とした空間から片づけやすい空間に変わります。

増築部分に設けたベンチの下にオモチャ箱を組み込んだため、ここは子どもたちの遊び場でもあります。みんなが集まる場所なので、片づけの習慣が身につきます。

●階下への配慮も

清潔さ、掃除のしやすさから床はフローリングにしましたが、子どもが小さいため、階下の両親に足音が響きます。

そこで**防音策**として、床下に**遮音シート**を敷き、1階の天井裏には**断熱材**を敷き込みました。引き戸はすべて**ハンガードア**にしましたが、これも下に開閉音を伝えないための配慮です。

こうして、なんとか今回のリフォームの課題をクリアしました。解決のポイントは、「**各コーナーに機能を持たせること**」です。家事、仕事、遊び、就寝など、目的別に空間を利用することで、ワンルーム同様の家族の触れ合いを維持しながら、各自が作業に集中できる住まいへと生まれ変わりました。

●「1階に書斎を」（4回目のリフォーム）

それから3年後、階下の父親が亡くなって、4回目のリフォームの依頼を受けました。

3年間で夫の仕事は増え、1・5畳の書斎には収まりきらなくなっていました。長男はピアノが上達して、ワンサイズ大きい電子ピアノに買い替えたいのですが、定位置に収まりません。

そこで、1階の応接間を夫の書斎にし、これまでの書斎には電子ピアノを置くことにし、元の電子ピアノ置き場はコート掛けに。

併せて1階のお母さんのために、トイレや洗面脱衣所、浴室、玄関などを、安全に使いやすく改装しました。

防音策
40ページ参照。

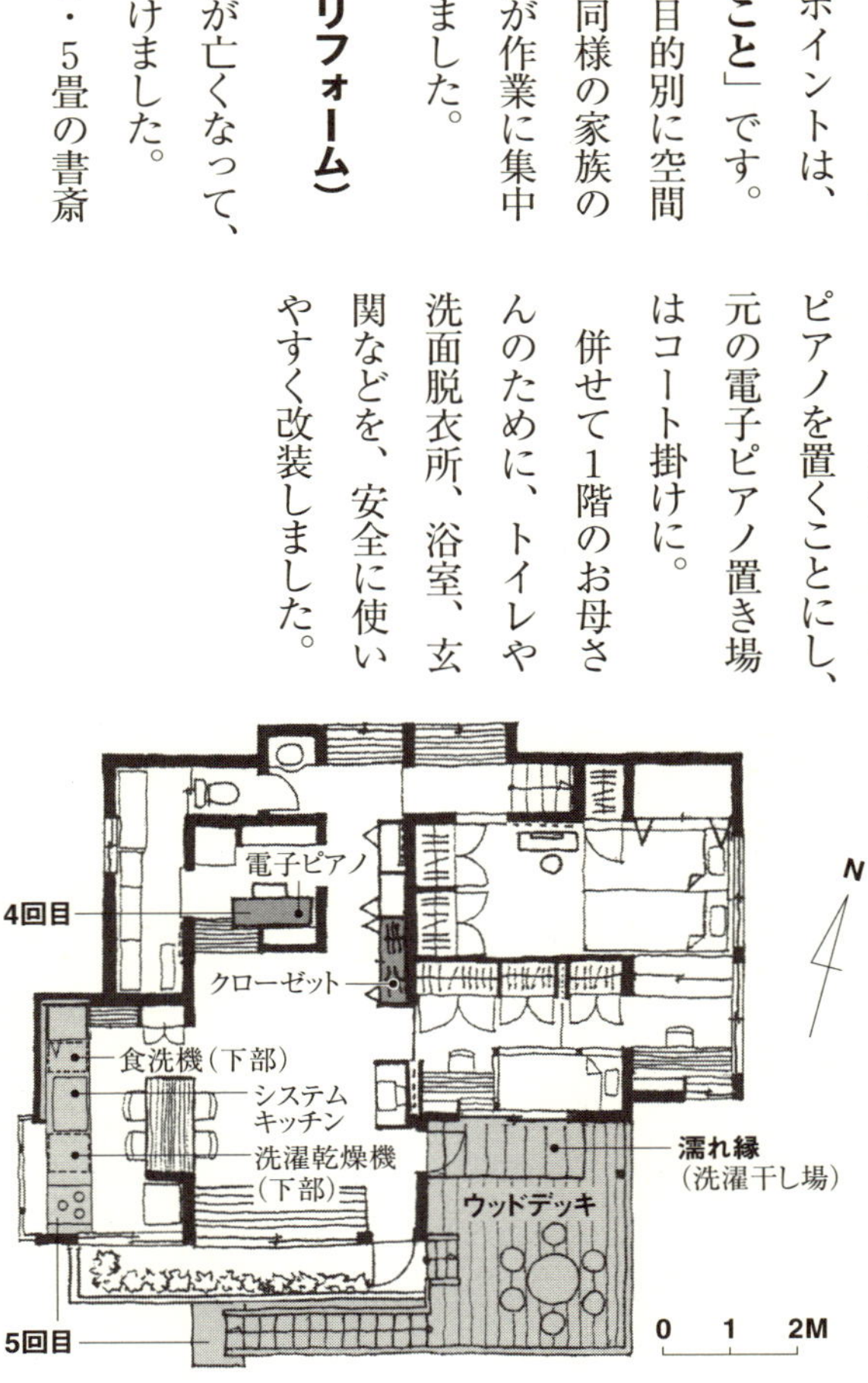

4～5回目のリフォーム後

●「庭先に駐車場を」（5回目のリフォーム）

4回目のリフォームから4年が経ち、またまた連絡をいただいたときには、Tさんは50代。1階のお母さんは足腰に軽い痛みが出てきて、庭いじりが億劫になってきました。

長女はもうすぐ大学生、ますます教育費がかかる時期です。そこで、それまで借りていた有料駐車場をやめて、庭先に駐車場をつくることにしました。

また、鉄骨製バルコニーの腐食、外壁の色褪せなど、外まわりの手入れの時期でもありました。

ただ駐車場をつくるだけでは楽しくないので、駐車場の屋根の部分を木製の広いバルコニーにしました。これで、アウトドア派の一家にうってつけの「**バーベキュー広場**」の完成。

バルコニーの素材は、雨に強いヒバを選びます。1階の庭にも木漏れ日が差すように、バルコニーの床はスノコ状に貼りました。

駐車場の床は雨水が浸透するブロック敷き。門と塀には素焼きのレンガタイルを用い、自転車置き場、エントランス、アプローチまわりも同様にして、デザインを統一しました。

完成して見ると、ウッドデッキやレンガタイルが背後の緑とよく調和しています。ヒバの香りが道路まで漂う、素敵な2世帯住宅になりました。

●Tさん一家のリフォーム観

家に合わせて暮らすのではなく、家を暮らしに合わせる。親が建て、自分が育った愛着のある家を、そのときどきの家族の背丈に合わせて少しずつ変えていくというやり方は、大きな楽しみでもあり、家族関係について考える契機にもなります。

T夫妻は今も活発に、仕事や家事、地域活動にと大忙しです。次は、子どもが巣立った後になるのでしょうか。リフォームは、まだまだ続きそうです。………………加部

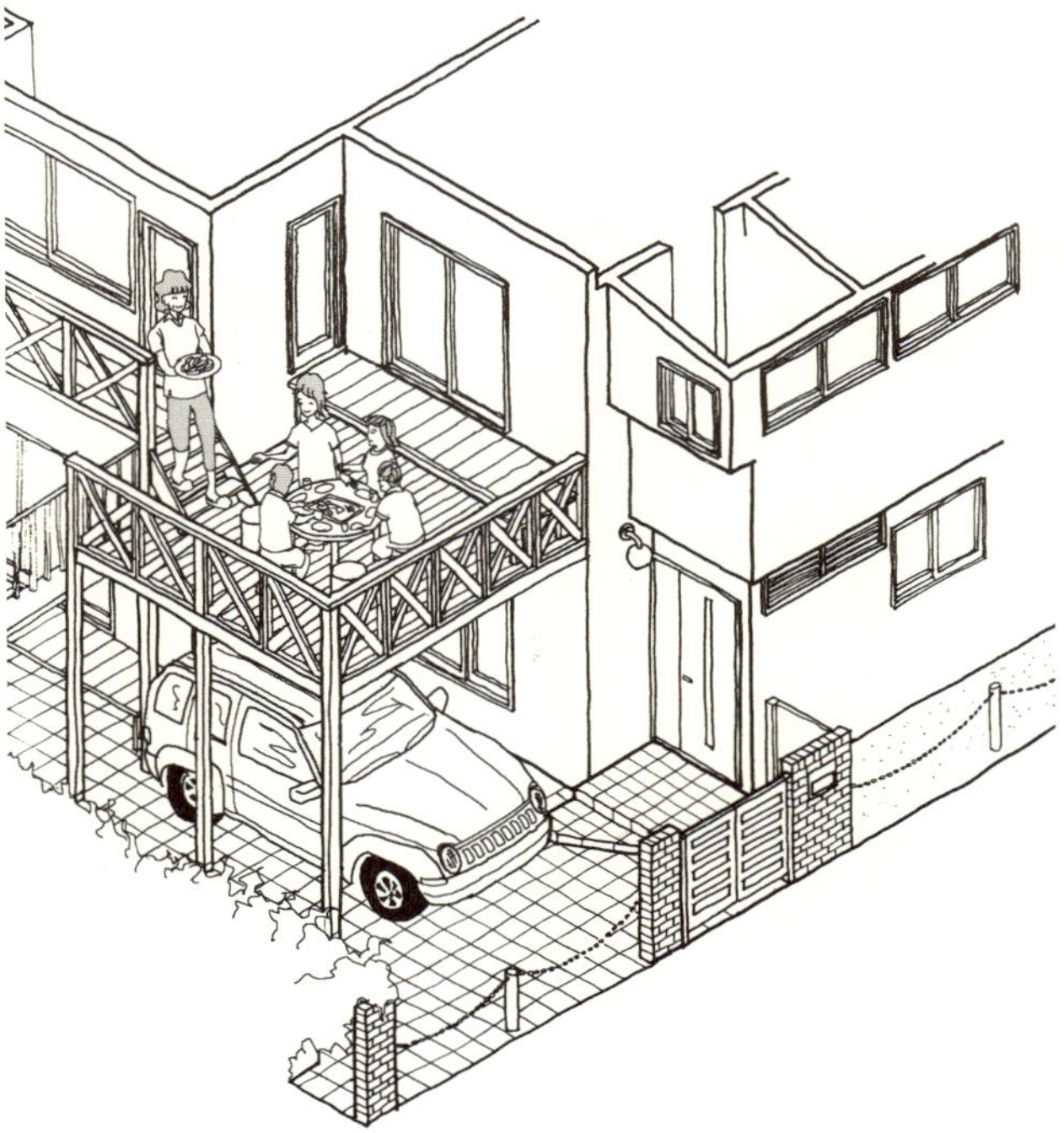

駐車場とバーベキュー広場が完成

ADVICE

2世帯同居に欠かせない

防音対策

●畳、カーペット、コルクタイルなど、音を吸収する床材を使う。
●フローリングの場合、遮音材つきのものを使うか、下に遮音材を敷設する。
●1階天井と2階床の間に、断熱材を施す。
●間取りを考慮する。

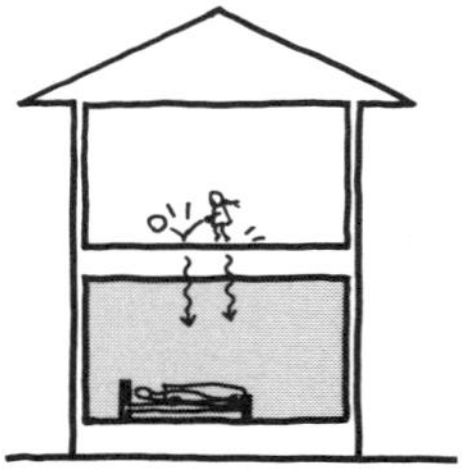

寝室の上が子ども室では、音が響いて眠れない。

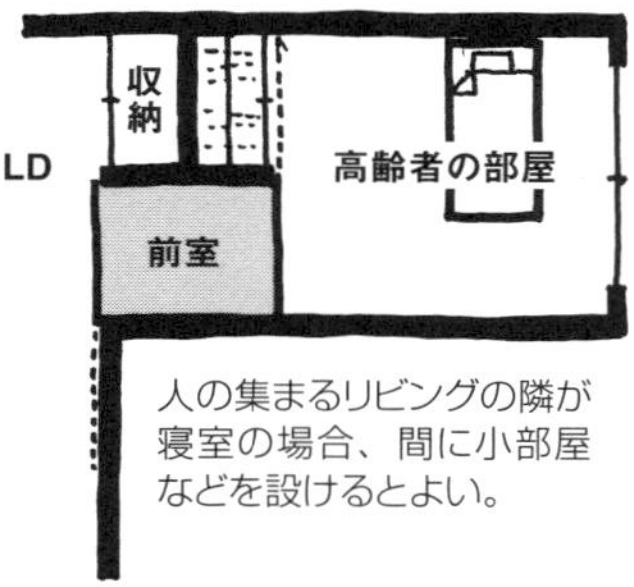

人の集まるリビングの隣が寝室の場合、間に小部屋などを設けるとよい。

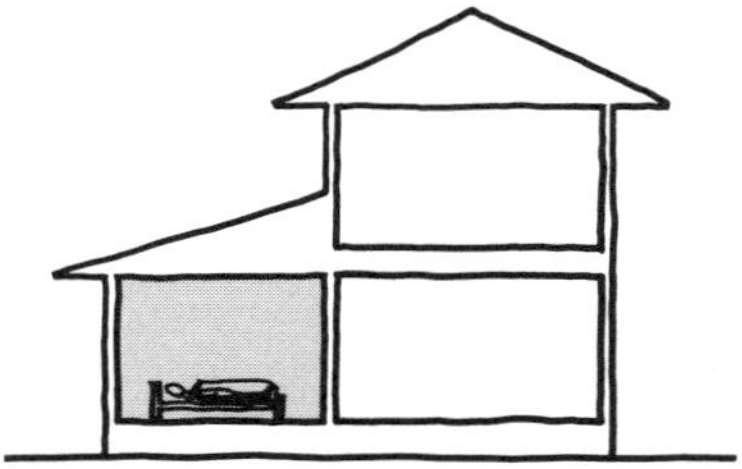

寝室を1階の下家《げや》にするとよい。

ONE POINT

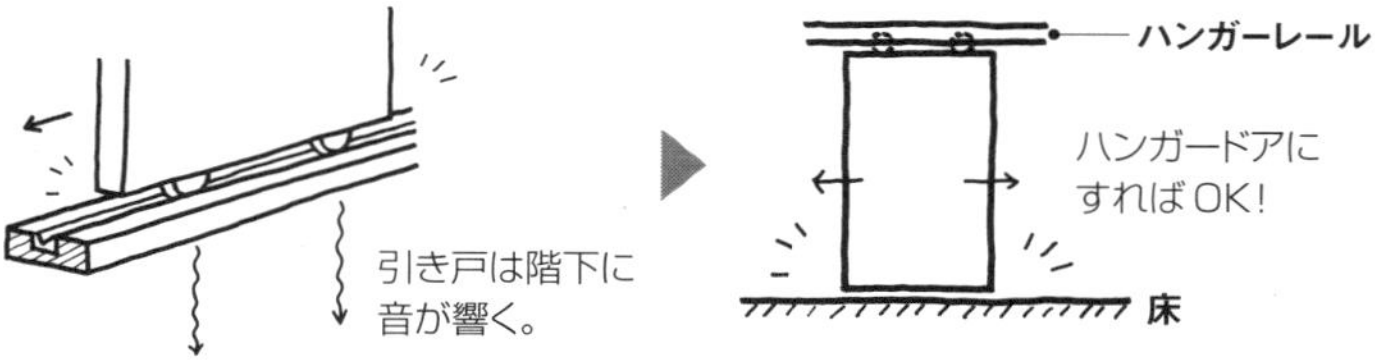

引き戸は階下に音が響く。

ハンガードアにすればOK!

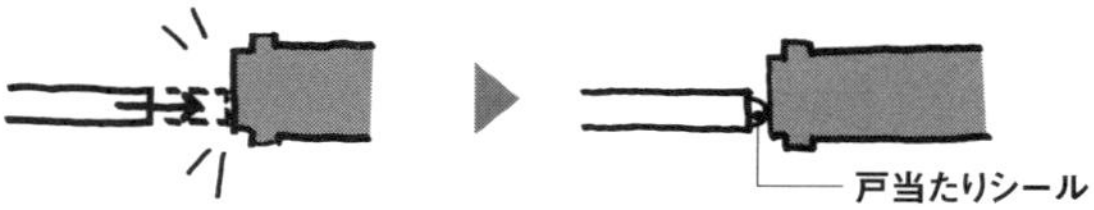

引き戸を閉めたときの音は…　戸当たりシールを貼って解決。

第2章

子どもの巣立ち

——今度は自分たちが主役

結婚・出産を契機に住まいを求めることが多いと思いますが、子どもが成人して出ていくと、子ども部屋を持て余してしまいます。かと言って、子どものスペースをなくしてしまうと、今度は孫を連れて遊びにきた時に対応できませんね。

この章では、子ども部屋の有効利用、孫たちが遊びにきやすい工夫などをご紹介します。子どもが巣立って12年後、本格的に自分主役の住まいに改修した例もご参考に。

子ども部屋が要らなくなって、各部屋を用途変更

Before

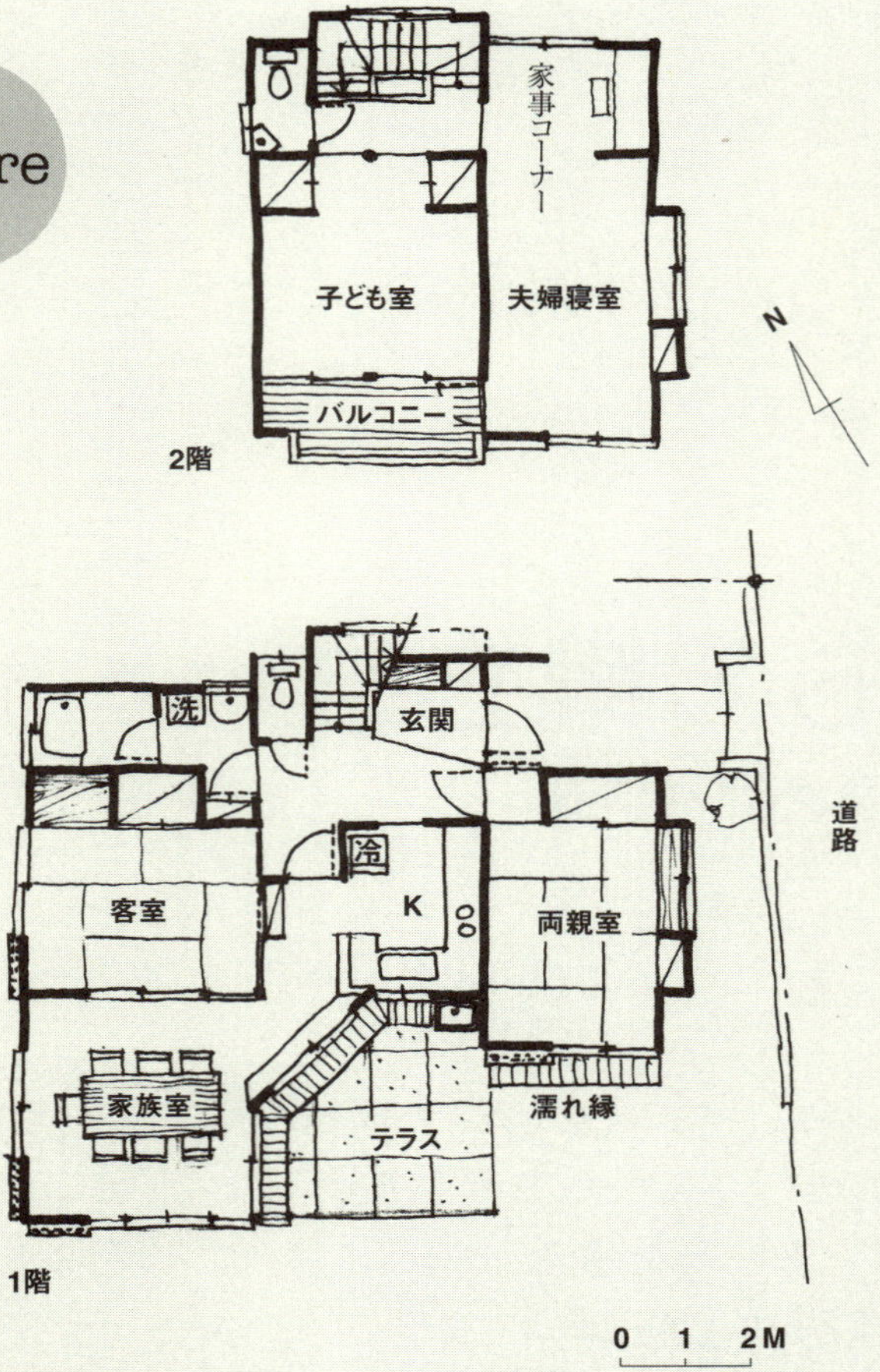

高齢者対応

戸建て

低予算
（約560万円
＊駐車スペース新設、フェンスの修理含む）

POINT

- 夫婦ふたり暮らしになって、今後の住まい方について考える。
- 築25年の家に、あとどれくらい住めて、どんな手入れが必要で、いくらかかるのかを点検。
- メンテナンスの必要な箇所のみ、将来を考えた改修。

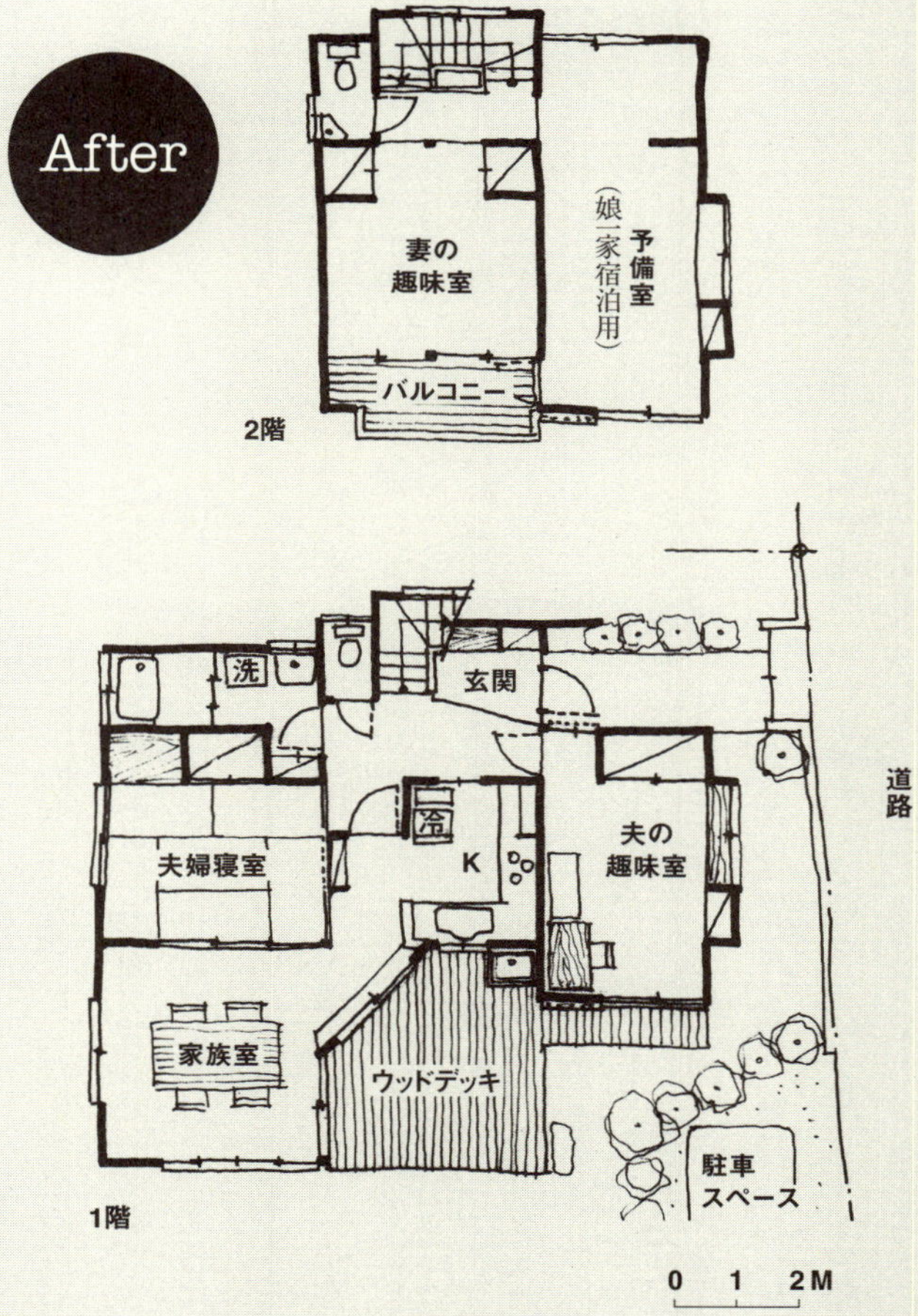

DATA

家族構成

Mさん (50代女性)	夫 (60代)

所在地	築年数	構造
神奈川県	25年	木造2階建

●25年の間の家族の変化

25年前、私の設計で家を建てたMさんから、「相談したいことがあるので、来てもらえませんか?」と電話がありました。久しぶりに訪ねると、新築時に設置した大テーブルが、位置も変わらずに迎えてくれました。

「おばあちゃんは、この椅子に一日中腰掛けていたわね」

ちゃぶ台の生活だったMさんの両親に、椅子の生活が馴染むかしら、と心配しながら提案したことを思い出しました。お父さんが亡くなった後も元気に99歳まで過ごしたお母さんの思い出話に花が咲きます。

ダイニング・リビング兼用のこの家族室は、西は崖になっていて見晴らしがよく、南はお父さんがよく手入れしていた庭が見え、東はメダカのいる水槽が置かれたテラスになっており、三方に開かれていたので、一日中座っていても退屈しなかったのでしょう。

25年前に建て替えをしたときには、M夫妻が30代で、同居する夫の両親は70代。娘2人は小学生と幼稚園生でした。老朽化と狭さを解決するための建て替えでしたが、当時は〝北側にあって暗くて寒い〟のが当たり前だったキッチンを、住まいの中心につくって、明るく暖かくするプランにしたいと思いました。

「一家6人が、おいしく食べて楽しく会話できるように」と、キッチンと家族室を一番よいところにしました。お母さんとMさんから「キッチンに立つのが楽しくなった」と、喜んでもらえた住まいでした。

新しい住まいになって何年かして、お父さんが亡くなりました。子どもたちは成長して、長女が結婚のために家を離れ、やがて孫たちが遊びにくるようになりました。

数年前にお母さんも亡くなり、次女が結婚して家を離れたため、今では夫とふたり暮らしになってしまいました。

夫も定年を迎えて、生活がガラリと変わりました。近く次女が出産のために里帰りするそうです。家族の変化の激しさから、25年間という歳月を感じさせられました。

「これから先、この住まいで快適に過ごすにはどうしたらよいのかを、一緒に考えてほしいのです」

というのが〝相談〟の内容でした。

結婚や出産、両親の死など、さまざまな家族の変化を受け入れてきたこの住まいで、こ

25年間の家族の変化

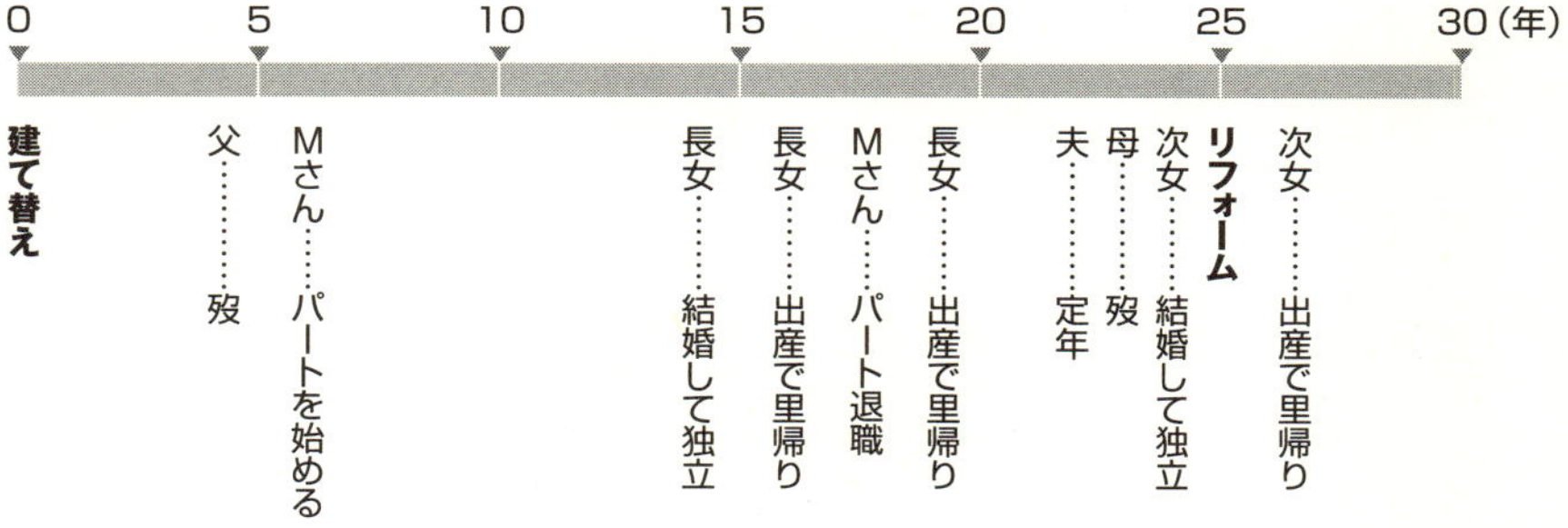

の先も不自由なく過ごせるように、いろいろとお話を聞いて一緒に考えることにしました。

●10年を目安に考える

これまで暮らしてきて、特別不自由を感じたことはなかったそうですが、家族の状況は変わりました。娘たちはそれぞれの家庭を持ち、同居の可能性はないようですが、実家としての必要性はあります。

ここは交通の便もよく、子育て中にできた友だちも多いので、おふたりは「できればずっと住み続けたい」と思っています。でも、**今の生活がこの先何年続くかなんて、誰にもわからない**ことです。

Mさんの方の実家には両親はすでにいませんが、年老いた姉夫婦がいます。「いずれ一緒に住んでほしい」と言っているので、田舎で同居する可能性もあります。

そこで、一応**10年ぐらい住み続けることを想定**して、計画を立てることにしました。あまり費用をかけずに、将来、娘たちの手助けを期待せずとも安全に暮らせるような配慮を、今のうちにしておきたいということでした。

●用途変更で部屋が生き返る

ふたりだけになってからは、わざわざ2階の寝室に上がらずに、家族室の続きの客室で寝ているそうです。そこで、今後はここを「寝室」とすることにしました。娘家族が帰ってきたときには、2階の元寝室に泊ってもらいます。2階の方が、娘のつれあいもゆっくり休めるようです。

Mさんは、手芸や洋裁が大好きです。そこで、要らなくなった子ども部屋を彼女の「趣味室」としました。家族が多いときには寝室のコーナーに置くのが精一杯だったミシンを、この部屋に置くことにしたのです。ここなら使うたびに片づける必要もなく、やりかけの道具を広げておけます。

夫も今では自由な時間が増えたので、「じっくりとパソコンに向かいたい」と言っています。そこで、かつての両親室を彼の「趣味室」に。ここは、近所の人が気軽に訪ねてこられるようにと、濡れ縁つきの和室にしてありました。今回、床だけ替えることにします。

朝から晩まで一緒の部屋で過ごすよりも、それぞれが**ひとりで好きなことのできる空間**がある方が、定年後の生活がより楽しくなるのではないかと思います。

どちらかが外出好きだったりすると問題はないのですが、具合が悪くなったり、ふたりとも家にいるのが好きなタイプの場合には、**住まいの中で距離がとれる**というのは大事なことです。

●もっとラクな住まいに

それぞれの部屋は、用途変更してもほとんどお金をかけずに使い回しができそうです。しかし、25年も経てば修理の必要なところも出てきます。

何度か故障して修理を重ねてきた風呂釜は、もうメーカーに部品もなく、交換せざるをえません。この際、風呂釜だけでなく、生まれてくる孫や自分たちの老後のため、**暖かく段差のない浴室**に替えることにしました。

西の窓の見晴らしのよい浴室には、大きな二重サッシがついています。これはそのまま生かすことにして、工期がなかったことから

朝から晩まで一緒の部屋で過ごすよりも
153ページ参照。

ユニットバスを採用しました。同じ広さでも、**脱衣所と床がフラット**になるとだいぶ広く感じます。

キッチンは、もともと大工さん中心でつくったオリジナルでした。赤いタイルのカウンターに、白い流し台。お母さんとふたりで立つことの多かったこのキッチンですが、今は夫婦で立つことも多いとか。大事に使っていたようで、25年経ったとは思えないぐらいでしたが、水栓に不具合が出てきていました。何かを落としたのでしょう、ホーローの流しにも傷がついています。

そこで、安くて使いやすい**簡易システムのキッチンセット**を設置。そして、大工さんにつくってもらった配膳台（兼分別ゴミ置き場）ですっきりさせました。よい機会だからと鍋類や食器類を整理したら、食器棚がひとつ不要になるぐらい処分することができました。

西に開《ひら》けた住まいのため、西日対策も必要です。夏になると窓の外にスダレをかけていたのですが、だんだん取り外しが億劫になっ

ブラインド型雨戸

全開

半開

目隠し、プライバシーの保護、光の調整の役割。
日差しを遮り、風を通す（窓の外だからより効果的）

全閉

一般の雨戸と同じ。
防風、防雨、防音、防犯の役割

てきたようです。木製の雨戸も傷んでいたので、**ブラインド型**のものに替えたところ、操作が楽になりました。

これからの暮らし方を考えることができたMさん夫妻は、建て替えをした25年前と変わらない、満足そうな表情でした。……………今井

●安らぎのウッドデッキ

遊びにくる孫たちが、家の中と外を行ったり来たりしやすいように、テラスを大きなウッドデッキにしました。夫の趣味室の濡れ縁にもつなげます。ヒノキですが、赤ちゃんがはいはいしたりすることを考えて、あえて塗装なしにしました。

庭には季節ごとにいろいろな花が咲き、道行く人の眼を楽しませます。これからは、夫婦でウッドデッキでお茶を楽しむ予定だとか。手入れのされた庭を眺めるのは、至福のひとときになることでしょう。

屋根と外壁のメンテナンスもすみ、同時に

ウッドデッキは孫たちの恰好の遊び場に

“住まいのノート”のすすめ

住まいに関することはすべて、１冊のノートにまとめておくと便利です。右の項目は忘れずに書き留めておきましょう。

建設年月日、面積、
施工者と連絡先、工事費、
電気・ガス・水道の“お客様番号”、
外まわりの仕上げ・内まわりの仕上げ、
メンテナンスの記録

○…点検・修理
●…交換

				設備										その他						
		家具		水道			下水		電気			ガス		塀			付属		家電等	
襖	障子	家具	カーテン等	水栓	器具	配管	排水	浄化槽	電灯	換気扇	エアコン	給湯器	調理機器	ブロック塀	フェンス	生垣	カーポート	物置		
	○							○								○				1年
	○							○								○				2
	○							○								○				3
	○							○								○				4
○	○		○	○	○	○		○	○		○	○	○	○	○	○	○	○		5
	○							○								○				6
	○							○								○				7
	○							○								○				8
	○							○								○				9
○	○	○	●	○	○	○	○	○	●		○	○	●		○	○	○	○		10
○	○		○	●	○	●		○	○	●	●	●	○	○	○	○	○	●	●	15
●	●	○	●	○	●	○	○	●	●		○	○	●		○	○	○	○		20
○	○	○	●	●	○	●	○	○	●	●	●	●	●	●	●	○	●	●	●	30
色あせ・破れに応じて張り替え。	できれば毎年。			パッキンの交換。	便器・タンクの水漏れは至急修理。	水漏れ・赤水に注意。点検は毎年。	水漏れ・詰まり・悪臭。点検は毎年。		器具の寿命は10～20年。	清掃をこまめにすれば長持ち。	フィルターの清掃は半年ごと。	故障時。	故障時。	地震後に点検。	鉄部は5年ごとに塗り替え。	半年ごとに刈り込み。	鉄部は5年ごとに塗り替え。			その他注意点

ADVICE

建物も老化するから

住まいの健康診断法

メンテナンスのめやす

設備の修理・交換のめやすを表にしてみました。
長い間、手入れを忘れているところはありませんか?
項目ごとにチェックしてみてください。

	建物の外まわり										建物の内まわり													
	屋根			外壁			バルコニー		樋		床					壁			天井			建具		
	瓦	カラーベスト	カラー鉄板	モルタル吹付	サイディング	カラー鉄板	アルミ	木製	塩ビ	銅・ステンレス	畳	板張り(ムク)	フローリング	カーペット	コルクタイル	漆喰	クロス	板張り	板	クロス	ペンキ	サッシ	網戸	木製建具
1年																								
2																								
3											○				○									
4																								
5								○	○									○			○	○	○	○
6											○				○									
7																								
8				○	○									○										
9											○				○									
10	○	○	○			○	○	○	●							○	●	○			○	○	●	○
15			○	○	○	○		●	○		○	○	○	●	○			○		●		○	○	○
20	○	●	○				●	○	●	○	○		●		●	●	●	○	○		○	●	●	●
30	○	○	●				○	●	●		●	○	○	●	○	○	●	○		●	○	○	○	○
その他注意点	台風・地震の後は点検。	割れは修理。塗装は要注意。	2回目からは5年ごと。	クラックの補修はすぐに。	コーキングも忘れずに。	サビが出る前に塗装。	塩ビのスノコの交換。	塗装をまめに。	雪の後は軒樋の点検。	清掃は半年ごと。	通風が大切。3年裏返し、6年表替え。	最初の手入れが大切。	あまり水拭きしない。		乾拭き3年ごとにワックス。直射日光は×。			オイル拭き。	アク洗い。		浴室・台所は早めに。	レールの掃除。	破れ・外れのとき。	金物の点検。

遊びにくる孫たちのために、可動間仕切りですばやく間取り変更

Before

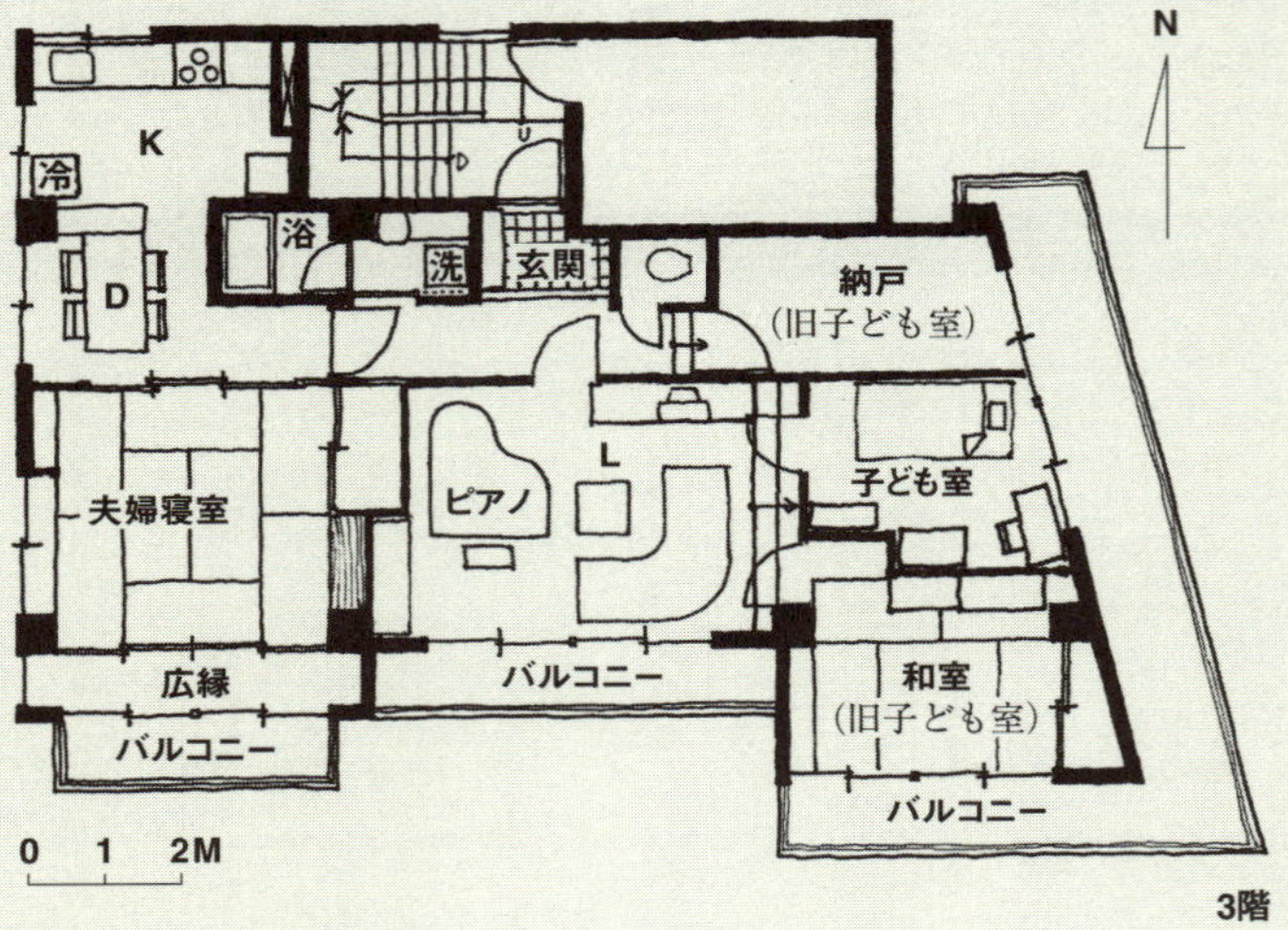

戸建て

POINT

- ●長男・長女家族が遊びに来たときのために、LDKを広いワンルームに。
- ●長男・長女家族が泊まれるように、同居の次女の部屋を可動間仕切りで分けられる仕掛け。

After

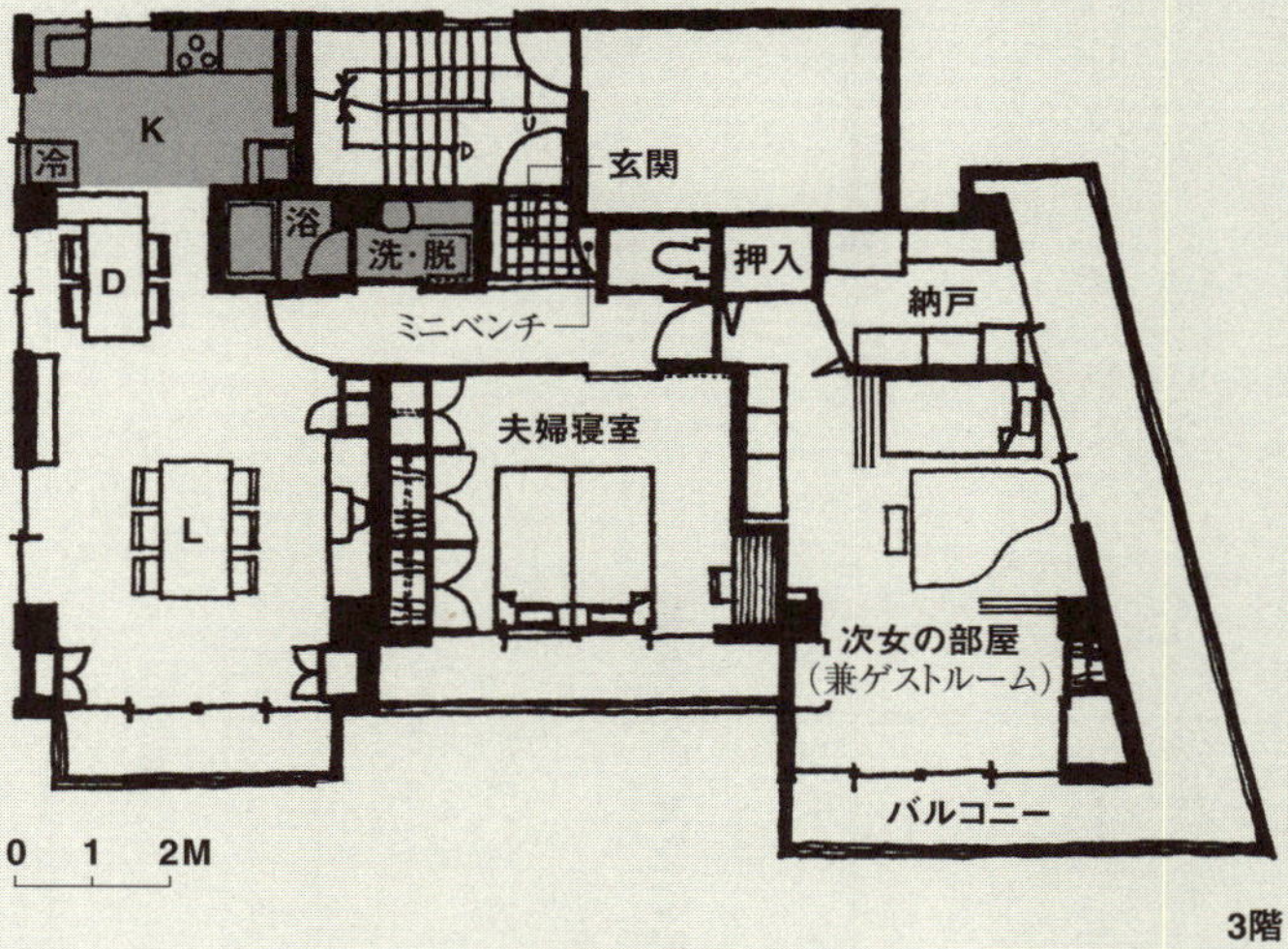

DATA

家族構成

Tさん	夫	次女
(50代女性)	(50代)	(20代)

所在地	**築年数**	**構造**
東京都	28年	鉄筋コンクリート造 4階建の3階

●夫婦ふたり暮らしも束の間

子どもが巣立つと夫婦ふたりきりのゆとりある空間になりますが、それも一時のこと。多くの場合、子どもが結婚してやがて孫ができ、みんなが集まってきて、また賑やかになるものです。

こうなると以前より人数が増え、スペースが必要になってきます。でも、たまに来るだけの子ども家族のために、部屋をつくる余裕はありません。Tさん宅も、そんな悩みを抱えていました。

●家族がダイニングに入りきらない

Tさん夫妻は、築28年の鉄筋コンクリート造4階建て住宅の3階に住んでいます。最上階は姉家族、2階はTさんの母、1階は夫の事務所です。

Tさん一家は以前は5人家族でしたが、長男長女が独立し、今は夫婦と次女の3人暮らし。長男一家・長女一家がよく遊びにきますが、全員集まると総勢10人ほどになります。「せっかく集まって食事をしようにも、ダイニングに入りきらないんです」とTさん。「みんなで、ゆったりとくつろぎたい」という彼女の思いが、リフォームに踏み切らせました。

●家族の変化に対応できない間取り

部屋の構成は、南向きに3室です。グランドピアノを置いてあるリビングが真ん中にあり、両サイドには、和室の夫婦寝室と、3つの子ども室があります。DKはリビングから離れた夫婦寝室の北隣にあります。

この間取りの問題点は、家族が集まるリビングがDKと離れていること。しかも閉ざされた部屋であり、グランドピアノが大きく場所をとっていることです。

会社員の次女は毎晩、リビングにあるグランドピアノを弾くのが日課です。自分の部屋で弾ければよいのですが、狭い個室に大きなピアノは入らず、リビングにドーンと置いてあるのが現状です。個割だった子ども室の間取りが、家族構成が変わった今、使いづらくなっているのです。

そしてもう1点、3つの子ども室の床が、一般床より1メートル弱上がっているという問題もありました。

●「家族が主役」のリフォーム

このマンションが建った頃、一般的に住宅の間取りは、家族の「居間」よりも「応接間」を重視する傾向がありました。このお宅も玄関前に応接間が配置され、それがリビングとして使われるようになったのでしょう。

しかし、今回の主役は〝お客さま〟ではなく〝家族〟です。新しいリビングは、主寝室＋広縁を洋室化し、DKとつなげてワンルームとします。そして旧リビングをT夫妻の寝室としました。

リビングが楽しい空間になるように、天井をひと工夫。曲面状に高く上げ、夜、光がその曲面を滑るような照明器具をとりつけました。

リフォームでは、当然のことながら階高(各フロア間の高さ)は変えられません。特にマンションやコンクリートの住宅では**天井懐《ふところ》**が小さいために天井高に制約があります。

天井懐
天井裏の空間。

設計の段階で、埋め込み照明器具や押入れの天井板をはずして、懐を探ります。上階の配管などがあって塞がっているとガッカリしますが、少しでも空間があると、設計者としては嬉しくなります。天井全体を高くしたり、一部分だけ**ボールト天井**にして間接照明にしたり、豊かでおしゃれな空間に生まれ変わります。高い天井、空間を感じる天井は気持ちがいいものですから。

暖房は、子どもからお年寄りまでみんなが快適に過ごせるように**温水式の床暖房**としました。将来、ダイニングの床を貼り替えるときにも床暖房が敷設できるよう、増設用配管も準備しました。

●あるときは次女の、あるときは孫たちの部屋

一般的にマンションの床は、設備と関連する水まわり以外はほとんどフラットで、間仕

大家族が全員で食事できるようになったLD

ボールト天井
アーチ状をなす天井。

温水式の床暖房
79ページ参照。

切り壁を取り払うと、自由に間取りを変えることができます。しかし、この家の子ども室ゾーンは、前述の通り1メートル弱、コンクリートの床が上がっていました。これでは「狭いから」といって旧リビング(応接室)の方に部屋を広げることはできません。

次女の部屋をどうにか広くしてグランドピアノを置きたいのですが、子ども室ゾーンの中でそれを実現するしかなさそうです。さらに、長男・長女家族が遊びにきたときのためのゲストルームもつくらなければなりません。

そこで発想を変えてみました。たまに来るお客さんたちのために、**常に1室を空けておく必要はない**わけです。そこで、必要なときにだけ、**可動間仕切り**でゲストルームを作り出せる仕掛けを提案しました。

具体的には、梁下までの何枚かの引き戸の開閉によって、間取りを変えます。普段は引き戸をすべて開放し、13畳のワンルームにして次女専用の部屋として使います。グランドピアノがゆったりと置けて、衣類用のタンス3竿も壁面の凹部にぴったりと収まります。

孫たちが泊まるときには、引き戸を2方向からT字型に閉め、2部屋+廊下を作り出します。南の明るい方がゲストルームです。トイレに行くときなど、お互いに気兼ねしなく

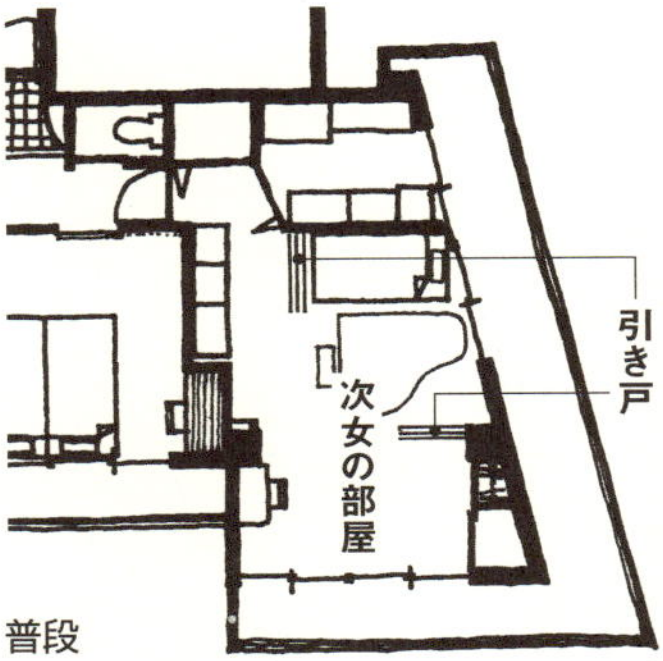

普段

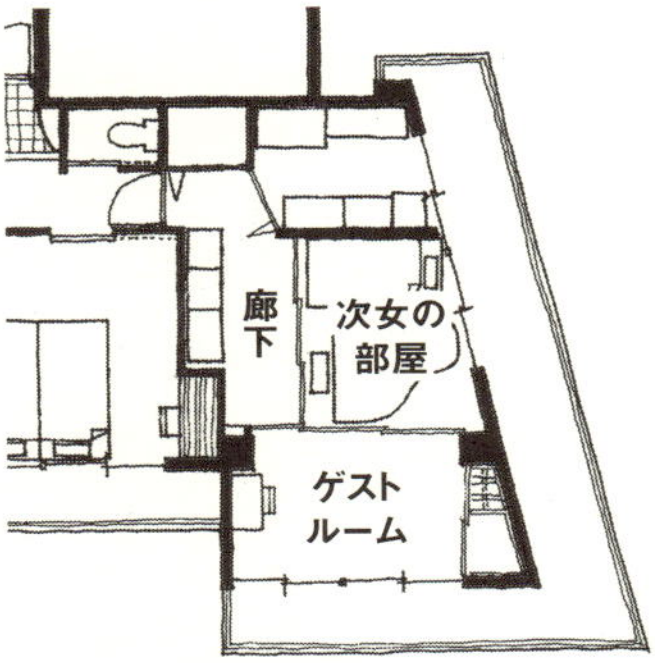

孫たちが泊まりに来たとき

てすむように、狭くとも廊下は必要です。「なるほど！」とこの案をいたく気に入ってくれたTさん。次女が出ていったら、ここをどう使おうかと今から楽しみにしているようです。彼女の趣味のドライフラワーのアトリエに変身するかもしれません。

●新しいグランドピアノ

リフォームして10年経ちました。この本を書くにあたってお電話したところ、グランドピアノは結婚した次女の転居先に送ったそうですが、また別の新しいグランドピアノが登場、同じ場所に置いているそうです。今度は孫が弾き手です。

娘が出ていったら今度は孫が来て、いつも人が集まってくるTさん宅です。

階下のお母さんも毎日訪れて、玄関に設置した小さなベンチに座っておしゃべりをしていくようになりました。

くつろげる広いリビング、ピアノが自由に弾ける環境、そしてTさんの穏やかな性格が、みんなを呼び寄せているようです。……加部

普段は次女が広々と使う

ADVICE

将来に備えて

玄関のミニベンチ

高齢になると、低い玄関に座って靴をはくのは大変。そこで、靴の着脱のために、またちょっと荷物を置くために、玄関にベンチがあるととても便利です。

壁のくぼみを利用して

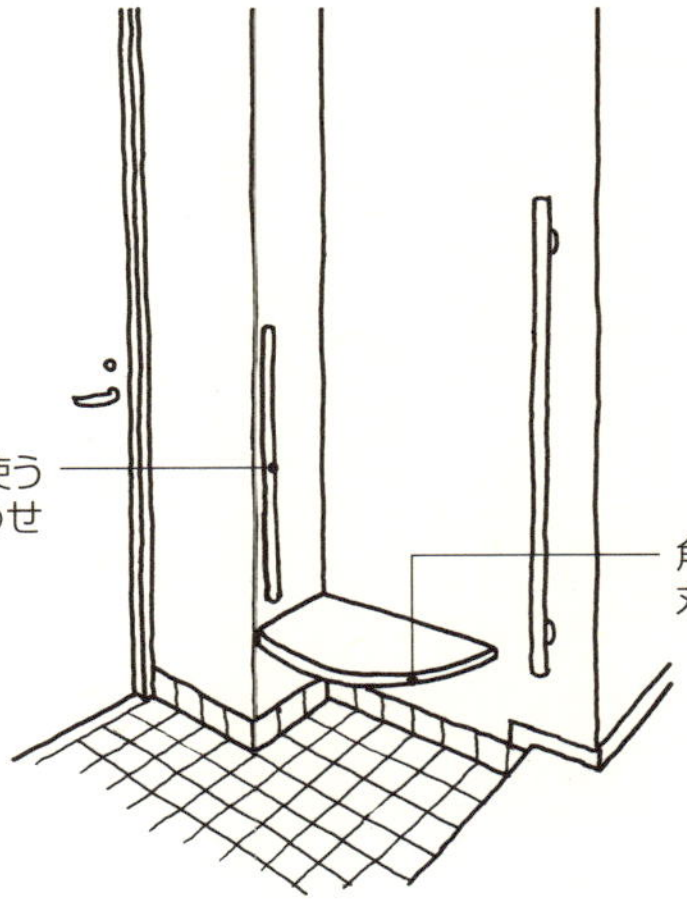
立ち上がるときに使う縦手すり。体に合わせた高さに設置。
角が当たらないように丸みをつける。

場所をとらない埋め込み式

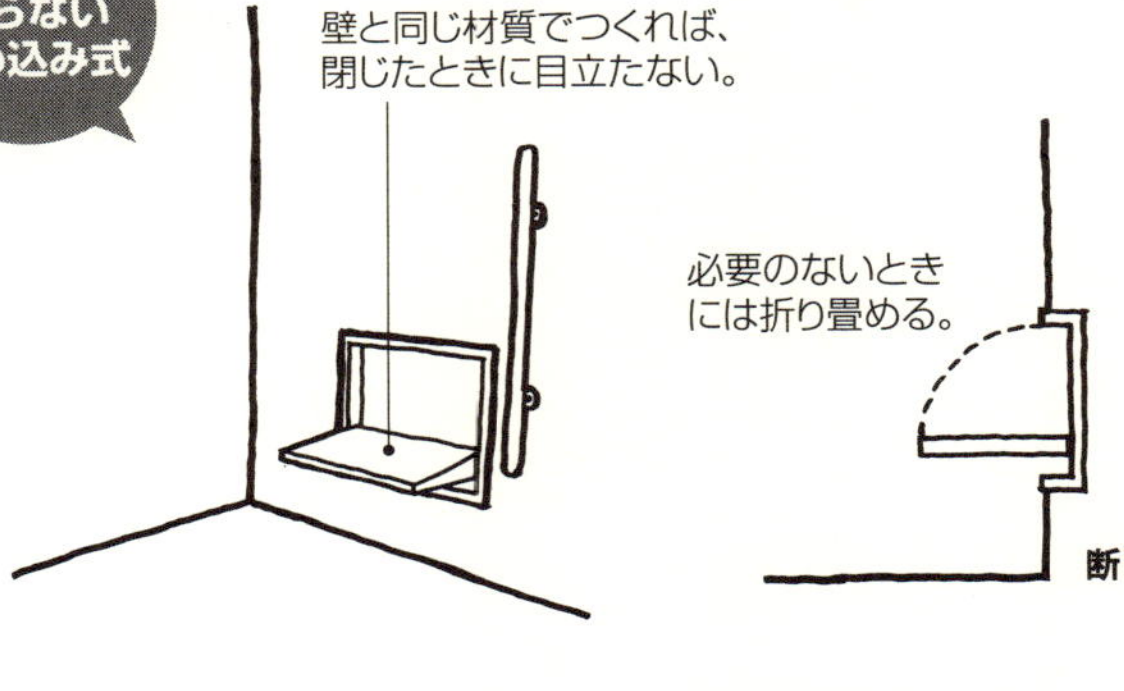
断面図

居心地よいひとり住まいに、子ども家族の泊まる部屋を用意

スケルトン　マンション

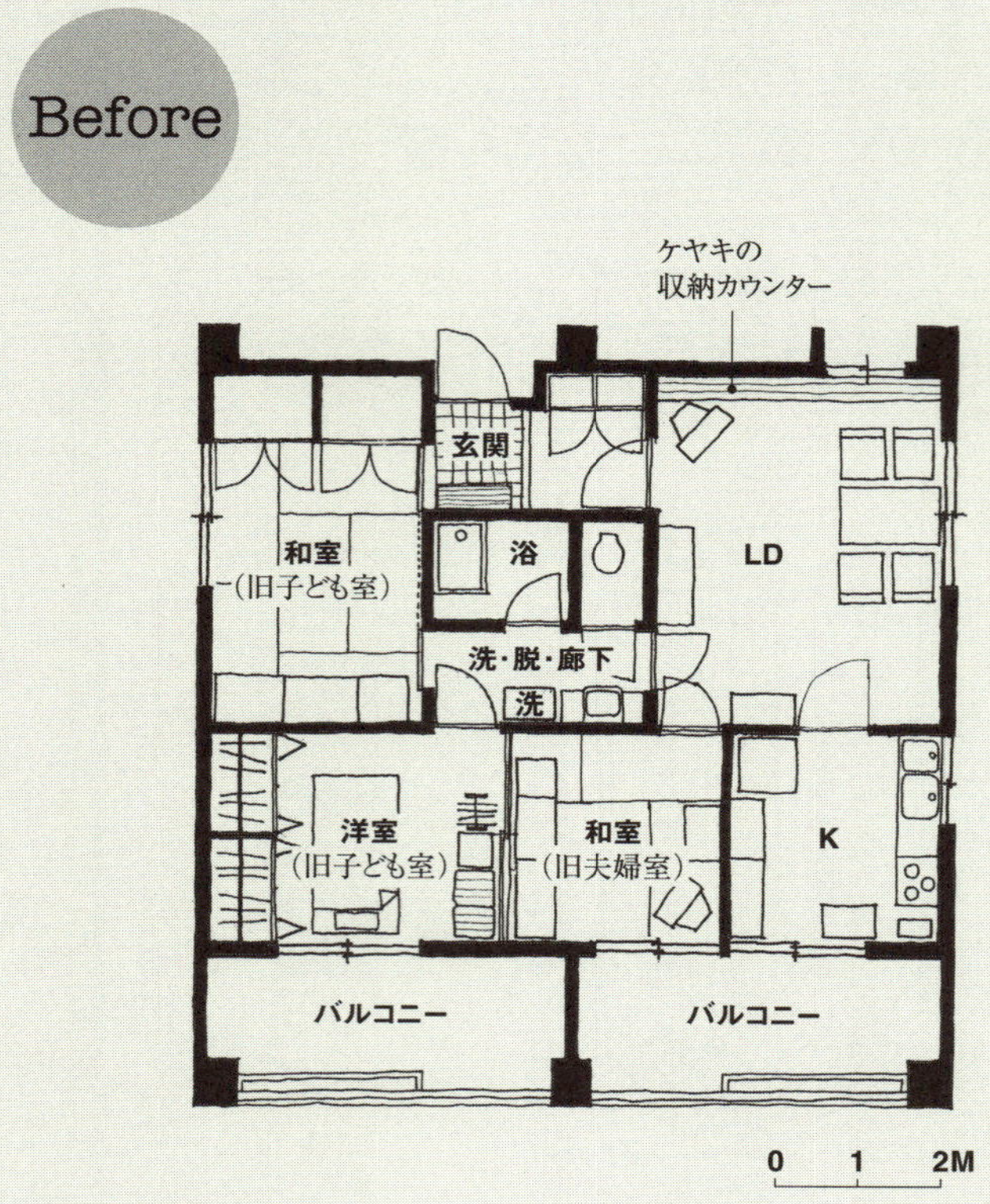

POINT

- 子どもが巣立ってから12年後、自分ひとりがさらに快適に暮らせるように本格的に改修。
- 住み慣れた間取りを変えずに、スケルトンリフォーム。
- 海外に住む子ども家族が、帰国時に宿泊できる部屋を用意。
- 浴室は、あえて深い浴槽に。

After

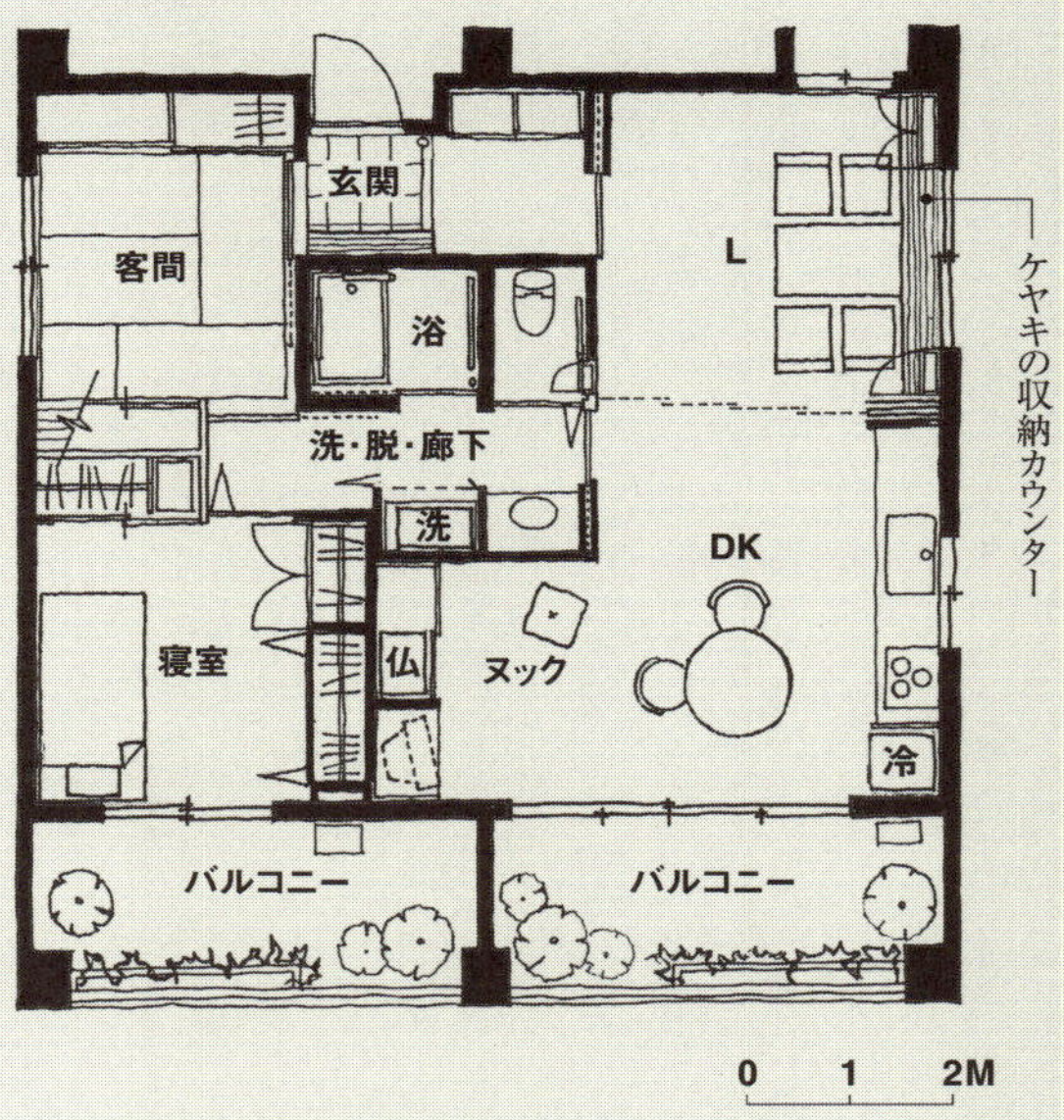

DATA

家族構成

Yさん
(60代女性)

所在地	築年数	構造
東京都	33年	鉄筋コンクリート造 6階建の6階

“**スケルトンリフォーム**”といっても、劇的に間取りを変えるケースばかりではありません。今まで住んできたからこそ、その住まいの造りの良し悪しがわかりますし、気づかないうちに身体の方もその住まいに馴染んでいるため、間取りを大幅に変えない場合もあるのです。

よい部分を残し、欠点を補うこと。それが、高齢者のひとり住まいをより快適にするコツではないかと思います。Sさん宅のリフォームは、そんな一例です。

●ひとり暮らしを選んだ理由

「マンション全体で給水管の取り替えをするので、それに合わせてリフォームしたいんです……」

と、Sさんから遠慮がちにお電話をいただきました。

Sさんは、都心の駅近くのマンションに住んで30年になります。夫が商社勤めで海外出張が多いため、一戸建てでなくマンションを購入しました。ここを拠点に、夫の仕事の都合で、家族4人はニューヨークやドイツなど長年海外で生活をしてきました。

その夫も25年前に他界、2人の子どもも結

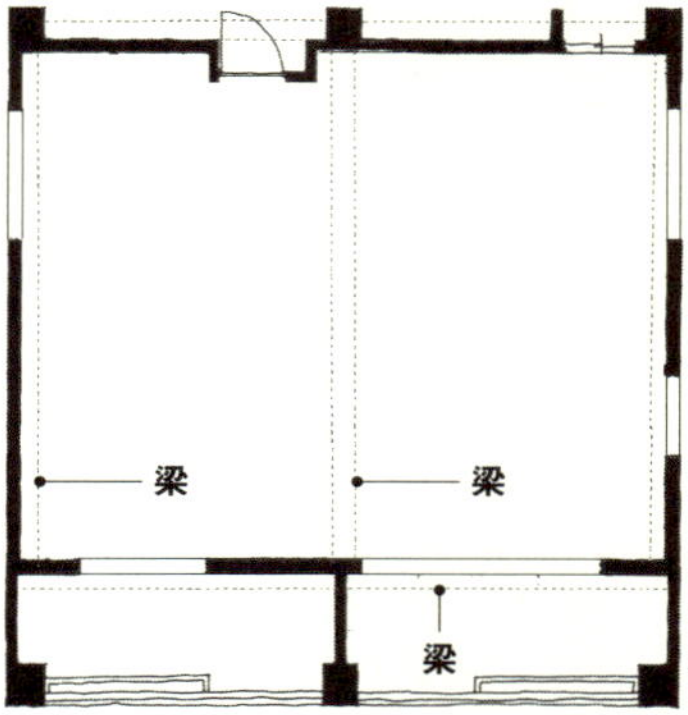

スケルトン状態

スケルトンリフォーム 構造の骨組みだけを残し、それ以外をすっかり新しく変えること。たとえばコンクリートのマンションでは、共用部分の構造体である柱・梁・壁・床などのみを残し、新たな間取りで作り直す。さらに仕上げ材を変えて、ユニットバス・便器などの設備機器を交換し、マンションを自分好みの住まいに蘇生させる。ただし、キッチンや浴室など設備に関係するところは、配管の制約を受ける。

婚して出ていき、Sさんは自由気ままなひとり暮らしを始めて12年になります。

老後について子どもたちは、「お母さん一緒に住もうよ」と声をかけてくれたそうですが、途中から一員に加わるのは、自分が〝付け足し〟のようで淋しい。だから**自分が〝主役〟のひとり暮らし**を選びました。

「それなら、年をとってもずっと住み続けられるようにリフォームをしよう！」と決心。しかし、なかなか実行に移せず、数年が経ちました。そこへ、かねてからの懸案事項だったマンション全体の排水管工事が始まり、Sさんはいよいよ立ち上がったのでした。

●住まいのイメチェンにわくわく

最初の打ち合わせで、Sさんは「スケルトンリフォームをしてください。設備配管も一挙に新しくしたい」

と言いました。「スケルトンリフォーム」という言葉が年配の方から出てきたことに、内心びっくりしました。プランやデザインをガラッと変えて、まったく違うイメージの住まいにしようと、SさんはワクワクしているようですS。

その他、Sさんの要望は、

①キッチンは対面型にして、テレビを見ながら炊事をしたい。
②収納は、あればいろいろと突っ込んでしまうので、あまり多くはつくらない。物は整理し、使わない物は処分する。
③息子・娘や孫たちが、一時帰国したときに泊まるための和室がほしい。
④くつろげる**ヌック**がほしい。

の4点でした。

ヌック
凹所、隠れ場所といった意味で、奥まったコーナーなどを示す。イタリア語。

●こだわりの住まい

Sさんの住戸は7階建ての6階にあり、北面の窓は小さいものの、四方から充分に光と風が入ってきて、まるで戸建てのような大変条件のよい住まいです。風通しがよいので、猛暑でもクーラーや扇風機は必要ありません。

現況の3LDKプランは、規定のプランに納得のいかなかったSさんが**着工前に設計変更を依頼**したものでした。洗面・脱衣室を廊下と兼用にして、トイレ・浴室のまわりを一周できるプランは、実に個性的です。

リビングにつくられた収納カウンターは、ケヤキの一枚板です。その上には、2人の子ども家族の写真が、所狭しと並べられています。

●本当の気持ち

スケルトンリフォームは、設備配管を考慮に入れながら部屋を配置します。今回は窓が四方にあって、水まわり以外のLD・寝室・和室の配置は比較的自由なので、何種類かのプランを提案しました。

何度も打ち合わせを重ねるうちに、次のような要望が挙がりました。

・見晴らしのよい東側の窓あたりは、リビング兼用の接客スペースにしたい。

・いつも自分がくつろぐ場所は、やはり暖か

子ども家族の写真が飾られたカウンター

い南側にしたい。
・ゲストルームとして使う和室は、普段は使わないので上階の生活音が響く西側がいい。
・玄関近くのトイレは落ち着かない。今のように、ちょっとほかの部屋に行くふりをして使えるトイレが、来客中には使いやすい。
・玄関から中が丸見えにならないように、玄関ドアを開けた正面は壁にしたい。
・洗面脱衣室は、今のまま廊下と兼用で不都合はない。
・洗面脱衣所と、和室の玄関への出入り口は、今まで通り西風の通り道にする。

このほか、いろいろな話を具体的に聞いていると、**「今の間取りが一番住み心地がよい」**という結論に達しました。

長年住んでいると、室内の光や風の感じ方、部屋の中での動き方、振る舞い方など、その住まいとのつき合い方が無意識のうちに身についています。それを大きく変えるとなると、心と身体に大きな負担がかかるものです。

そこで、間取りは大きく変えず、今までの不都合な部分を改め、もっと暮らしやすいように造り替えることになりました。

●ロマンチックな夜景

新たに設けるリビング兼応接スペースは、見晴らしのよい東側です。その窓からは、渋谷のオペラシティ、都庁などの高層ビルや、代々木公園のこんもりとした緑が見えて、とても気持ちがよいのです。

夜景もまた素晴らしく、渋谷・新宿の高層ビル群の明かりが美しく、Sさんご自慢の眺望です。窓に沿ってバーカウンターでもつくれば、ワイングラスを傾けていい気分になりそうです。

そんな見晴らしのよい窓は、東向きなので朝の光がさんさんと入り気持ちがよいのですが、Yさんの目にはその日差しがまぶしすぎます。今まで通り障子を入れることにしました。

その窓を挟んで両サイドに食器棚を、窓のすぐ前には、収納つきのカウンターを設けます。ここに、リビングにあったケヤキの一枚板を転用します。

壁には、好きな絵やお孫さんの写真をたくさん飾れるように、ピクチャーレールをさりげなく2段埋め込みます。

●外を眺めてごはんの支度

「ひとり暮らしだけど、**壁に向かって炊事するのはイヤ**」


ということで、Sさんは対面型キッチンを望みましたが、排水・排気経路を考慮すると配置が限られます。南のバルコニーを背にする配置しかありません。

それを告げると、Sさんは改めてキッチンでの自分の立ち居振る舞いをよく観察して、こう言いました。

「朝昼晩とキッチンに立つとき、窓からちらちら外を眺めていることに気がつきました。対面型にしたら、リビングの方を向いて南の光を背に作業することになるのでしょう？それはちょっと抵抗がある」

ということで、結局、キッチンの位置は動かさないことになりました。

しかし、システムキッチンの細部にはこだわりました。引き出しと収納は出し入れしやすいものに。高くて物を取り出しにくい吊り戸は、つけません。

「食器洗いは苦にならない」と言うSさんですが、海外生活で**食器洗い機の便利さ**をよくご存じで、体調の悪いときのことを考えて組み込みました。

ダイニングに面したシステムキッチンは、家具調にすることがあります。しかしSさんは「設備機器」と割り切って考え、扉材、コンロ、レンジフードをすべてステンレスで統一しました。

●お気に入りの場所

ひとりでくつろぐ場として、光がさんさんと入るダイニングの脇に、3帖程の包まれるようなポケットをつくります。ヌックです。床に座って、ゆっくりと新聞を読んだり、趣味のスクラップをしたり、テレビを見たりする場所です。

Sさんはおそらく、この場所とダイニングまわりで一日の大半を過ごされるのだろうと思い、両室を接近させました。落ち着いたこの一角に、仏壇も収めました。

ヌックで直に床に座ることや来客時にリビ

ダイニング脇のヌックは、暖かく包まれるようなコーナー

ングに布団を敷くことを考えると、床材がフローリングでは硬く、抵抗感があります。かといってカーペットは埃やゴミが気になります。そこで、適度に弾力性のある柔らかい感触のコルクを選びました。壁は調湿作用のある珪藻土ですが、深いこげ茶色のコルクの床に、**薄いサーモンピンク**の珪藻土の組み合わせはとてもシックな雰囲気。Sさんはひと目で気に入り、和室以外すべての部屋をこの組み合わせにしました。

●子ども家族が泊まれるように

息子も娘家族も海外赴任が多いため、一時帰国の際に**急な宿泊場所**として使えるように、最小でいいから客室を用意しておきたいとのこと。

　こういう場合、一般的にはリビングの延長に和室をとり、普段は広いリビングとして使い、いざというときには2部屋に仕切って使う兼用型プランが考えられます。しかし、Sさんはこの案に反対です。

　どうしても和室に日常の物を置いてしまい、

窓からの眺めのいいリビングは、客室にも変身する

薄いサーモンピンク
145ページ参照。

知らないうちに自分の生活エリアとなり、生活臭がついてしまうことを懸念しているのです。そうなると、子ども家族の帰国のたびに、急いで片づけなければなりません。また、まだ小さい孫のことを考えて、静かな独立した客室を望んでいます。

打ち合わせを重ねた結果、**布団3枚がぎりぎり敷ける和室**を西側に設けました。収納は、下部にスーツケースが置けるように吊り押入れにし、そこにコートや敷布団を収めて、限られた空間を無駄なく使います。

しかし、家族4人のときには狭すぎるので、予備としてもう1部屋必要です。リビングを客室としても使えるように、リビングとダイニングの間を**天井までのハンガードア**で仕切りました。床のレールが不要なので、普段はワンルームのLDとして違和感がありません。

●バリアフリーでなくてもいい

旧浴室は昔ながらの工法で、床と壁はタイル張り、浴槽はステンレスの置き型でした。今後どうするか、Sさんは悩みました。バリアフリーのユニットバスにすれば、使い勝手もよくお掃除もラクそうです。将来のことを考えると、危険の少ない浴室にしておいた方がよさそうです。仲のいいお友だちも、ユ

浴室はあえて従来の置き型浴槽に

ニットバスに替えました。しかし、どうもあのツルツルした無機質な感じが好きになれません。

かつてシルバーマンションで私が設計した在来工法の埋め込み浴槽のことを参考までにお話ししたところ、意を決して、今後も同じ工法で新しく造り替える方針にしました。

しかしマンションリフォームでは、床を下げて浴槽を埋め込み、またぎを小さくするわけにはいきません。

「これから先、浴槽の縁をまたぐのが辛くなるのでは……」

と私が心配すると、Sさんはすっくと立ち上がり、前屈して両手を床につけながら、

「私、身体がこんなに柔らかいんですよ」

90歳のお母さんは亡くなる直前まで健丈で、置き型タイプの浴槽にひとりで入っていたとのこと。お父さんやお兄さんなど、長寿の家系であることをアピールします。

少し安心しましたが、Sさんこだわりのステンレス浴槽で高齢者用タイプを探して報告すると、Sさんは大喜び。ステンレスは無地がよいということで、特注でつくりました。引き戸と蓋をヒバにしたため、香りがよく、ヒノキチオールの抗菌作用も期待できます。

とかく高齢者のリフォームでは、身体能力の低下を考えて安全性を優先しがちです。でも実は、**過度の防御は意欲をそぎ、能力低下を促進**してしまう可能性もあります。

日常生活での不自由さを克服してゆくことが、若さを維持する上で非常に大事であるということを、改めて教えられました。

……………………………………加部

第3章

夫婦ふたり暮らし

——ずっと支え合いたいから

子どものいない夫婦は、いつまでも恋人同士のままで仲がよさそうです。仲よし夫婦は、生活スペースを分けずにワンルームのような住まいの方が暮らしやすそう。個室をつくらなければ広々として家事もしやすく、合理的です。

ここでは、年をとってもふたりで支え合って暮らしていけるように、住まいを改修した例をご紹介します。

自営業・共働きで〝ずっと現役〟の夫婦ふたり暮らし

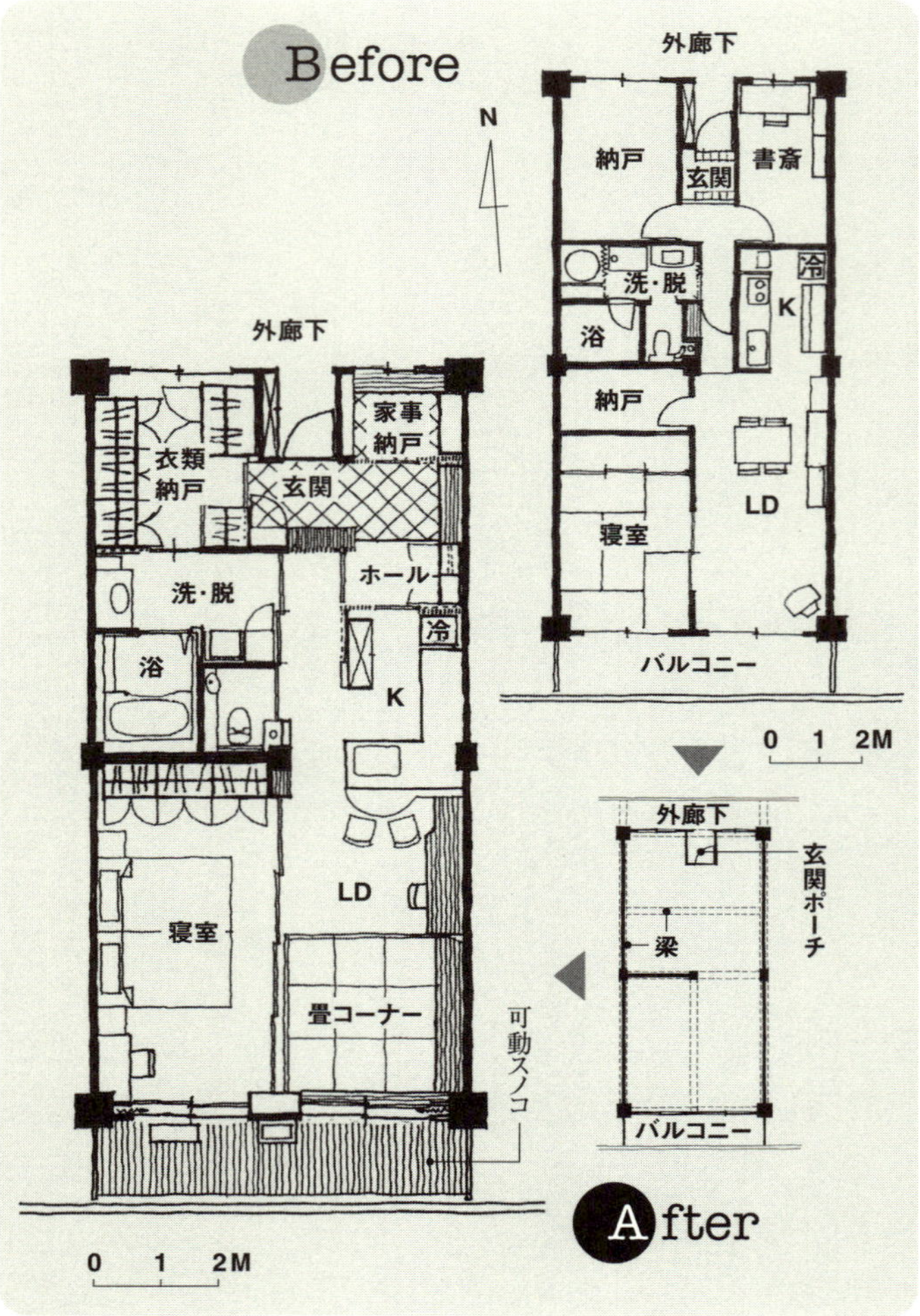

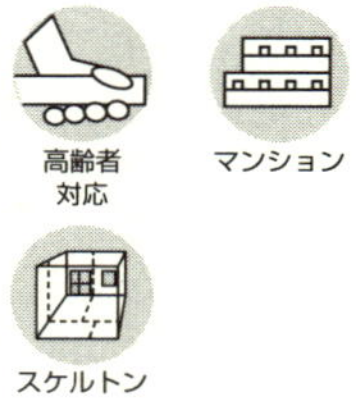

DATA

家族構成

Aさん（50代女性）　夫（50代）

所在地	築年数	構造
東京都	25年	鉄筋コンクリート造 14階の11階

POINT

- 「定年」のない多忙な夫婦なので、とにかく家事のしやすい住まいに。
- 個室をつくらず、28畳のワンルームに食事・仕事・趣味・休憩・就寝コーナーを設ける。

●住み続ける決意

Aさんのマンションを初めて訪ねたのは、風薫る5月でした。十数棟建ち並ぶマンション群の入り口から、緩やかな坂道を登っていきます。ケヤキなどの高木が道を覆い、手入れの行き届いた緑豊かな環境です。

Aさんは夫とともに、郊外でクリニックを経営しています。結婚してすぐに、新築だったこのマンションを購入し、25年間住み続けてきました。

共働きで子どものいないふたりは、**鍵ひとつで外出できる気楽なマンションライフ**が気に入っています。

しかし、25年も経つとさすがにいろいろと不具合が出てきます。北側の壁は結露によってクロスが黒ずみ、はがれています。物は増え、収納スペースに収まらず、新たに買った本や雑誌を床に積まなければならない状況です。

何よりも不便なのが、室内とバルコニーの間の敷居。この敷居が少し高いため、小柄なAさんは、洗濯物を干しにバルコニーに出るたびに大変不便を感じていました。

そこで、Aさんたちは新築のマンションを探し始めました。どの物件も設備が充実しており、バリアフリーで住みやすそうです。しかし、**ふたり暮らしには部屋数が多すぎ**、地の利もしっくりきません。

考えてみれば、今の物件はふたりにとって非常に都合がよかったのです。通勤の便がよく、近所にはスーパー、本屋、美容室、飲食店が揃っています。敷地内の樹木は25年の間に立派に育ち、夜帰宅したときなど疲れた心を癒してくれます。これは新築のマンションには望めない長所です。

そこで、思いきって住み慣れたこのマンションを全面リフォームすることにしました。コンクリート部分だけを残し、自分たちの思い通りの間取りに造り替え、必要な設備を導入すれば、新しいマンションを購入するよりも住みやすいということに気づいたのです。

●ふたり暮らしにはワンルームが便利

Aさんは毎日、仕事と家事の両方をこなさなければなりません。遅い時間に帰宅して夕食をつくり、掃除・洗濯をしてから床に入り、翌日も早朝出勤という忙しさ。打ち合わせを重ねるうちに、ふたりが経営者として長く仕事を続けていくためにも、今回のリフォームでは〝**家事の効率化**〟を目指すことが一番のテーマであることが見えてきました。

マンションの造りは一般的に「LDK+個室+水まわり」という構成で、個室はプライバシー確保のために閉鎖空間になっています。Aさん宅もそうでした。しかも、玄関、浴室、トイレ、洗面所は壁で細かく仕切られています。

しかし、家事を効率的に進めるためには、**仕切りの少ない空間**にするのがベストです。時間のないAさんには、食事の支度をしながらリビングにいる夫と話をしたり、洗濯物を干しながらテレビを見たり、食事の後片づけをしつつお風呂掃除をしたりと、2つ3つのことを同時にこなせる住まいが必要です。

Aさんたちは「ふたりで暮らす分にはプライバシーに配慮する必要はない」ということだったので、余分な個室はつくらずに、ワンルームにすることに決まりました。つまり、**食事・仕事・趣味・休憩・就寝のすべてを28畳のワンルームに**収めてしまおうというプランです。閉鎖空間は浴室とトイレだけ、という開放的な造りにしました。

●家事のしやすい造りとは

Aさんが一番長く過ごすキッチンを家の中心に据えて、そのまわりに洗面・浴室、トイレ、玄関、LDを配します。

キッチンの造りは、炊事しながら会話ができる対面型オープンキッチンとしました。対面型キッチンは子育て中の家族の定番ですが、多忙な夫婦がコミュニケーションをとるのにも有効です。ともするとベテラン夫婦は会話が希薄になるので、余計に言葉のやりとりが大切になってきます。

前の造りでは、バルコニーへの出入り口、LD、洗面所の入り口などに段差があったため、Aさんは洗濯カゴや掃除機を持って家の中を歩き回るだけで疲れてしまいました。そこで今回の工事では、トイレ以外、床はすべてフラットにしました。

「とっても動きやすくなったわ」とAさん。家事を楽にするためのこうした改善は、同時に将来への備えにもなります。

●2つの納戸〝衣類納戸〟と〝家事納戸〟

見通しをよくするために壁を取り払うと、収納が少なくなるという弱点

炊事しながら夫と会話ができる対面型オープンキッチン

があります。そこで、よく使う物とあまり使わない物に分けて、手元に置く必要のない物のために納戸を2つ設けることにしました。衣類納戸と家事納戸です。子どものいないふたり暮らしだからこそできる贅沢な間取りです。

衣類納戸は、ここで着替えてからすぐにお化粧ができるように、洗面所にアクセスできる位置につくりました。また、将来、ヘルパーさんに来てもらったときに、まずここで身支度ができるように、玄関からも入れるようにしています。

家事納戸は、玄関脇の土間空間です。これは一戸建てでいうユーティリティーにあたるもので、キッチンから一直線という位置関係にしました。酒屋さんがビール箱を玄関からそのまま納戸まで運び入れられるように、土足ゾーンとしました。これはとても好評で「重いビール箱を自分で運ばなくてよくなって、助かるわ」とAさんに喜ばれています。

ここは毎週宅配される食品の通い箱や古新聞、大工道具、読まなくなった本、いただき物などの置き場として使われています。既存の吸気口を利用して、野菜置き場もつくりました。

2つの納戸の窓には、通風と外廊下からの目隠しも兼ねて木製ルーバー戸を設けました。

●ゆったりとした玄関

玄関の間口は思いきり広くして、ベンチとコート掛けをつくりました。隣の衣類納戸に通じる戸には、割れない姿鏡を張り、より一層広く感じられるようにしました。和の雰囲気が好きな夫の好みに合わせて、床には墨色の大判タイルを斜めに張り、仕切り壁や引き戸には縦格子を取り入れました。

　要所要所に**最低限必要な手すり**を設けましたが、**デザイン的には縦格子になじませ**、目障りにならないようにしています。高齢者でなくても、普段よく手をつく部分に手すりを設けるととても便利で壁も汚れません。特に今回は壁が珪藻土仕上げなので、手すりをおすすめしました。

　玄関までがワンルームという考えで進めましたが、玄関と居室の間に仕切りがないと、中の様子が丸見えです。そこで、ここもやはり縦格子で緩やかに仕切ることにしました。こうすると風通しを妨げることもありません。

●おしゃれで落ち着ける空間

「シックで落ち着きのある住まいを」という希望でしたので、床にはこげ茶色のフローリング、壁には薄香《うすこう》(肌色に近いピンク)の珪藻土を使用し、天井には壁と同色の塗装を施しました。

　造りつけ家具とキッチンセットの仕上げ面、縦格子は樺桜で統一しました。キッチンとダイニングのカウンターには黒の人造大理石を使っており、ちょっとしたバーカウンターのようです。

デザイン的には縦格子になじませ
177ページ参照。

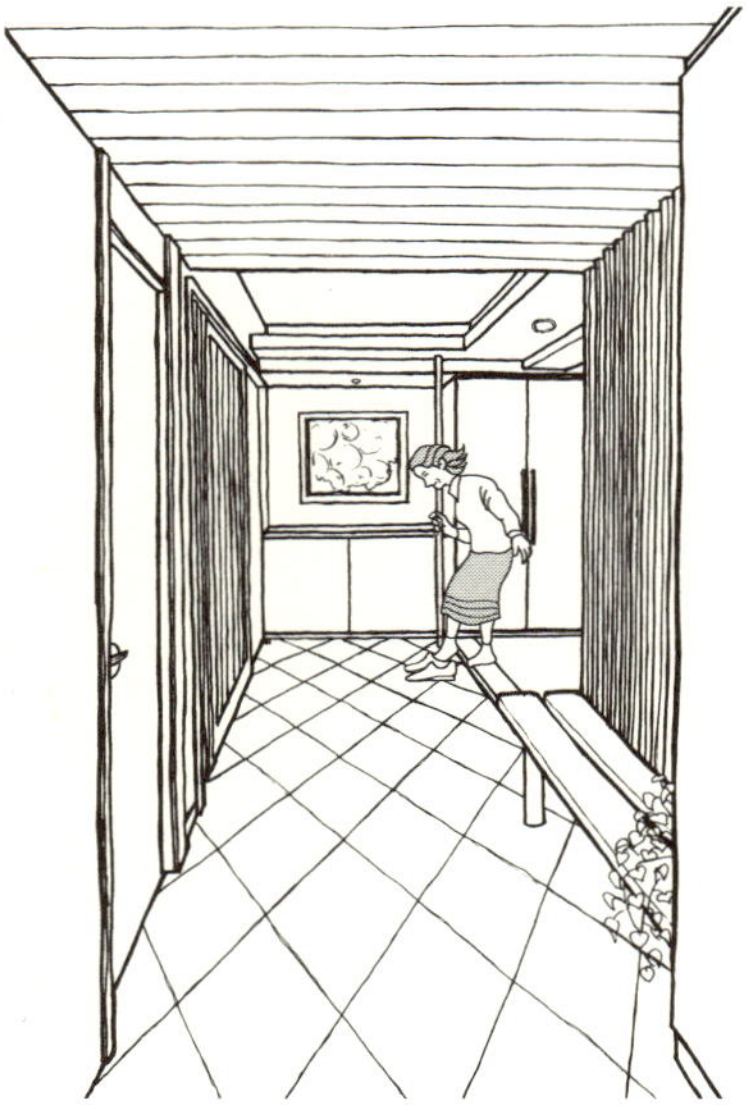

縦格子を多用した玄関

　夫の要望でリビングには畳を敷き、簡略化した床の間を設けました。ここにも**床暖房**を入れたのでお尻が暖かく、夕食後にくつろいでいるうちに、うたた寝することもあるとか。

　片方が先に寝るときのために、ＬＤと寝室を**ハンガードア**で仕切れるようにしました。これならワンルームでも、相手に気兼ねせずに夜更かしもできます。

「冬でもほとんど全部の引き戸を開けっ放しにして暮らしています。いちいち扉を開けずにすむので楽です」

　とのご感想。全面的に床暖房を入れたことによって、冬でもオープンにしておける広々とした住まいが実現しました。…………加部

LDと寝室は、ハンガードアで仕切ることもできる

ADVICE

高齢者におすすめ

床暖房

長所と短所

高齢の方の住まいには、できれば全体的に床暖房を敷くのが理想的。寒い冬も家の中を動き回るのが億劫でなくなり、健康によいからです。

長所	短所
●室内がムラなく暖まる。 ●火元（熱源）が室内にないので安全。 ●空気を撹拌しないので、埃を巻き上げない。 ●音がしない。	●設備費がかかる。 ●立ち上がりに時間がかかる。 ●メーカーや使い方によっては低温やけどの危険性がある。

熱源3種

	範囲	イニシャルコスト	ランニングコスト	手間
電気（パネル）	局所	↓	↑ 高い	↓
ガス（温水）	広い面積			
灯油（温水）	広い面積	高い		かかる

暖房いろいろ

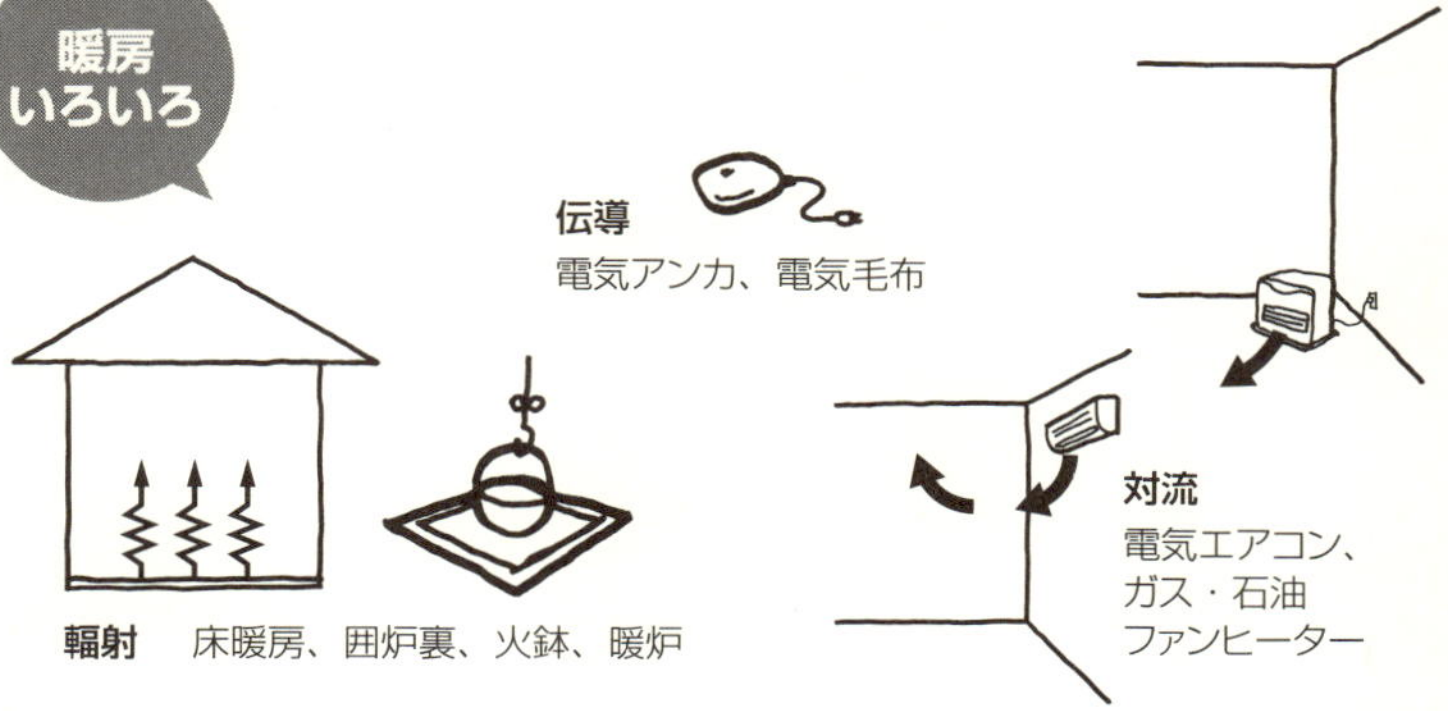

ふたりだけだから、コンパクトで機能的な住まいに

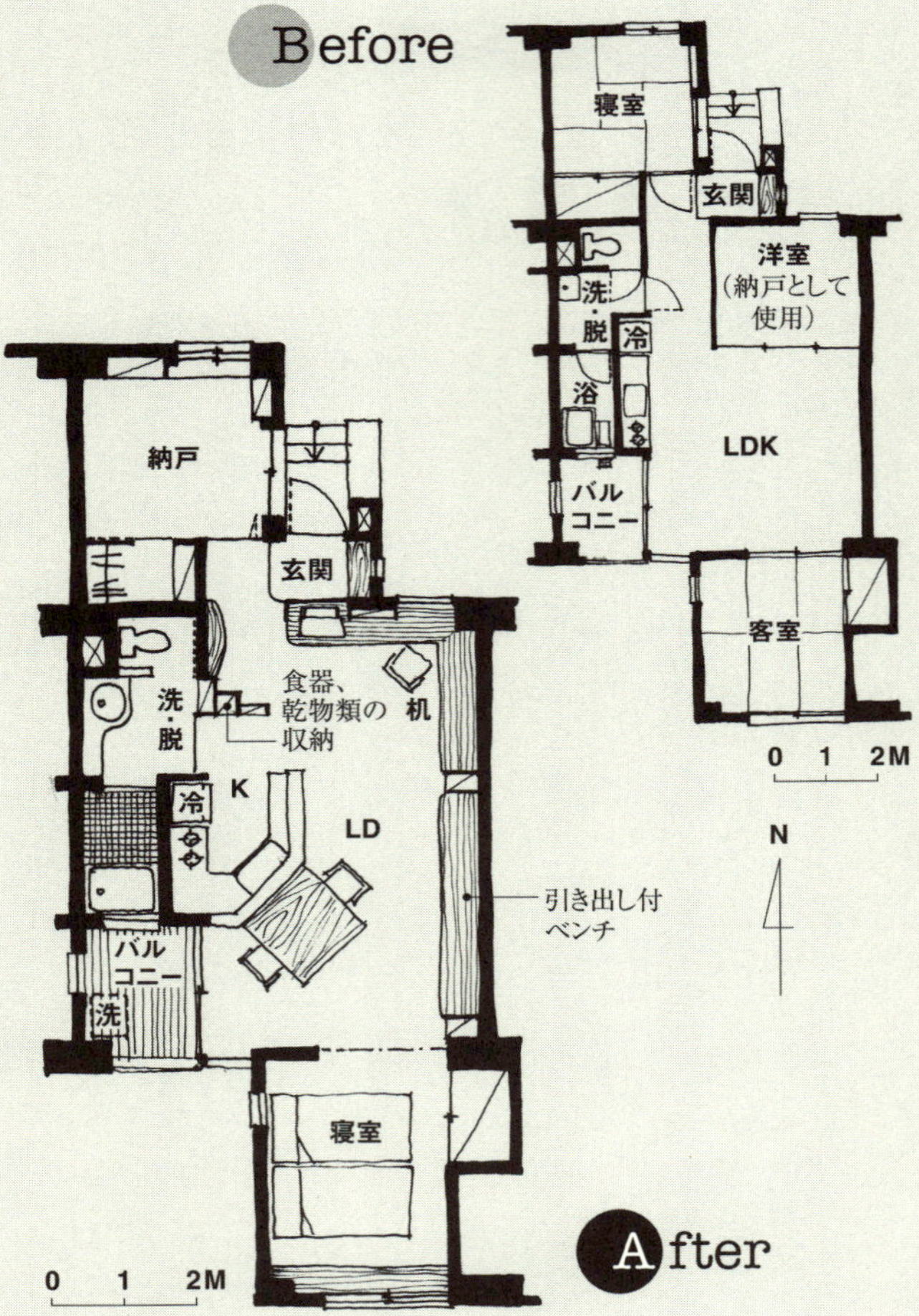

高齢者対応
マンション

DATA

家族構成

Nさん（40代女性）　夫（50代）

所在地	築年数	構造
神奈川県	20年	鉄筋コンクリート造 5階建の4階

POINT

- 夫の病気をきっかけに、「夜帰って寝るだけ」の住まいから「暮らしを楽しむ」住まいに。
- 狭い空間を有効に使って、ゆったりとくつろげるLDKに。
- 身体に負担をかけずに、楽に暮らせる工夫。

●「夜寝るだけ」の住まい

Nさん夫婦は子どもがいないためか見た目も若々しく、ふたりとも歳を忘れて仕事に没頭してきました。友だちとのつき合いも多く、住まいには夜遅く帰って寝るだけで、これまであまり関心がなかったようです。

しかし、夫の病気がきっかけで、改めて住まいを見直してみました。築20年のマンションはあちこちが汚れていて、これからも住み続けることができるのか心配になったのでしょう。「ふたりで健康に暮らしていける住まいにしたい」と相談にみえました。

●お客さんを呼べない家

住み替えも考えられますが、今のマンションは周辺に緑も多く、見晴らしもよく、とても気に入っています。

ただ、南北に長いタイプなので1部屋にしか直射日光が入らず、北側からも光を採り入れていました。

南側の和室が日当たりも見晴らしも一番よい部屋なのですが、リビングに光を採り入れるためには開放して使わざるをえないため、独立した部屋としての使い方ができず、普段は使用していないようです。

北側の4・5畳の和室が夫婦の寝室になっていました。共働きなので朝は大忙し。いちいち布団をしまっていられません。そこで、敷きっぱなしでも気にならないこの部屋を、寝室にしているのだそうです。

日曜日に布団を干す際には、ここから南の客室まで運んでいかなければなりません。また、寝室が寒いせいか、冬は風邪が治りにくいそうです。

もう1部屋は、書斎として使用するはずでしたが、現在は納戸になっていました。

リビングと一体化したDKは、舞台裏が丸見えで落ち着かないため、とても友だちを招く雰囲気ではありません。休日でもゆっくりお茶を楽しむ気になれないそうです。水まわりも狭いので、広くしたいという希望です。

●「生活を楽しむ」ための住まいに

住まいに関心のないときには大して気にならなかったのに、改めて点検してみると、あちこちに不満が出てきます。

定年まではまだ時間がありましたが、これをきっかけに生活を変えたいと考えました。つまり、これまでの〝**仕事に追われる日々**〟から〝**健康第一で生活を楽しむスタイル**〟へと変えたい、そのために住まいを造り直して、老後を迎えるための準備を始めたいと考えたのです。

10年後20年後がどうなっているのかは誰にもわかりませんが、年をとって身体が衰えていくのは確実です。**体力も気力もあるうちに**、そして**ローンも組めるうちに**、老後に向けて住まいを準備しておくことは必要なことだと思います。

「日が差し込む部屋で、ゆっくりお茶を飲みながら、音楽を聴いたり新聞を読んだりしたい」という希望を叶えるリフォームの提案をしてみました。

●狭いながらもくつろげるLDK

間取り図でわかるように、リビングには直接外気に触れる窓がありません。客室とつなげて南の日差しや風を採り入れるしかないのです。めったに来ることのないお客さんのために部屋を確保するより、日常生活を大切にした方がよいのではと考え、寝室を南に移すことを提案しました。

中が丸見えだったキッチンは、狭いながらも対面型にしました。1坪ほどのスペースですが、大工さんにつくってもらったカウンターに、流し、ガステーブル、そしてご希望の食洗機も組み込んであるオリジナルです。

引き出し、棚、吊り戸棚も、大工さんと建具屋さんにつくってもらいました。これで必要なものはすべて、すっきりと収納することができました。

また、流しの前を20センチほど立ち上げ、**手元を隠せるように**しました。おかげで、朝の片づけが途中のままでも気にならずに出勤できるようになりました。こういう小さなことで、だいぶストレスが減るのではないかと思います。

水まわりへの通路には、食器や乾物類など

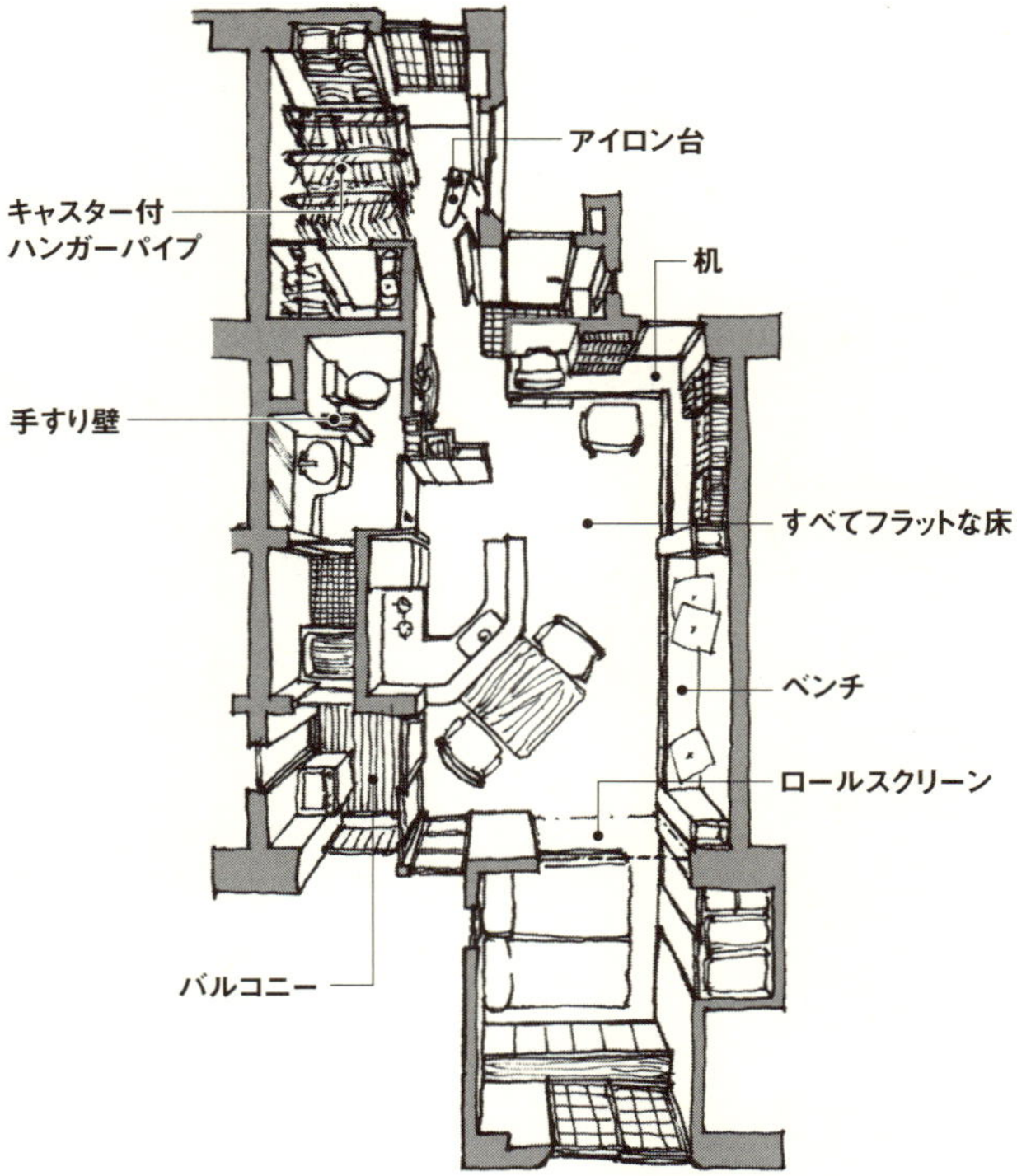

を収納する棚を配して、キッチンの収納を補うようにしてあります。この収納棚は、玄関からキッチンが見えないように目隠しする役割も果たしています。

リビングには120センチ角の**柔らかな感じの白木のテーブル**と、**肘掛のついた低めの椅子**を置きました。日曜のブランチは、お気に入りの小さなレストランにいるような気分で、ゆったりととれるようになりました。

●もっと楽に暮らせるように

まだ「バリアフリー」という言葉が耳に馴染む前の住まいでは、畳の部屋は3センチ程度上がっているのが普通でした。

Nさん宅もリビングと客間だった寝室の間に段差があったので、ここを**フラット**にし、掃除のしやすいようにフローリングに替えま

すっきりとして落ち着いたLDK

した。

畳やカーペットをフローリングに変更すると、階下に音が響きやすくなってトラブルになることもよくあります。今回、床をフラットにするときに**防音対策**として、**ゴムシートつきのフローリング**を使用しました。

リビングと寝室だけでなく、玄関から納戸、水まわりまで、すべてフローリングにしました。同一材にすると、お掃除が楽になります。

リビングの床が外まで連続するようにと、**バルコニーにスノコ**を敷いて高さを揃えました。床が続くと広く見えますし、洗濯物の出し入れの際につまずく心配もなくなります。

布団の上げ下ろしも疲れてきたので、新しい寝室には**ベッド**を置くことにしました。疲れてちょっと横になりたいとき、ソファ代わりに重宝しているようです。

寝室では着替えをしないことにしたので、衣類の収納もなくいつもきれいに保てます。さらにベッドカバーをかければだらしなく見えることはありませんが、いざというときの目隠しのために、**リビングと寝室の間にロールブラインド**を設置しました。でもこれは、めったに使うことはないようです。広々と住むのに慣れてしまうと、わざわざ仕切りたくはなくなるのでしょう。

●それぞれのコーナーに収納を

マンションはコンクリートの**ラーメン構造**だったので、太い柱と梁が出っ張っていて邪魔でした。そこで、柱を取り囲むように、収納やベンチを造りつけにしました。

「使う場所がしまう場所」の原則に合わせて、書斎コーナーには、文具や書類をしまう引き

防音対策
40ページ参照。

バルコニーにスノコ
114ページ参照。

ラーメン構造
柱と梁の接点が、変形しにくい「剛」接合になっている構造。鉄筋コンクリート造など。

出しつきのカウンターと、吊り本棚をつくりました。

壁の厚みによって、作業スペースの違うカウンターです。奥行きのあるところにはパソコンを置き、書きかけの書類などを出しっぱなしにできます。片づけなくてよければ、思い立ったときにいつでも続きができて助かります。

このマンションゆえの制約で、浴室やトイレの配置は変えられませんでしたが、少しでも広く使えるように手を入れました。

まず、**風呂釜部を壁面に収めるタイプ**の浴槽に替えて、浴槽を広くします。洗面脱衣室とトイレの壁は抜いて、少しでも広がりが出るようにします。また、トイレに〝**手すり壁**〟を設置し、トイレットペーパーなどをここに収めました。

洗面台は、身体がぶつからないような**カーブをつけたカウンター**に洗面器を落とし込み、その下に収納、上には薄い収納と鏡を取り付けました。タオル類、下着、石鹸、化粧品など、ここで使うものはすべて収納できるようにしてあります。

●自由に使えるスペースを残す

寝室だった北側の和室は納戸にして、着替えの場として使うことになりました。外出時にはここで着替えて玄関へ、帰宅時は玄関からここに直行して着替えてから部屋に入ります。でも、押入れをクローゼットに変えただけで、ほかには特に手を入れていません。

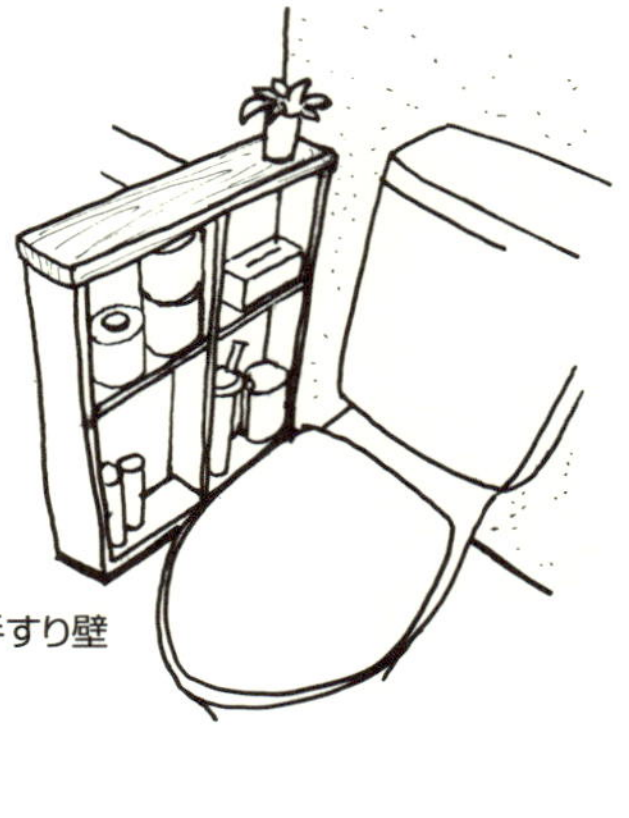

トイレの手すり壁

棚をつくったり戸を設けたりとあれこれ造作をするより、必要なだけハンガーパイプを置くことをおすすめしたのです。

洗濯物をひとまず置いたり、アイロンをかけたりの作業もできるようにしてあります。身につける物すべてがここに収納できるので、コーディネートもしやすく、探し物の手間も減ったようです。

老後がどんな暮らしになるのかまだわからないのに、何もかも決めてしまう必要はありません。**どこか自由になる場所をとっておく**ことも、大切なのではないでしょうか。

家族構成が変わったときに個室として使用することもできますし、いずれ趣味に使う部屋が必要になるかもしれません。………今井

柱や梁の出っ張りを、収納やベンチで解消

またぎ段差

トイレ、ドア枠など

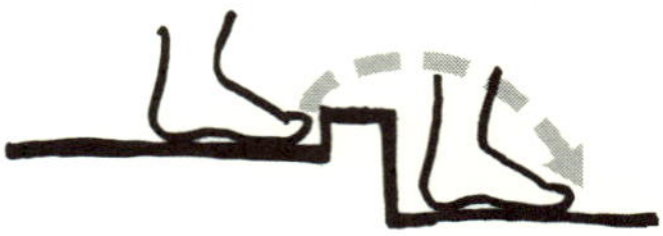

浴室、掃き出し窓など

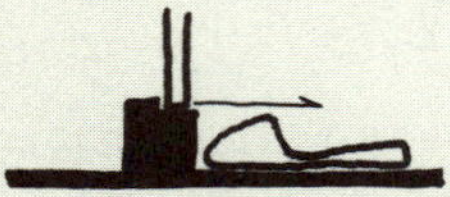

トイレには、スリッパが引っかからないように立ち上がりがあるケースが多い

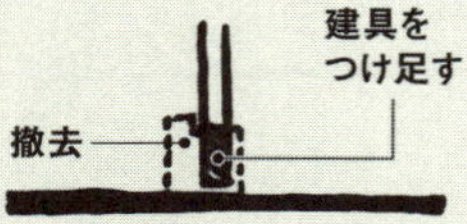

立ち上がりを撤去し、建具の下部をつけ足す。もしくは通気（換気）のためそのままにする

２段にする

３段にする

フラットにする

ADVICE

やり方いろいろ

室内の段差解消

ひと口に“段差”と言ってもいろいろな段差があります。段差の種類と、その解消法を簡単な図にしてみましたので参考にしてください。

段差なし

歩行なら指の３分の１以上、車椅子なら3mm以上の差は“段差”となり、対処が必要。

単純段差

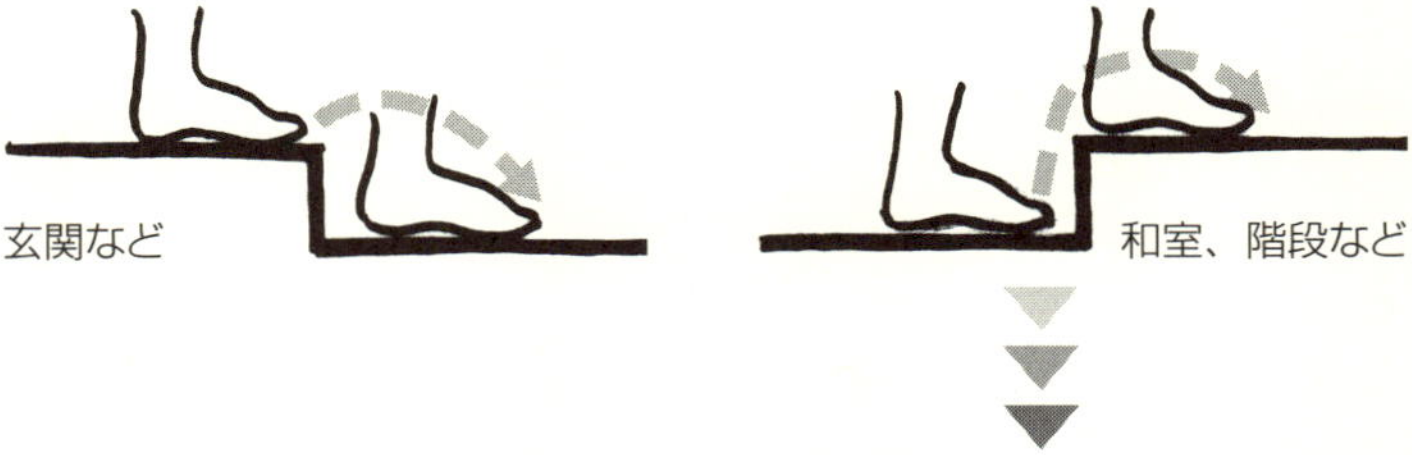

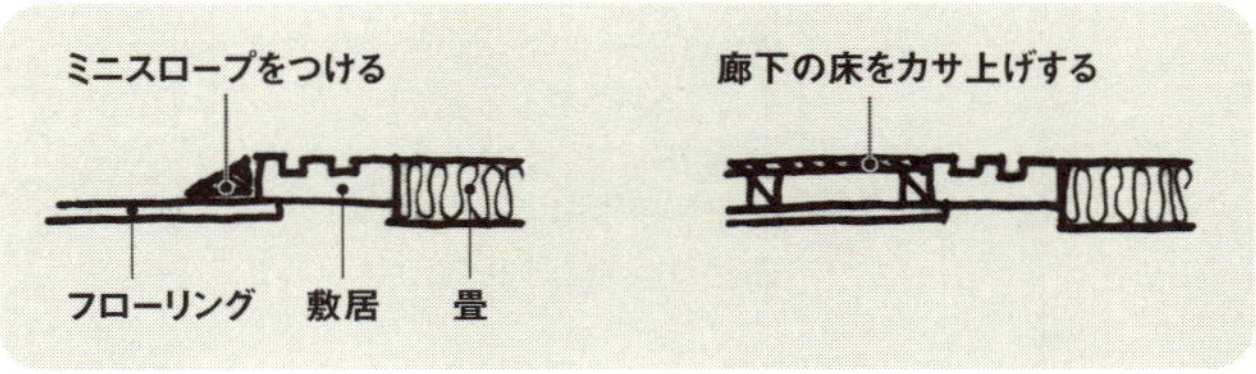

病気でも一緒に暮らしたいから、妻を介護しやすい家に

Before

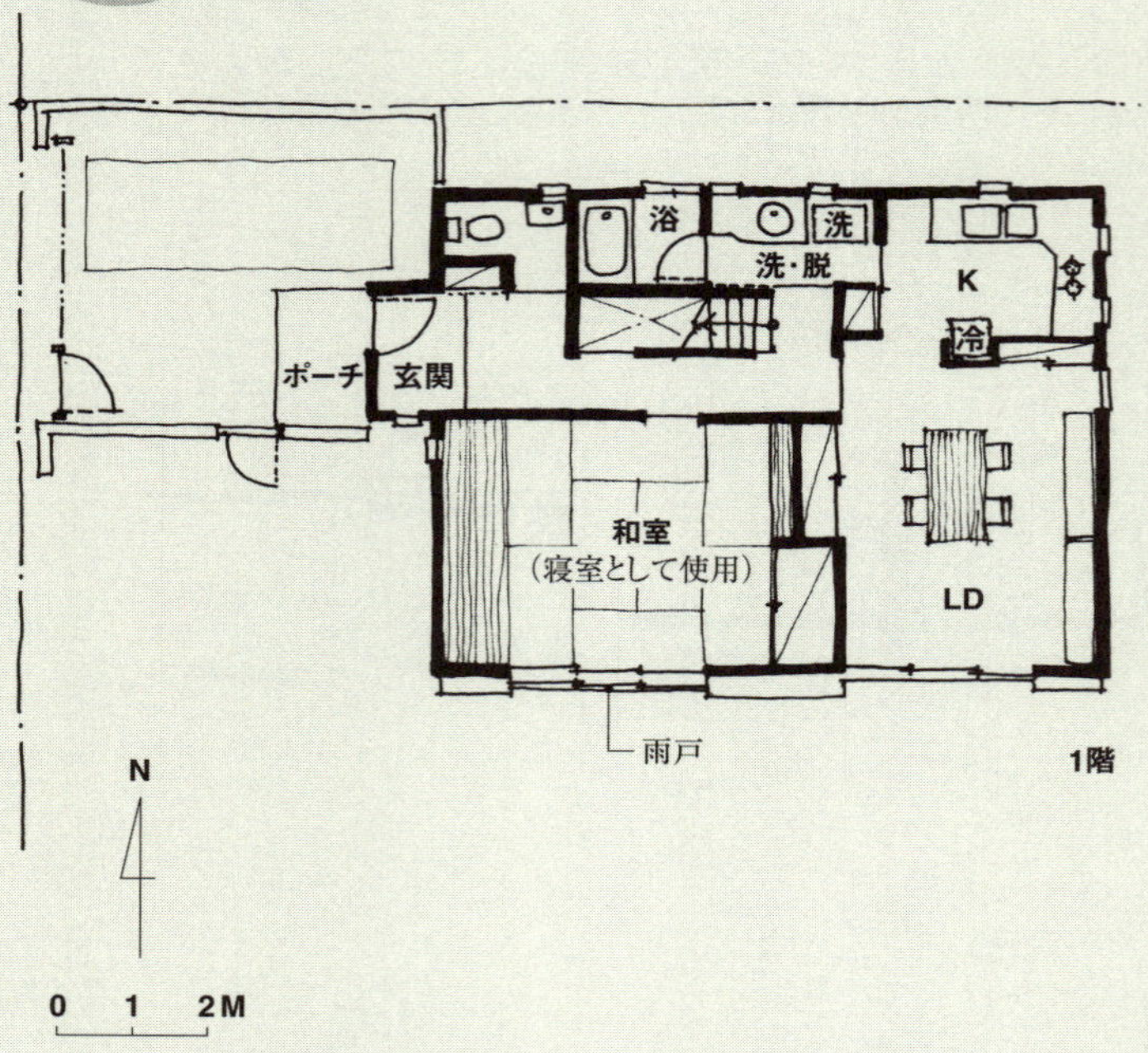

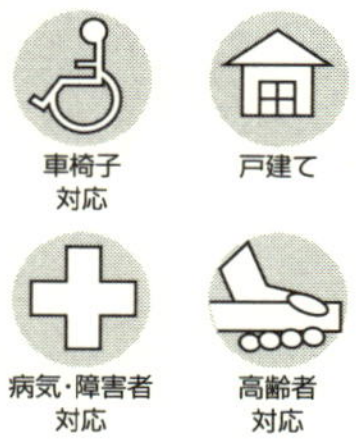

POINT

- 70代の夫婦ふたり暮らし。
- パーキンソン病の妻を、夫のMさんが介護しやすい造りに。
- 妻がなるべく自立して生活できて、リハビリを楽しめるように。
- 将来、車椅子になっても対応できるように。

After

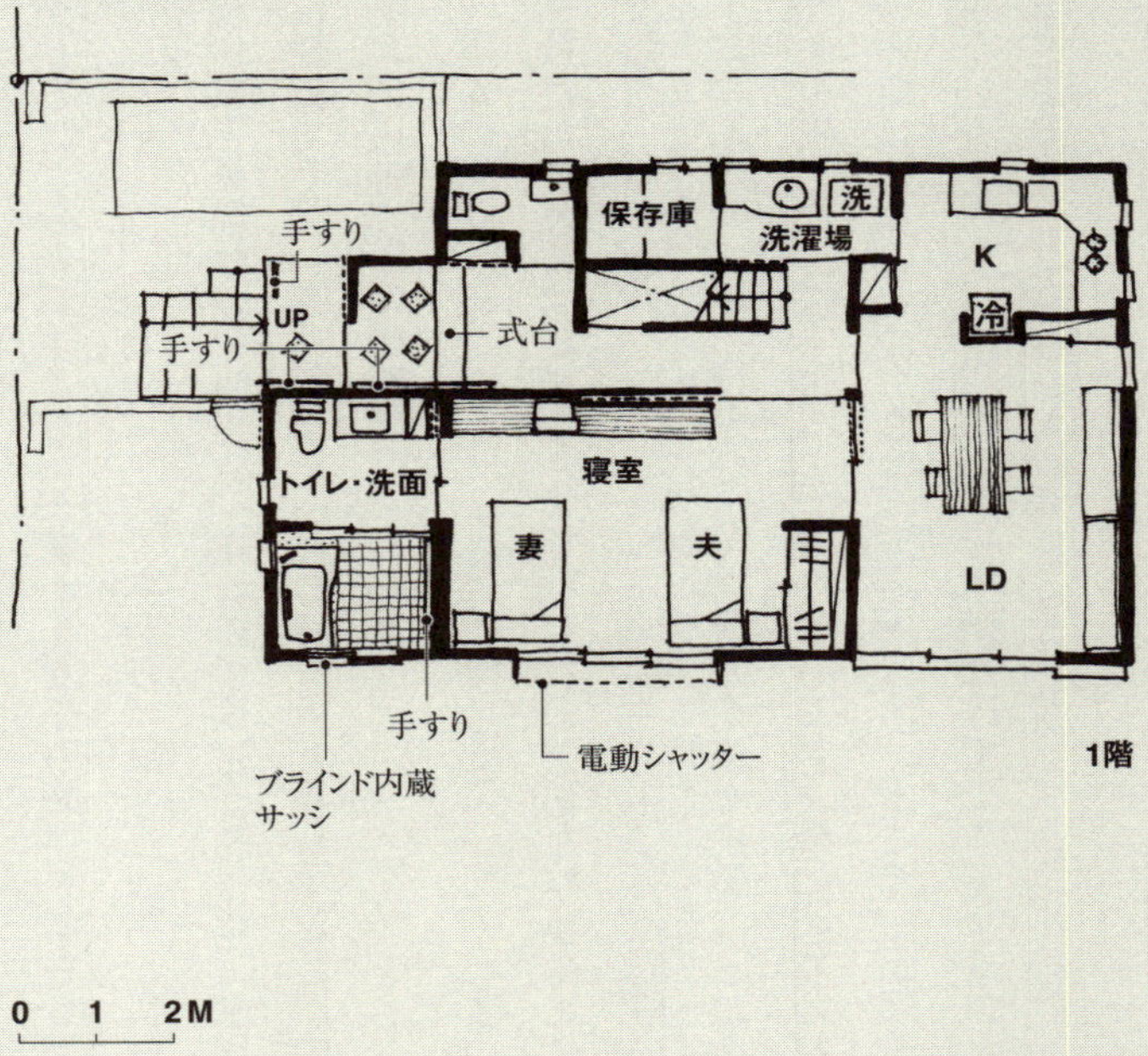

DATA

家族構成

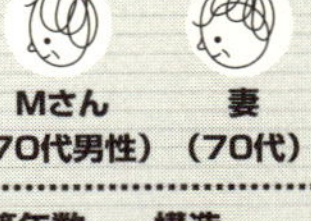

Mさん
（70代男性）

妻
（70代）

所在地
東京都

築年数
17年

構造
木造2階建

●病気でも一緒に暮らしたい

ともに70代のMさん夫婦は、子どもがいないからでしょうか、傍で見ていてもほほえましいぐらいに、ふたりで労わりあって仲よく暮らしています。

Mさんは少し耳が遠いことを除けば、気力も体力も充分、非常に健康です。一方、妻は10年以上前に「パーキンソン病」と診断されて数回入院し、リフォームの相談があったときにも入院中でした。しかし、彼女はとても家に帰りたがっていました。Mさんも、

「病院にいるとベッドに横になっているばかりで、生活動作のリハビリをしたくてもできないし、何よりも生きる意欲がなくなってしまうのでは……」

と心配し、家に連れて帰りたいと考えていました。

Mさんはこの年代の男性としては珍しく、家事はほとんど自分でできます。ヘルパーさんには週に1～2回だけ来てもらって、炊事・洗濯を手助けしてもらっているようです。ですから、Mさんは「これからも、ヘルパーさんの手助けがあれば、私が妻の面倒を見て、ふたりだけで暮らすことができる」と考えました。

築17年の2階建ての住まいは仕事場も兼ねていたため、ふたり暮らしには充分すぎるぐらいの広さです。妻は階段の昇降が難しいので1階で生活をすることになりますが、耳の遠いMさんが2階にいるとなると、ふたりとも心配です。そこで、退院後は**すべての生活を1階だけで**できるようにしました。

床暖房
79ページ参照。

手すり代わりのカウンター
177ページ参照。

●お互いの眼が届く住まいに

入院前、1階の客室用和室を寝室にしていました。しかし、いったん廊下に出なければリビングに行くためには、いったん廊下に出なければなりません。また、妻が寝室で休んでいるとき、すぐ隣のリビングにいても様子がまったくわからない状況でした。耳が遠いので余計に、眼で確認できないと不安が募ります。

そこで和室を洋室に変更して、リビングとつなげることにしました。ほとんどの時間を寝室で過ごすと思われるので、雨戸の開け閉てが簡単にできるよう**電動シャッター**に替え、快適な暖かさを確保するため**床暖房**を設置し、壁面には収納棚を造りつけます。

棚中段は**手すり代わりのカウンター**にして、下段には引き出しと物入れ、上段には吊り戸棚を設け、日常品すべての収納場所にします。カウンターにはテレビを置いて、寝ながら楽しめるようにしてあります。

家の中では、今のところ伝い歩きなのですが、いずれ**車椅子になる可能性**があるのでその対策が必要です。寝室から廊下へと出入りする際、廊下の幅が狭いと車椅子では曲がりきれませんから、出入り口を大きな引き戸にすることで、車椅子の

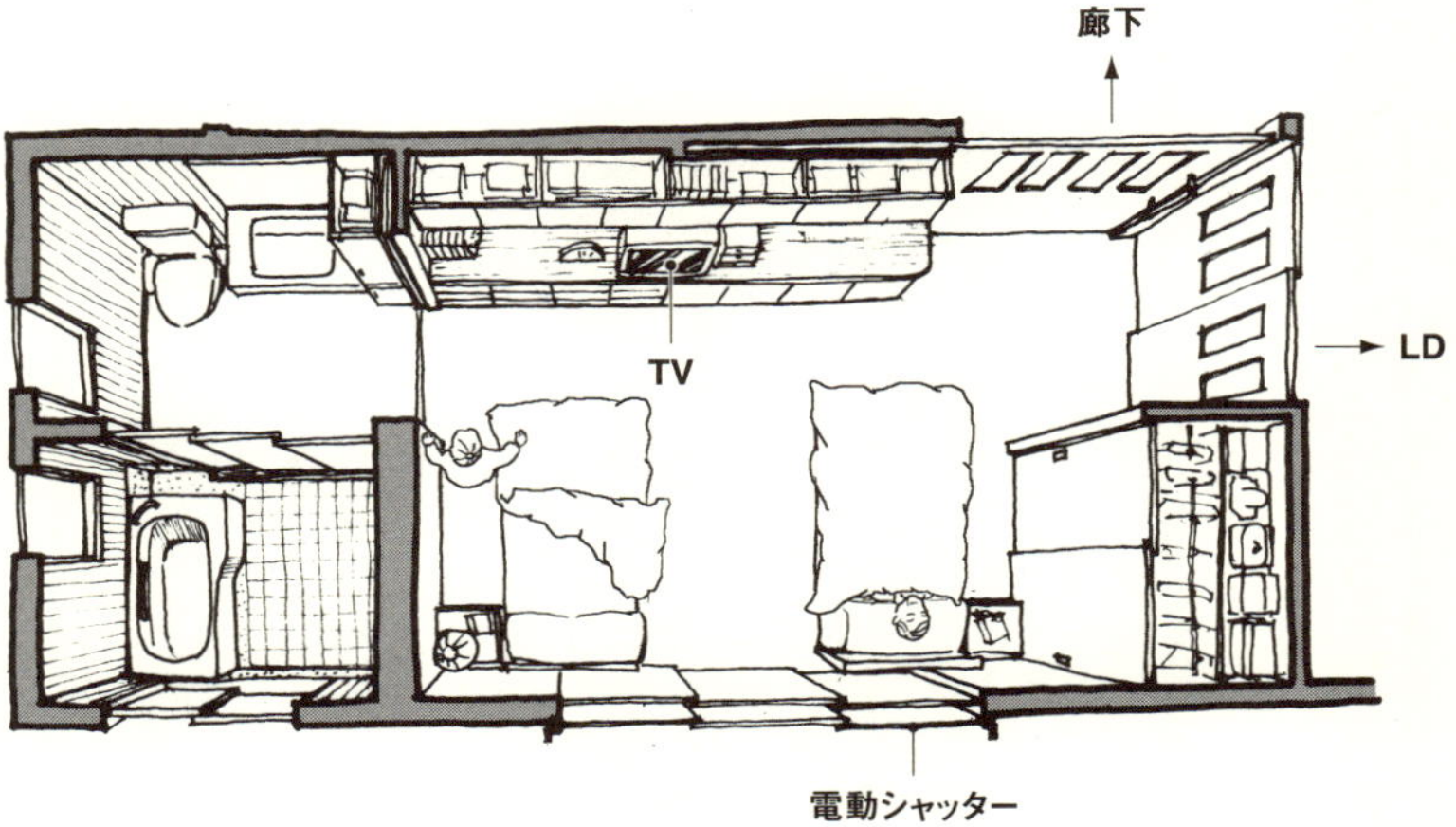

回転を可能にします。

寝室とリビングの行き来は真っ直ぐになるので、**半間幅の引き戸でも大丈夫**です。引き戸はほとんど開けっぱなしなので、今後はそれぞれが寝室とリビングにいても安心です。引き戸を閉めても、ガラス入りの建具にしてあるので、お互いの気配が感じられます。

●お風呂で楽しみながらのリハビリ

北側にある浴室は狭い上に寒いので、新しくしたいとのご希望でした。

入浴は楽しいひとときで一番のリハビリになるのですが、同時に危険もあります。浴槽に出入りするときに身体が不安定になったり、お湯につかる前に肌寒く感じたり……。不安な気持ちになるのを防ぐために、なるべく安全な造りにしておく必要があります。

予算にも敷地にも余裕があったので、寝室の隣に水まわりを増築することにしました。

せっかくの入浴タイム、庭を眺めながら、日を浴びながらゆったりと過ごすことができるように、南に大きな窓を設置。寒くないように**ブラインド内臓の二重サッシ**にして、床もひんやりとしないように**浴室用コルクタイル**にしました。これで足元の冷えを和らげることができます。

壁は**サワラの板張り**です。よろけて壁に身体が触れたときに冷たくないのと、症状に応じてどこにでも手すりをつけられるという利

半間幅の引き戸でも大丈夫
195ページ参照。
浴室用コルクタイル、サワラの板張り
30ページ参照。

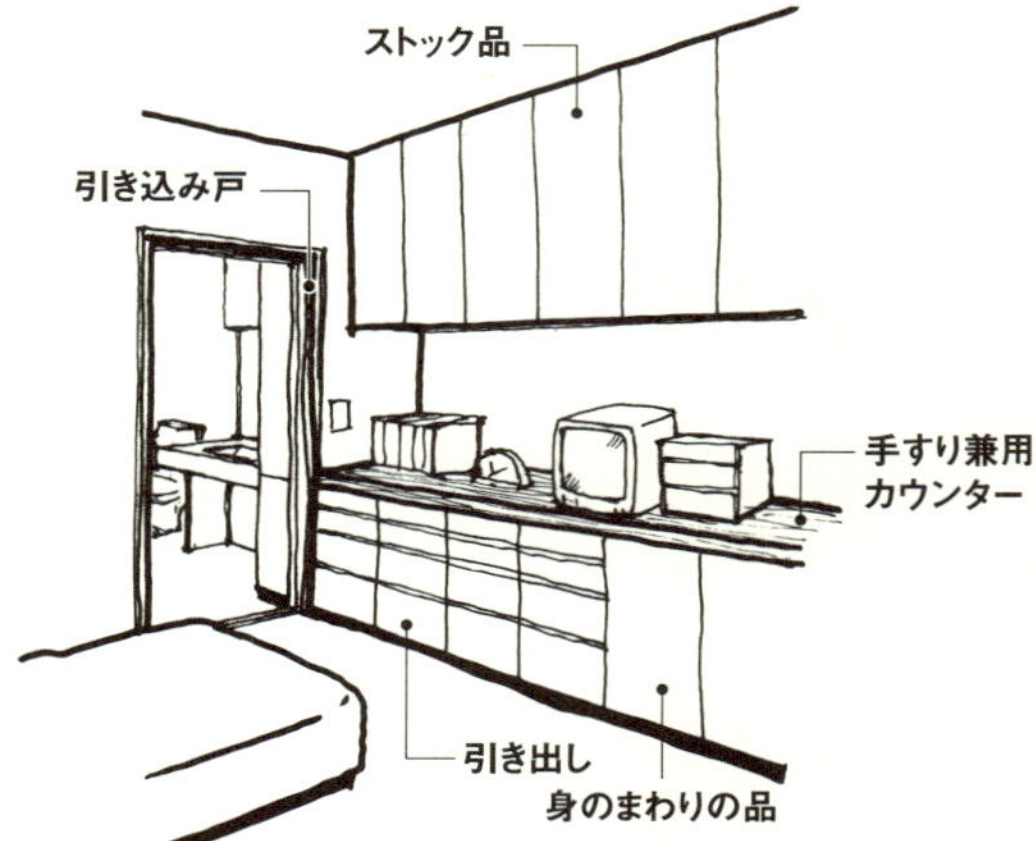

寝室の壁面収納

点があります。

Mさんの妻は小柄な方なので、浴槽内で浮いてしまわないように、**浴槽内にも手すり**がついているものを選びました。出入りのときに腰掛けられるように、**幅の広い縁**のものです。手助けが必要になったとき、介助者が横からだけでなく**後ろにもまわれる**ようにしてあります。

脱衣所との間に段差はなく、**3本の引き戸**なので幅も広く、車椅子のままでも浴室に入れます。

ユニットバスではないので、ひとつひとつ彼女にとって安全で使いやすいか、そして好みに合うデザインかどうかを検討しながら決めました。楽しみながらリハビリができればよいのですが。

浴槽内にも手すり、幅の広い縁
30ページ参照。

●トイレに行ける喜び

「病院ではできたのに、退院して家に帰ったらトイレも洗面もできなくなってしまった」という話をよく聞きます。それは本人の問題ではなく、住まいが身体能力に対応していないために、できることまでできなくなってしまったのです。

逆に、家に帰ってきたら、それまで「できない」と思われていたことが「できる」ようになることもあります。

病院では「時間と手間がかかるから」と自分

安全で快適な浴室

でやらせてもらえなかったことが、自宅ではゆっくりゆっくり、本人がやりやすいようにやることで、可能になるのです。〝自分のことが自分でできる喜び〟は、できなくなって初めてわかります。このリフォームで、できる喜びをひとつでも増やしたいと思いました。

玄関脇のトイレに行くには、寝室から一度廊下に出なければなりません。離れている上に寒いので、浴室脇の洗面・脱衣所に便器もつけることにしました。寝室に2つ並んだベッドの浴室側が妻用ですから、夜中のトイレも数歩で行けます（93ページイラスト参照）。

病院ではベッドの脇にポータブルトイレを置いていましたが、家ではその必要がなくなりました。自分でトイレに行けることは、身体を動かすことへの励みになりました。

2本の引き込み戸で仕切られていますが、開けておけば温度差もなく、車椅子でも出入りできます。浴室につけることの多い**天井暖房機**を、夜間の使用が多い洗面所の方につけました。浴室は、入る前に洗面所と一緒に暖めます。洗面台も、実際に使用する様子を見せてもらい、高さと水栓器具を決めました。もちろん車椅子も想定します。

こうして、新しい浴室とトイレを設けましたが、今までの水まわりもそのままにして活用することにしました。北側の寒い旧浴室は、野菜や果物などのストック場として、洗面・脱衣室は洗濯場として、洗面器も下洗いの流しとして使用できるので、ヘルパーさんに好評です。

●外出しやすい住まいに

在宅介護で問題になるのが、外出のときで

す。病院に行くためには、どうしても月に数回は出かけなければならないのですが、これが大変です。「病院に行くのが大変」というのもおかしなことなのですが。

日本の住まいの特徴として、地面より床を50センチ以上高くしてあります。多湿のため、そして靴を脱ぐ慣習のためです。この段差があるため、足腰が弱ったり痛んだりすると、家の内外の出入りが不自由になるのです。外国の住まいや公共の施設のように「車椅子のまま家の中へ」というのは、この慣習が続く限り不可能でしょう。

Mさんの住まいも、敷地と道路はほぼ平らでしたが、建物の床は60センチも高かったのです。玄関のドアも内開きだったので、散歩のときに使用する車椅子を置くと1人しか立てなくなり、靴の着脱などの介助をするのが難しい状態でした。

パーキンソン病の特徴として、歩行がすくみ足や小股歩行になり、方向転換が難しく転倒しやすくなります。段差がある場合、スロープにすると止まりにくく危険なので、**ゆるやかな階段状**にする方がいいようです。手を置ける手すりや家具などがあると、より安定して歩けます。

玄関を半畳分だけ増築し、タイルの床も6センチ高くして、**式台**も設けて段差を小さくしました。手すりもできるだけ連続させるようにして、廊下から玄関、そしてポーチまでつけてあります。

玄関ドアは**引き戸**に替え、ポーチとの段差を小さいものにしました。つまり、ポーチと道路までの間を、**ゆったりとした階段状**にしたのです。段は増えましたが、ゆるやかにし

ゆったりとした階段状
99ページ参照。

て手すりをつけたので、今までよりも楽になりました。

車から降りて立つときに身体がふらつきやすいとのことなので、**ポーチの先端に手すり**をつけて、つかまれるようにしました。ポーチと玄関の床は、予算の関係でタイルを諦めましたが、モルタルのままでは味気ないので、ちょうど手元にあった30センチ角の滑りにくい石を5枚、埋め込んでもらい、おしゃれな土間になりました。

車椅子対応リフォームは機能が最重視され、ほかの家族にとっては「あまりありがたくない」という声も聞きます。でも、さりげなく楽しいリフォームを心がけることで、家族みんなが明るい気持ちになるのではないでしょうか。……今井

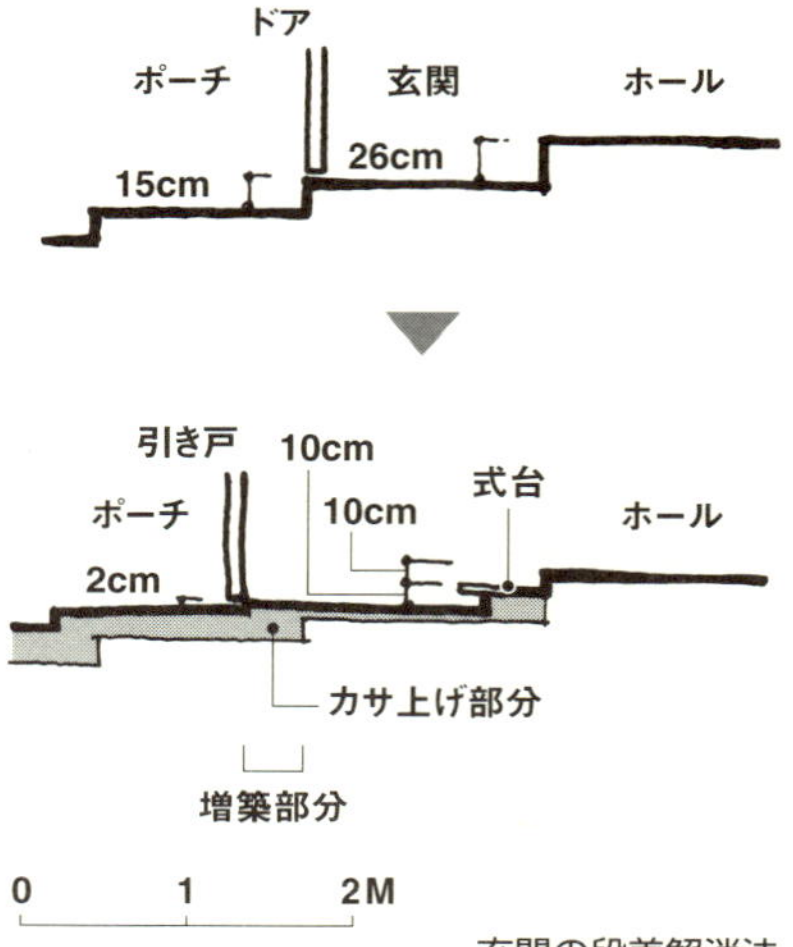

玄関の段差解消法

パーキンソン病には、
スロープよりもゆるやかな階段がよい

ADVICE

これなら安心

ゆるやかな安全階段

階段をゆるやかにつくっておけば、年をとっても上り下り可能。2階での生活をあきらめずにすみます。手すりも中途半端につけず、必ず連続させることが大切です。

直進階段

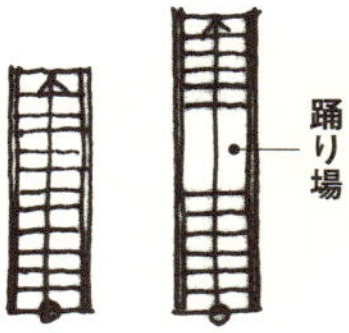

×　△

長所 場所をとらない。

短所 踏みはずすと危険。

対策 踊り場をつくる。ゆるやかな勾配にする。

曲がり階段

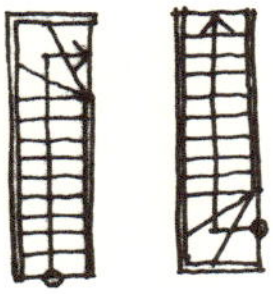

×　△

長所 場所をとらない。

短所 踏み面の寸法が変わるので危険。

対策 下部で折れ曲がるように。

踊り場つき階段

×　○　○

長所 踏み面が一定で安全。踏みはずしても下まで転落しない。休みがとれる。

短所 面積をとる。階段昇降機のとりつけにお金がかかる。手すりを連続してつけるのも割高。

ONE POINT

外部の段差は、必ずしもスロープにする必要はありません。杖や車椅子ではかえってゆるやかな階段の方が楽なことも。距離も短かくてすみます。

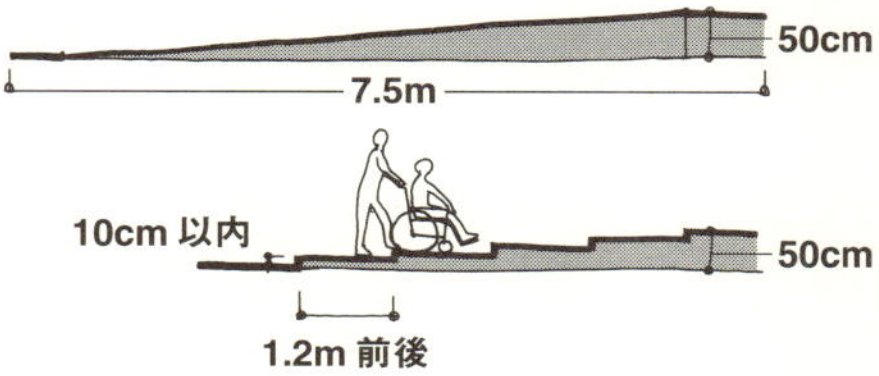

ふたりで自立生活を続けるために、シルバーマンションを買ってリフォーム

高齢者対応　マンション

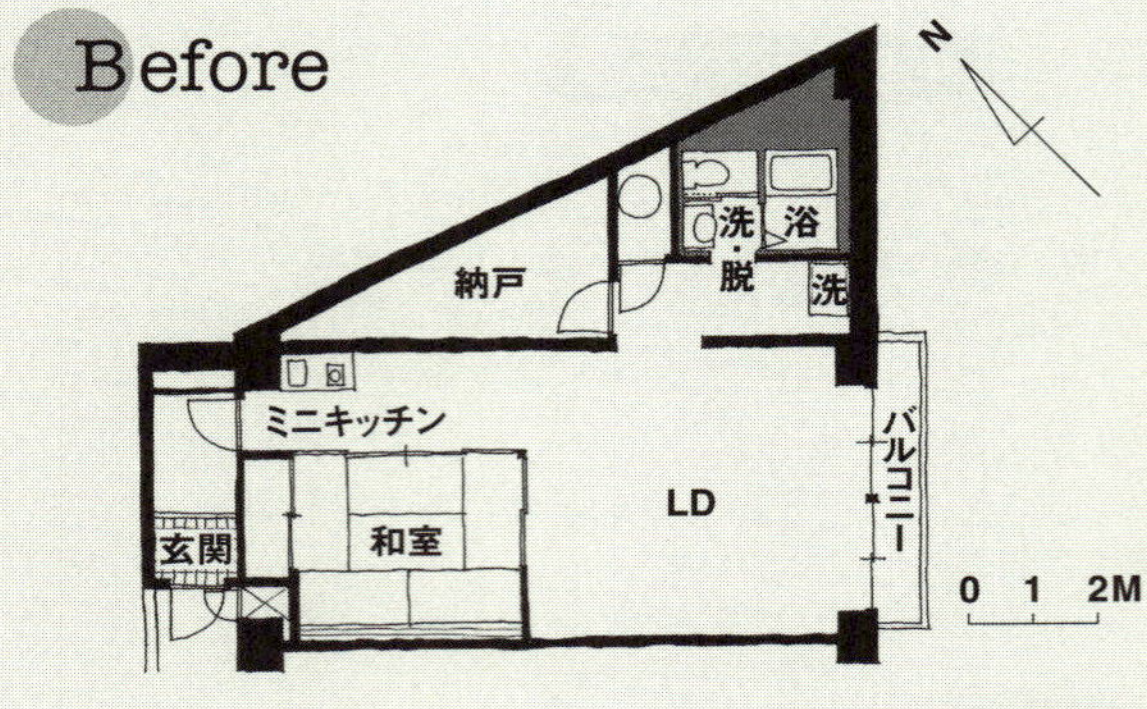

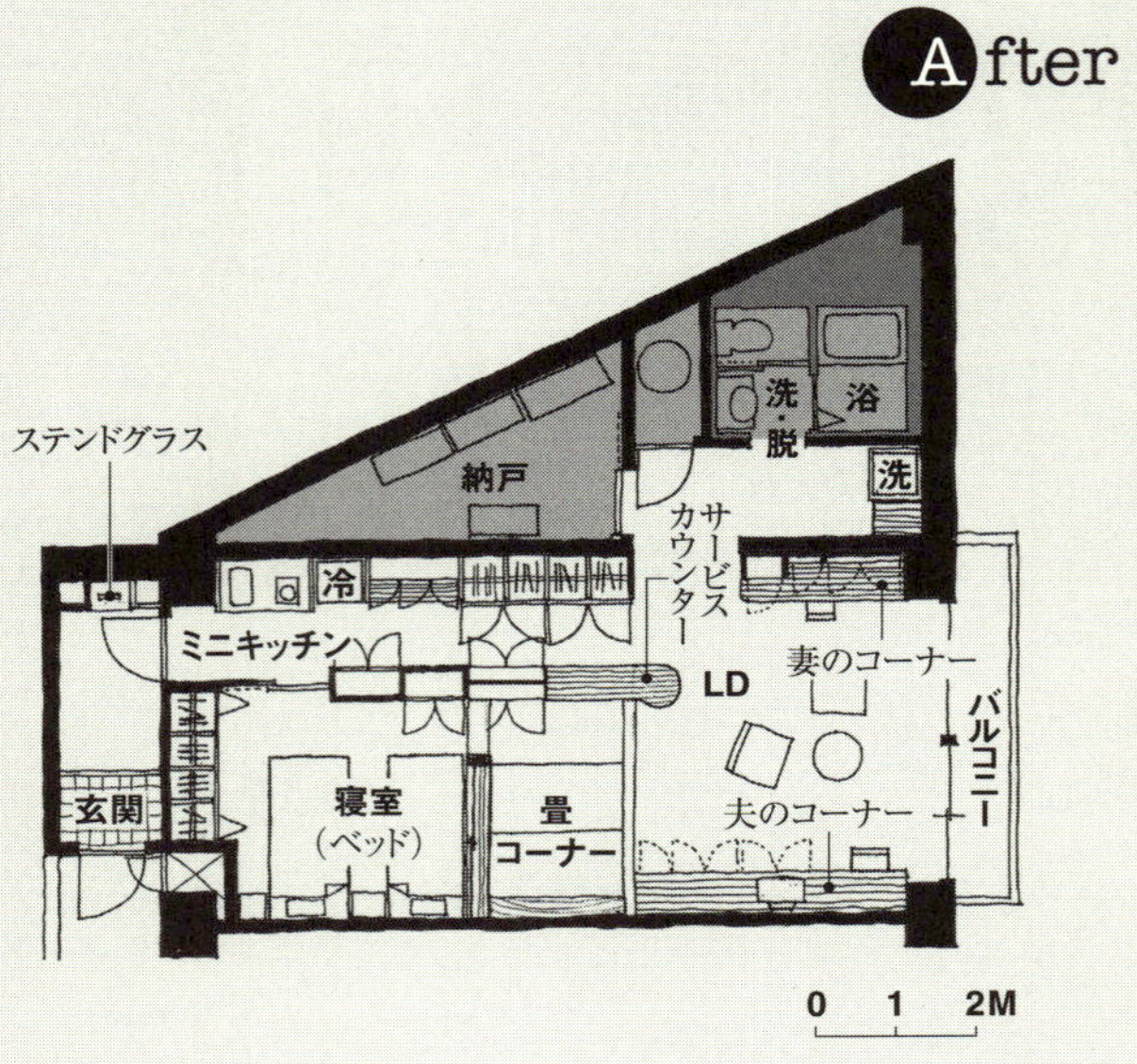

DATA

家族構成

Yさん（70代男性）　妻（70代）

所在地	築年数	構造
神奈川県	6年	鉄筋コンクリート造 5階建の2階

POINT

- シルバーマンションを自分たちの住みやすいように改修。
- 孫が泊まるためのスペースを設ける。
- 脳の老化を防ぐ住まいの3原則
  ①見通しの利くプラン
  ②分類・整理しやすい収納
  ③家の定温化

●シルバーマンションに入居

Yさん夫婦は定年後も、長年住み続けてきた一戸建てでふたり暮らしをしていました。ふたりとも健康で友だちも多く、Yさんはジョギング、妻は水泳と趣味を楽しんでいましたが、これから先、身体が衰えたときのことも考え始めていました。

「**子どもに世話になるのではなく、自分たちだけで自立した老後を過ごしたい**」と考えていた矢先、ちょうど近くに新しいシルバーマンションを見つけたので、引越しを決意しました。

●都合に合わせてリフォーム

シルバーマンションには、賃貸と分譲の2つのタイプがあります。Yさんたちが購入したシルバーマンションは樹木に囲まれた静かな場所にあり、**病院が併設された分譲型**です。

共用スペースには、広いロビー、カフェバー、暖炉・ピアノ・玉突き台のあるラウンジ、食堂、大浴場、そして茶室や囲碁室まであり、とても充実しています。

それゆえに個々の住戸は、寝室（和室）とリビングの2間のみと非常にシンプルです。水まわりはユニット化されたトイレ・洗面所・浴室およびミニキッチンです。

食事はいつも共同食堂でとり、三食とも栄養管理されたものが出るので、ミニキッチンは軽食がつくれる程度の簡単なものです。マンション運営会社が健康管理に気をつけてくれるので、Yさんはひと安心。妻は食事づくりから解放されて大喜びです。

しかし、これを機に布団から**ベッドの生活**

に切り替えたいおふたりにとって、和室は不都合です。また、ここには**孫が遊びにきたときに泊まる部屋**もありません。

そこで、リフォームです。水まわりと玄関だけを残し、あとは全面的にリフォームすることにしました。つまり、床、天井、壁のコンクリート部分だけを残して解体することになります。

●脳の老化を防ぐ住まいとは

年を重ねるにつれて、物忘れが多くなります。それは自然のことなのですが、なるべくなら記憶力の低下を食い止め、これまで蓄積してきた知識や経験をフルに生かしていきいきと生活するのが理想です。

それには、脳を活性化するような要素を住まいに採り入れることです。空間づくりの工夫で老いを防ごうと、次の3点を試みました。

①見通しの利くプラン

空間を細かく仕切らず、**見通しのよいワンルーム**にしてコーナーにスペースを設けます。つまり、ひとつながりの空間に、くつろぎ・書きもの・就寝・来客のための宿泊スペースを設けました。

これなら、夫婦が常にお互いの気配を感じられますし、いつもいろいろな要素が目に入るため、脳に刺激を与えます。

ただ、ワンルームの欠点は、ひとつの空間に多種多様な機能が詰め込まれるため、雑然となりがちなことです。

寝室の障子を開けておけば、
広々としたワンルームに

そこで考えたのが、**部屋の中に部屋（寝室）を設ける**プランです。２部屋にするのではなく、ワンルームの一角を**障子**で仕切って、いつでもパッと隠せるようにしておきます。障子なら、完全に遮断された空間という印象は与えませんし、簡単に開け閉めができます。

また、雑然とするのを防ぐ工夫の第二として、**カウンター**を多用しました。軽食のサービスコーナー、夫の書斎コーナー、妻の家事コーナーなど、それぞれのカウンターが暮しの基地になっています。

「２人の孫が泊まるためのスペースを」という要望だったので、**畳３枚敷きのコーナー**を設けました。寝具はサービスカウンターの下部に収納します。障子で仕切って**簡素な床の間**を設けたので、季節の花やお雛さまなどを飾って、和の雰囲気を楽しめます。

機能的にまとめただけの空間づくりでは生活に潤いがなく、特に家で過ごすことの多い高齢の方には適していません。小さくてもいいので、何かしら遊びのスペースを設けたいものです。

マンションリフォームは通常、ほとんどの間仕切り壁を取り払うことができます。しかしＹさん宅は、納戸・水まわりの壁がコンクリートで壊せなかったので、そのまま残しました。

裏方である納戸・水まわりの入り口には、半透過性のロールスクリーンを設置して、必要に応じて仕切れるようにしました。

②分類・整理しやすい収納

「使う所にしまう」というのが、

家事カウンター上部を開けると、お化粧コーナーに早変わり

収納の原則です。離れた場所にしまってあると物を取りにいくのが**億劫**になり、アイロンかけや裁縫、書きものも、いつしかやらなくなってしまいます。また、肌寒いのでカーディガンを羽織りたいと思っても、つい我慢してしまい、**体調を壊す原因**になります。

さらに、何がどこにしまってあるかを記憶しやすいように、すべてが見渡せる浅い収納にする必要があります。

各コーナーのすぐ近くに収納があり、ひと目で見渡せると、常日頃「どこに何があるか」を意識することができ、死蔵することもありません。

③家の定温化

冬の寒い時期、**家全体に床暖房**を敷いてあると、どこに行っても温度差がないため、身体に負担がかかりません。そして大事なことは、家中を動き回るのが**億劫でなくなり**、「冬中コタツに丸くなっている」という事態を防げることです。

Yさんは「コストアップになるから」と床暖房をためらいましたが、これらのメリットを説明したところ、導入することになりました。感触のよいカーペットと組み合わせたら、おふたりに大好評。寒い日もよく身体を動かしているそうです。

夏の暑さ対策については、年配の方はクーラーをあまり好みませんが、妻が暑がりだっ

家全体に床暖房
79ページ参照。

家事カウンターでミシンを
かける妻と、くつろぐYさん

たため、窓のない寝室の天井にはビルトイン型のエアコンを設けることにしました。

マンションの場合、窓から離れた住戸の真ん中にエアコンを設置するのは困難です。通常、梁があって配管上難しいのですが、Yさん宅は運よく大きな梁もなく、要望に応えることができました。

●思い出のステンドグラスを玄関に

転居で「すべて一新」というのは、何だか落ち着きません。そこで、元の住まいで使っていた壁面収納と、妻の実家に使われていたステンドグラスを再利用しました。

ステンドグラスは玄関正面の壁に小さなニッチ（彫り込み）を設け、そこに電球とともにはめ込み、間接照明として蘇らせました。窓もなく無表情だった壁が一変して、**個性的な玄関**になりました。

夫婦の希望をコーナーごとにまとめたことによって、個室になっていなくてもそれぞれが快適に生活できます。

Y邸はその後、私が高齢の方の住まいを設計する上での基本となりました。この事例を紹介すると、多くの方が共感してくれます。

Yさん夫婦は新しい環境にも慣れ、夫は毎朝、木陰をジョギング、妻はよくスイミング教室に通っています。

「引っ越してから、孫たちが喜んで泊まりにくるようになりました」

と話す明るい笑顔が印象的でした。………加部

玄関には思い出のステンドグラスを設置

ADVICE

誰でも使いやすい

収納家具

クローゼット

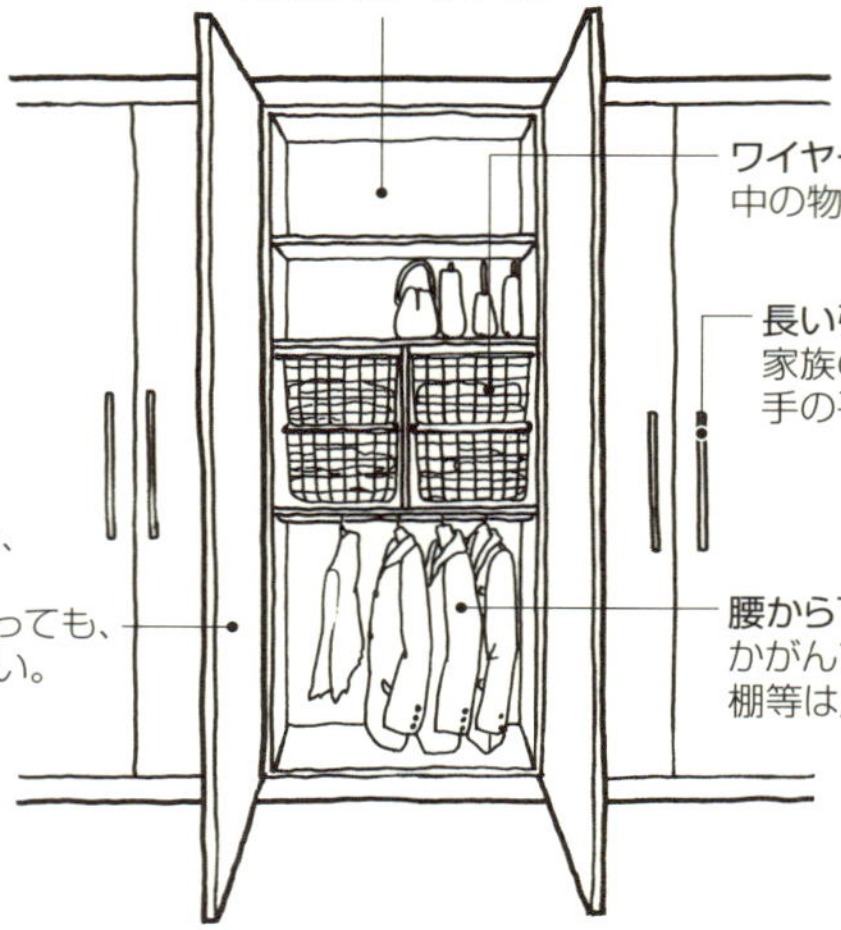
天井に近い部分は
日常は使わない物。
ワイヤーメッシュの引き出し
中の物が見える。
長い引き手
家族の身長差にも対応し、
手の平全体で握れる。
一枚扉
物が見渡せるため、
探すのが楽。
天井近くに物があっても、
死蔵することがない。
腰から下は服かけ
かがんで取り出す引き出し、
棚等は足もとにつくらない。

食器棚

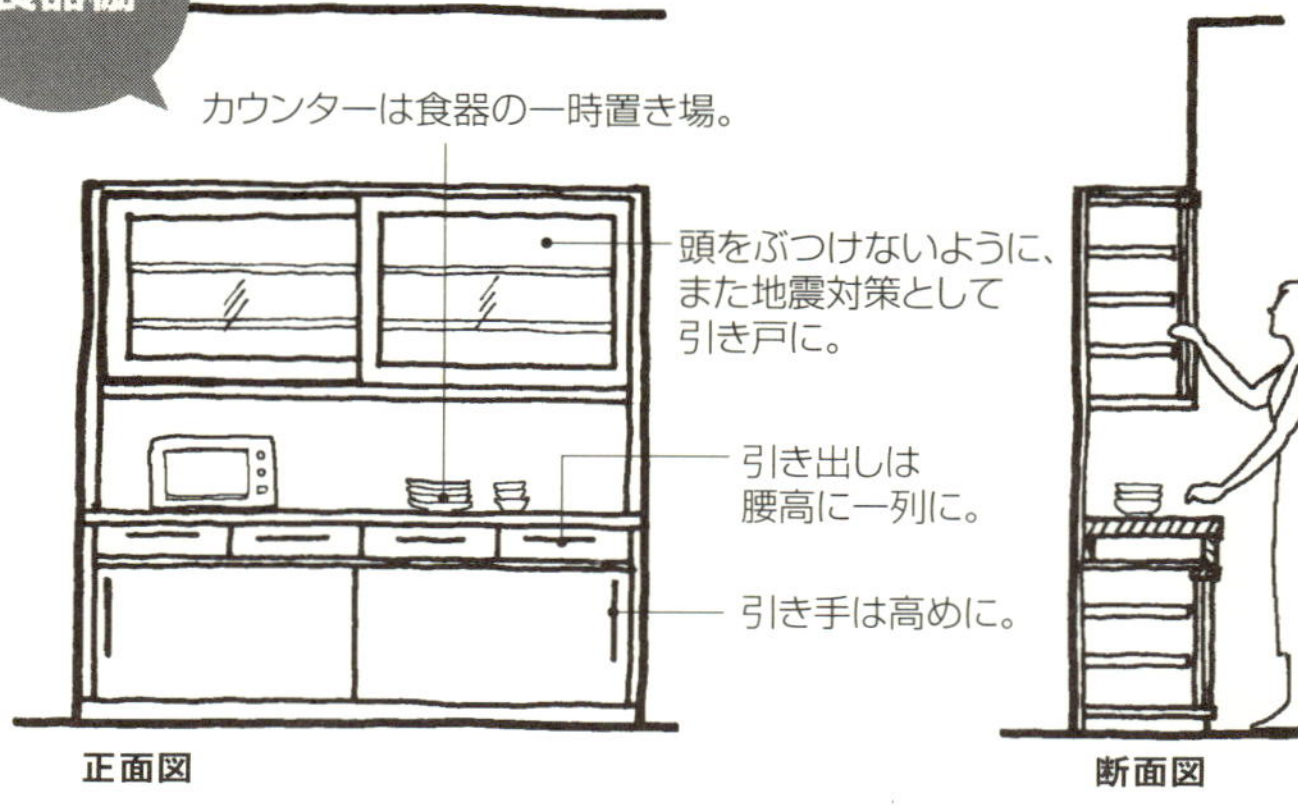

第4章

女ひとり暮らし

――自分スタイルで勝手気ままに

ひとり暮らしは自分のペースで暮らすことができ、住まいも思い通りに変えられて、とても楽しそうです。でも一方で、ちょっと淋しくなったり、将来に不安を感じたりと、悩み事もあります。住まいの改修で解決できることは、なるべくクリアしておきたいですね。

お客さんが泊まりやすい工夫、将来介護を受けやすいように準備した例などをご紹介します。

リビングのソファベッドで眠る〝シンプルライフ〟

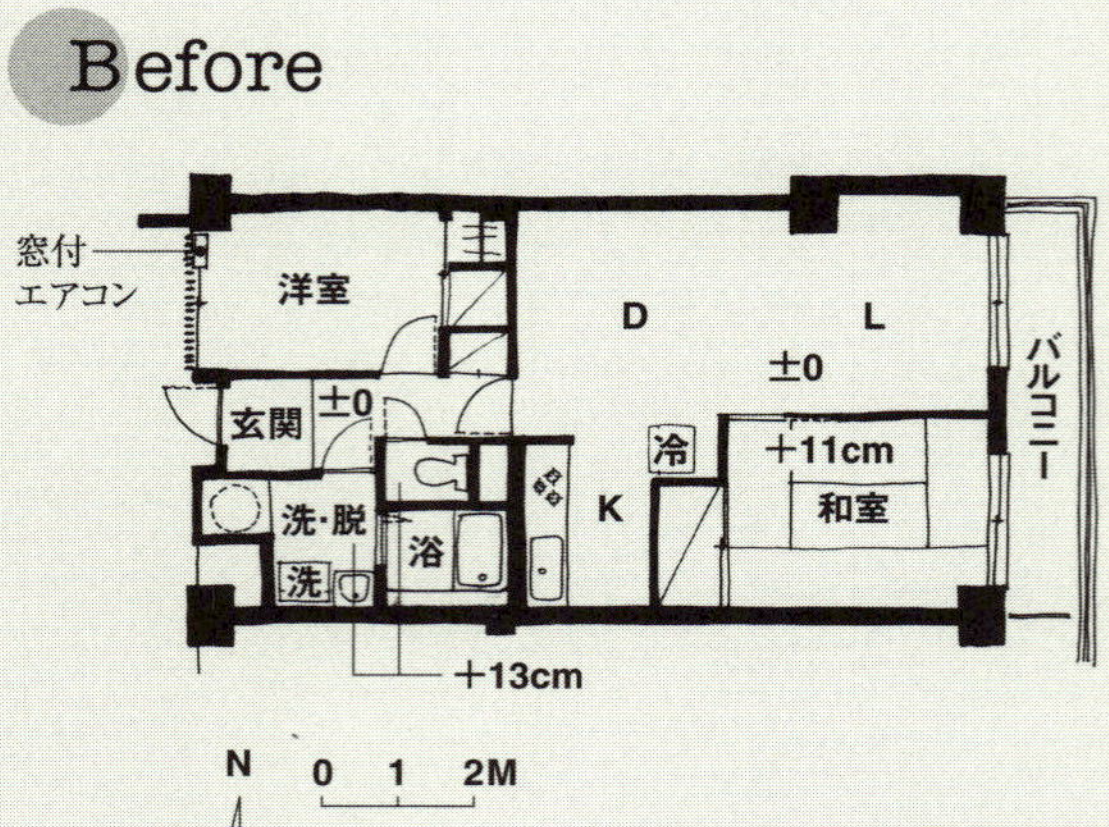

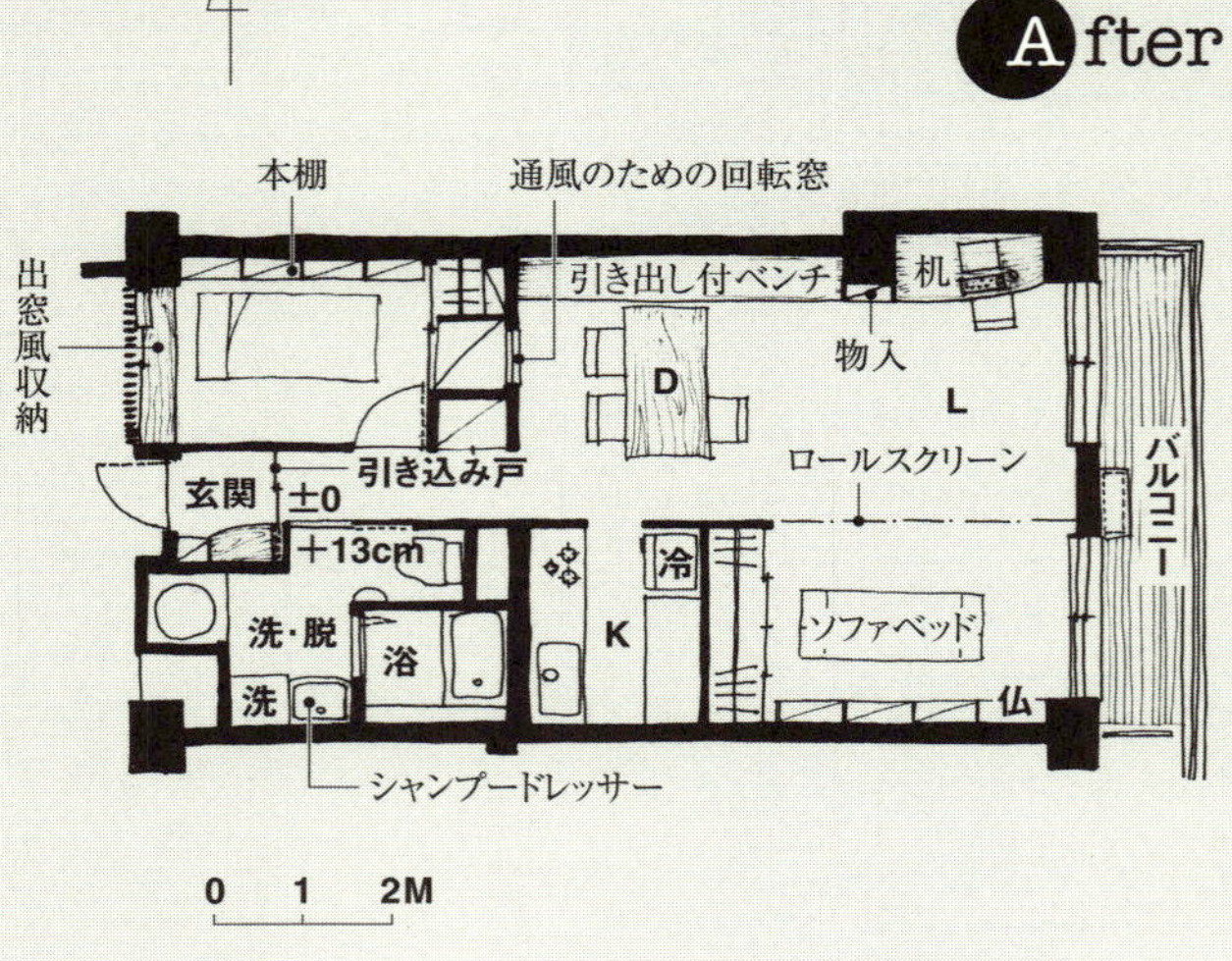

高齢者対応　マンション

DATA

家族構成

Aさん
(50代女性)

所在地	築年数	構造
東京都	20年	鉄筋コンクリート造 10階建の9階

POINT

- 夫が亡くなってひとり暮らしに。マンションを買って自分流にリフォーム。
- ひとりだから、細かく仕切らずに広々とシンプルに暮らせる間取りに。

●ひとりになって引越しを考える

夫を病気で亡くしてひとり暮らしになったAさんは、老後の生活を考えて都心に引っ越すことにしました。

ひとりでも安心して暮らせるように、実家と職場に近く、駅まで歩いて行けるところ、そして近所に病院、役所、スーパーなどが揃っているところに住もうと考えたのです。

実家に近ければ、兄家族と住んでいる母の介護が必要になったとしても、また自分が急に具合が悪くなったとしても助け合うことができます。職場に近ければ、時間的にも体力的にも余裕ができ、友だちを呼んで楽しく暮らせそうです。

新築マンションには手が出ませんが、築20年の10階建てマンションの9階を購入して、ひとり暮らしを楽しめるようにリフォームすることにしました。

●広々とした風の通る住まいに

元は2LDKでしたが、ひとり暮らしではすべての部屋を使いきれません。部屋がたくさんあっても、人が通らないと空気がよどみます。そこでAさんは、部屋数を減らし、すべてを使いこなして広々と生活したいと考えました。

和室の間仕切りとリビングの出入り口のドアを撤去し、廊下を含めてワンルーム化することにしました。

ただし、共用廊下側の洋室は落ち着いた雰囲気なので、寝室としてそのまま使うことにします。ただ、西日が差し込むため夏はとても暑そうです。窓は共用廊下に面しているので覗かれる心配から開けられず、風を抜きたくても内部のドアを開け放すくらいしかできません。

そこで、窓に**木製のブラインド**をつけて目隠しとしました。木製なので**調湿作用**も期待できます。この窓には鉄格子がついているので、留守中も少し開けておくことができます。

さらに、押入れの上段に**回転窓**をつくり、風がバルコニーまで抜けるようにしました。この窓は、中が丸見えにならないように工夫してあります。

●段差をなくしたいけれど

Aさんはできるだけ床をフラットにしたいと希望しました。しかし、20年前に建てられたこのマンションは、和室の床は11センチ高く、水まわり（トイレと洗面所）は13センチも高くなっています。マンションの水まわりは、配管のため床を上げてあることが多いのです。

水まわり以外の床全体を13センチかさ上げすることでフラットにすることはできますが、そうすると梁や天井が低くなってしまいます。

そこで今回は、構造的に解決しがたい段差はできるだけ小さくし、解決可能な段差はなくすことにしました。

●水まわりは安全で機能的に

廊下からトイレと洗面所に入るところが、

風が通るように工夫した寝室

それぞれ13センチ床が高くなっています。朝など、上がったり下りたりで大忙し。膝でも痛めたら大変です。

しかし、管理組合の規約で配管は変更できないので、器具の位置は変えられません。そこで、器具の位置はそのままでトイレと洗面所を一体化させることによって、段差を1カ所だけにしました。

入り口は引き戸にし、段差がきつくなったらいつでも手すりをつけられるように**準備**をしておきます。

トイレスペースには**手すりにもなるかわいらしい花台**とペーパーストックの棚をつけました。小さかった洗面台を、洗濯乾燥機が組み込まれたタイプの**カウンターの広い洗面台**と交換したら、明るく清潔な雰囲気になりました。

「朝晩使うのが楽しみになりました」

と、Aさんは大満足。カウンターで衣類を畳んだりもできるので、洗濯作業がスムーズにできてとても便利だそうです。

準備
164ページ参照。

●スッキリとした空間に

高層マンションの場合、部屋のあちこちにコンクリートの柱や梁が大きく出っ張っていて、うっとうしく感じます。せっかくリフォームで部屋をつなげても、柱や梁のためにすっきりしないこともあります。

そんな悩みの解消法

として、壁面に家具を造りつけるときに柱や梁を取り込む方法があります。Aさん宅もそうすることで、目立たなくしました。

コンクリートの建物はどっしりして安心感がありますが、木のやさしさも欲しくなります。家具や建具には、できるだけ木の素地を生かしました。

●家具はテーブルセットとベッドのみ

空間を広々と使うためには、造りつけの収納を充実させます。

寝室には、ベッドの枕元に**出窓風収納**をつくりました。これは細々《こまごま》とした物を置くのに便利ですし、外廊下とベッドの間に少し距離ができるので外の足音などが緩和されます。柱と梁の出っ張りに合わせて本棚もつくったので、夫の残した本を全部収納できました。

元和室だったスペースの壁面にも、**引き出しつきの飾り棚**をつくりました。朝晩語らう夫の仏壇もその中に組み込みましたが、来客時などに扉を閉めれば、それとなく隠すこともできます。

元押入れを撤去してクローゼットにし、裏側にキッチンの収納をつくりました。キッチンセットは交換しましたが、吊り戸棚はきれいだったのでそのまま使用することにしまし

柱・梁を取り込んでベンチと机スペースをつくり、空間をすっきりさせる

た。配膳台の下は、分別ゴミや箱物の野菜等の置き場として空けてあります。

キッチンの近くに、生活の中心になる大きなテーブルを置きました。椅子は4つだけにして、大勢の来客時用に**引き出しつきベンチ**をつくります。飾り棚を挟んでパソコン用の机も造りつけたので、柱や梁はほとんど気にならなくなりました。

こうして収納を充実させたので、置き家具はテーブルセットとベッドだけ。何度も言うようですが、家具を少なくすることがスッキリ暮らすコツです。お掃除もラクちんです。

また、地震時に家具で怪我をするケースが非常に多いのですが、これなら安心です。心配事をひとつ減らせて、満足のAさんです。

●ソファベッドで休む日も

前述のように、洋室にベッドが1台ありますが、リビングにも来客用ソファベッドを置きました。

来客の宿泊時には、墨絵のような柄のロールスクリーンを下ろして間仕切りとし、素早く〝**ベッドコーナー**〟をつくります。長期宿泊の場合には、洋室を来客用にすることもできます。

Aさんは気分によって、寝室で休んだりリビングで休んだりして、気ままなひとり暮らしを楽しんでいます。

●バルコニーも部屋の一部

都心の9階といっても、見晴らしがよいばかりではないようです。遠くの景色は素晴らしいのですが、近くにもマンションが建っているため、プライバシーの問題もあり窓を開け放すわけにはいきません。

そこで、バルコニー側の掃き出し窓に**上げ下げ障子**をつけました。障子を下げれば雑多な建物が隠れ、空と遠景を楽しむことができます。バルコニーの手すりにスダレをつけて鉢植えの植物を置いたので、障子を上げておいても緑を楽しめます。

マンション住まいには、バルコニーはとても貴重な空間です。バルコニーは洗濯干し場にしか使わないのはもったいない。**スノコ**を置いて、部屋の続きとして広々と使いたいですね。…………今井

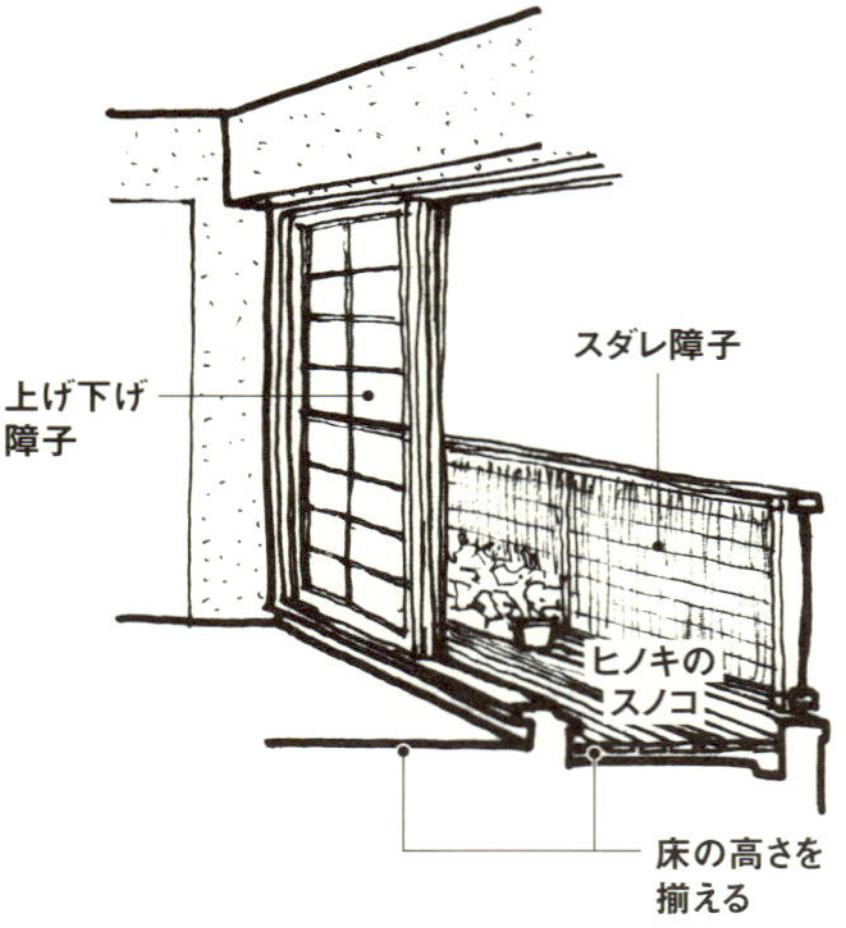

バルコニーのスノコは、常に外気に触れているのであまり傷まない

ロールスクリーンを下ろすとベッドコーナーに早変わり

ADVICE

寒さ対策・プライバシー対策

玄関の仕切り戸

玄関から入ってすぐに廊下があり、リビングの入り口に扉がある、というパターンが多いと思います。しかし、仕切り戸はリビング入り口よりも玄関に設けた方が効果的。寒さを防げるし、プライバシーを守ってくれます。廊下が暖かいとトイレや浴室への移動も苦になりません。

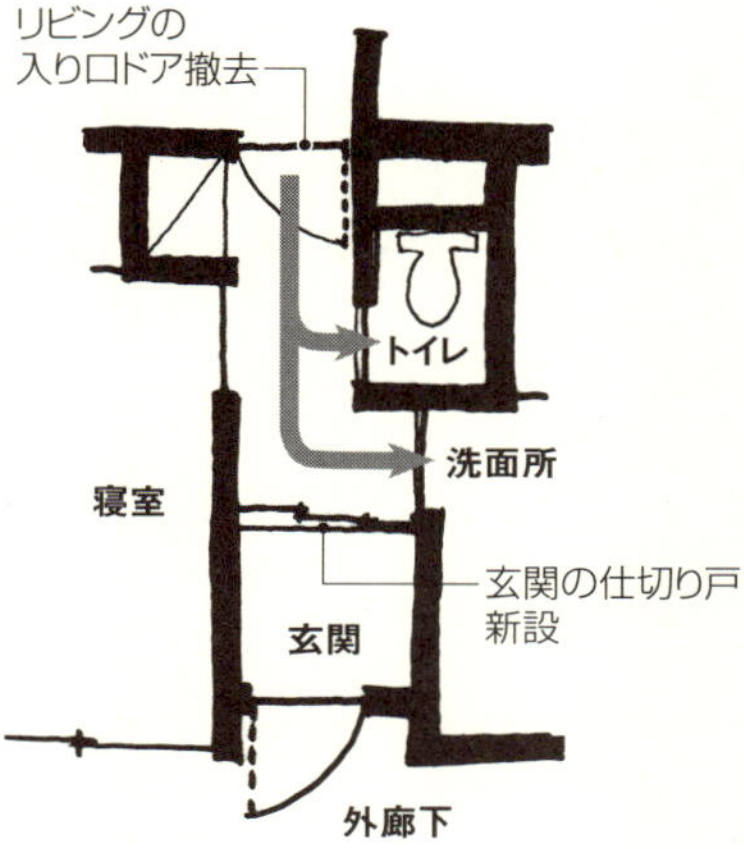

Before

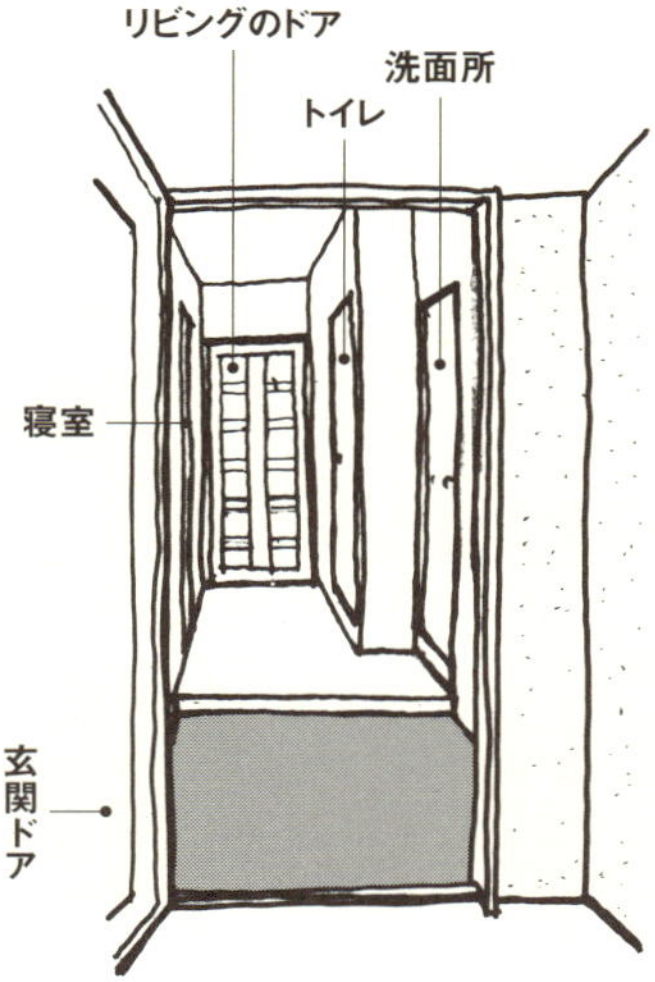

After

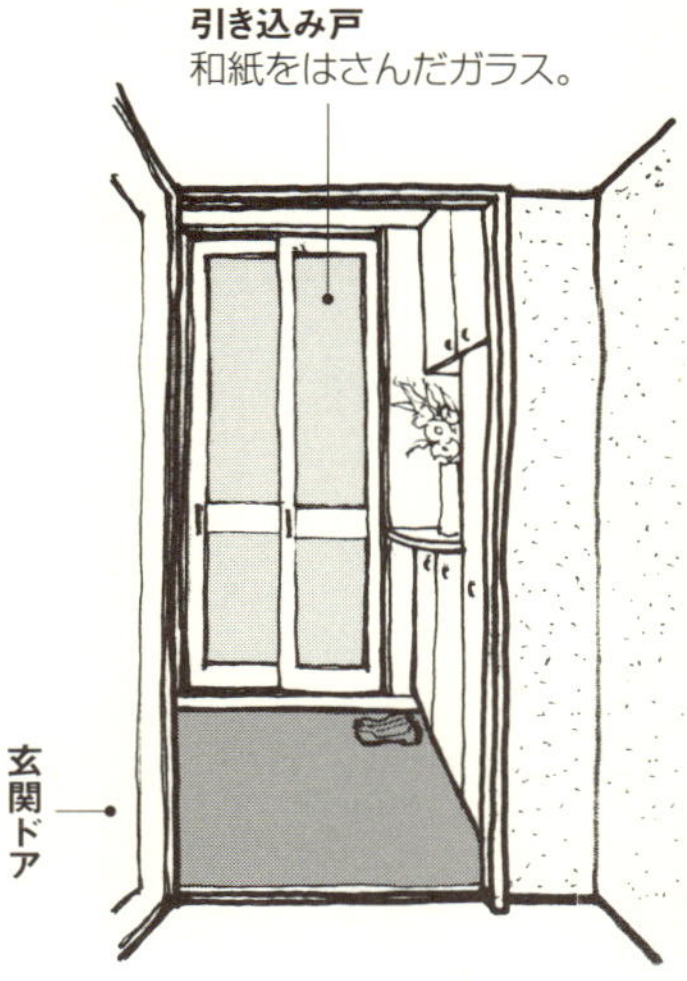

こだわりの和空間で、お気に入りの物に囲まれた丁寧な暮らし

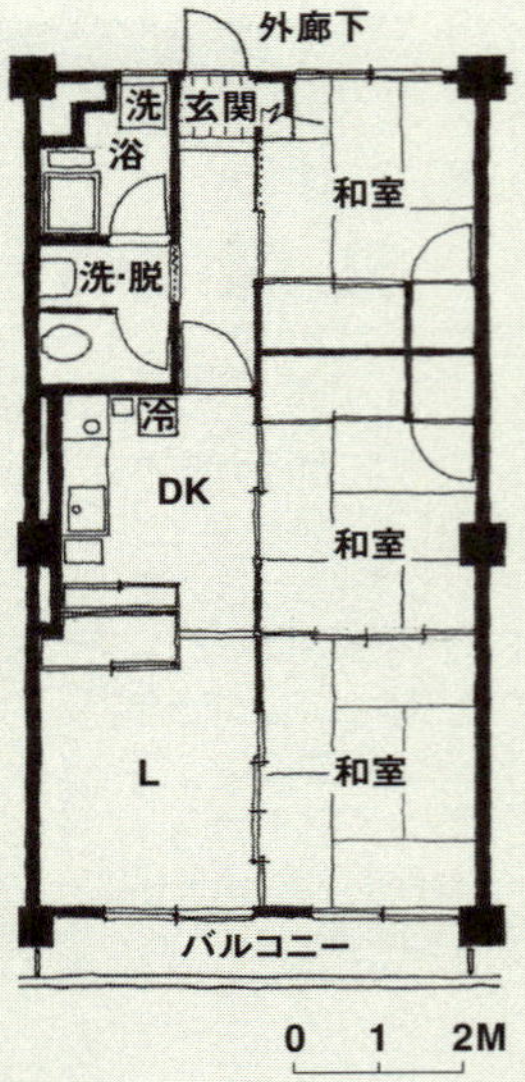

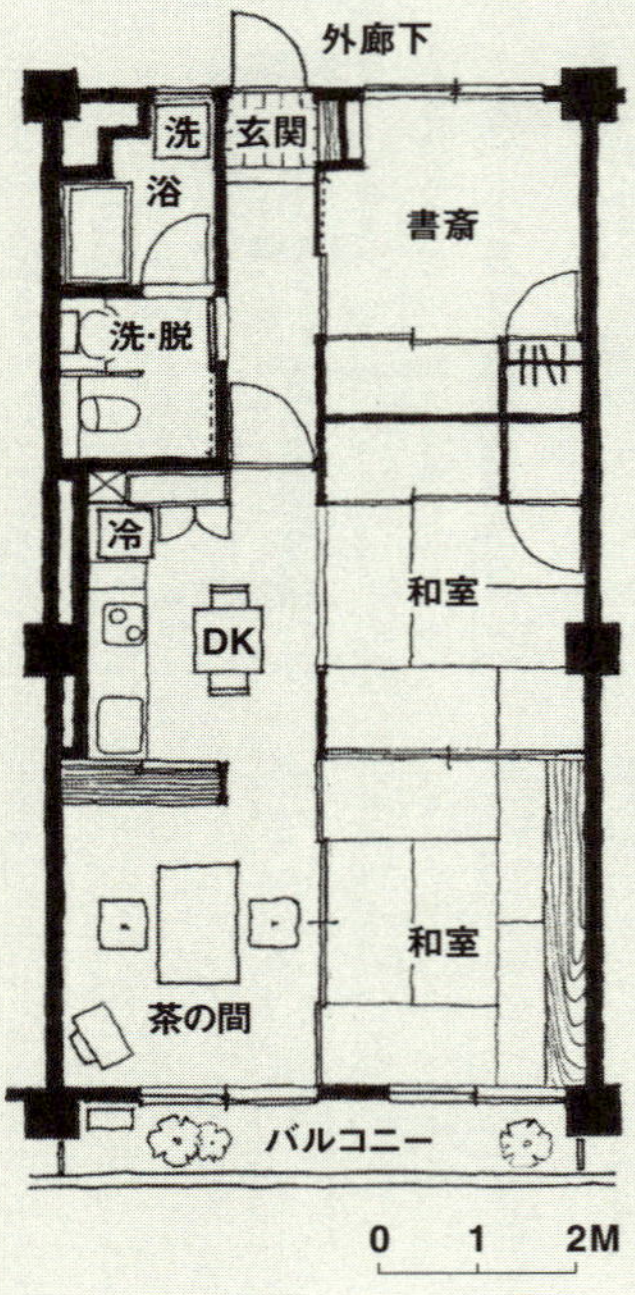

高齢者対応

マンション

低予算
約570万円
＊全室改装、設備機器すべて新規

DATA

家族構成

Nさん
(50代女性)

所在地	築年数	構造
東京都	35年	鉄筋コンクリート造 7階建の7階

POINT

● 長年住み続けてきたマンションを、これからも安心して住み続けられるように改修。

● 合理性第一でなく、和空間のよさを生かして丁寧に暮らす。

現代日本の住まいは、利便性に優れた洋式――つまり椅子やベッドの生活が主流です。その結果、どこの家庭でも狭さへの対処が一大テーマになっています。

しかしご存じの通り、もともと和室は襖や障子で仕切り、必要に応じて部屋を区切ったりつなげたりして空間を自在に利用してきました。開け放てば、広々とした畳にごろりと横になれます。気に入った絵画や生け花をしつらえれば端正な客間が誕生する、という具合です。

和室には洋室にはないよさがあり、この機能性をもっと暮らしに生かしたいところではありますが、それには丁寧な暮らし方と適切な収納計画が欠かせません。

Nさんは長年、和式の住まいで快適に暮らしてきました。これから先も、**ずっと和式で暮らし続ける**つもりです。畳の感触、座ったときの低い視線、襖をすべて開け放ったときの広々とした空間などに、大変愛着を持っているのです。

●メンテナンスが主

Nさんは、貿易会社で働くキャリアウーマン。郊外の駅に近い築35年の7階建てマンションの最上階にひとりで住んでいます。周辺は緑も多く、職場もすぐ目の前という好環境で、これからも一生住み続けるつもりです。

リフォームにあたって希望を聞いたところ、A4判8枚に緻密に書きこんでくださいました。ポイントを挙げると、

①老朽化しているところを修理する。
②地震対策を考慮した家具や収納にする。
③シックハウスの原因となるものは使わない。

④床の段差をなくし、年をとっても暮らせるように。
⑤いずれ手すりをつけられるように。
⑥親戚が気軽に泊まれるように。

といった内容です。

その後、優先順位をつけて整理したメールを2回受け取りました。Nさんのこれまでの暮らしへの愛着と、リフォームへの意気込みが伝わってきます。

●木造住宅のような造り

会ってから半年後に、具体的な打ち合わせが始まりました。既存の間取りは3LDKで、玄関を入って左半分には3室の和室が並び、右半分には水まわりとLDKです。

壁はすべての居室が砂壁で、木の柱が見えるいわゆる真壁納《しんかべおさ》まりです。すべての収納が押し入れで、インテリアだけ見ると戸建ての木造住宅のようです。最近はこういうマンションは減りましたが、以前はコンクリートの箱の中に和風住宅をそっくり入れた造りがしばしば見られました。

柱や板張り天井、窓枠も黒ずみ、砂壁もところどころ磨り減っています。バルコニー側の部屋は直射光が入って明るいのですが、奥の部屋は光も届かず、内装のくすみで一層、薄暗くなっています。廊下と居室に段差があり、ところどころきしんでいます。

しかし手入れは行き届き、物もきちんと整理されていました。住まい方にNさんの几帳面さがよく表れています。

南側の明るい和室には、仏壇、紫檀の飾り棚、朱塗りの小引き出しが整然と並び、ユリを生けた花瓶や叔母さんが描いた紫陽花の墨

真壁納まり
柱や梁が室内から見えるよう露出させる手法。これに対し、ボード類や塗り壁で柱を覆い、見えなくする手法を「大壁（おおかべ）」という。

絵が趣を添えています。

隣の和室には古風な整理箪笥、籐のチェスト、廊下にはインドの布絵など、Nさんの好みがよく演出されています。玄関脇の和室は書斎に使われ、趣味の乗馬帽も壁にかかっています。

静かで落ち着いた住まいです。思い出の品々と好きな物に囲まれて、丁寧に生活を楽しんでいる様子です。

●「LDK一体」にはしない

現況の図面がないため、実測作業から始めました。どうやら今のDKは狭くて窮屈なようです。こういう場合、DKを隣室まで広げてLDKをつなげるのが一般的です。しかしNさんは、茶の間（リビング）と座敷（隣の和室）との**二間続きで広々と使う**のが好きなので、LDKプランには反対です。

検討の結果、キッチンまわりの収納計画を密に造り替え、間取りはそのままで進めることになりました。

奥まったところにあるこのキッチンは、仕切られていてほとんど光が入りません。そこで、茶の間（リビング）との間を仕切っていた天井までの収納をはずし、低いものに造り替えました。その上部には、茶の間とキッチンをさりげなく仕切れるように障子を入れます。

障子で仕切れば、茶

茶の間との仕切りに障子を使い、光を採り込んだキッチン

の間から見てそれほど圧迫感がありません。障子といってもキッチンの水はねを考えて、**表面が和紙の風合いを持ったアクリル板**を貼りました。腰までの収納は、キッチン側には電子レンジやトースターを、茶の間側にはオーディオを入れた両面家具です。

キッチンの入り口は引き戸にしたいところですが、戸袋が場所をとるので、あえて開き戸です。これまでの開き戸に使われていた小さな升目模様のガラスを転用。愛着のあるこの半透明のガラスは、南からの光を薄暗い廊下に柔らかく通します。

●時を重ねた木目の美しさ

基本的に、全体の間取りは変えません。南側の二間続きとなる広い和室がお気に入りで、南の和室は普段は仏間として、親戚が泊

茶の間から仏間を見たところ。
仕切り上部は、素通しの欄間に

まるときには客室として使います。二間を仕切っている襖上部は、相互の連続性と開放感を持たせるため、**素通しの欄間**にします。

仏壇、掛け軸など調度品を大切にしているので、正面をしつらえる必要を感じて、**簡略化した床の間**を提案しました。無垢材の床板と**落とし掛**が、珪藻土の壁によく合います。床の間によって家に趣が加わったとNさんは大喜び。

既存の聚楽壁はすべて落とし、水まわり以外の壁を明るい鳥の子色（ベージュ）の珪藻土で統一しました。古びた柱、窓や入り口の枠は灰汁《あく》洗いをしたところ、黒ずんだ汚れは思いのほかよくとれて、時を経た赤味がかった味のある木目が蘇りました。

廊下と書斎の床は、節のある**ヒノキ**のフローリングを用いました。**自然塗料**と**蜜蝋ワックス**をかけ、今後、さらに木目の深みが味わえます。

落とし掛
床の間の正面上方の小壁の下端にある横木。

●押入れを上手に使いこなす

既存の背中合わせの押入れは、納戸としてひとつにまとめることも検討しましたが、今よりも収容能力が落ちるので、そのまま使うことになりました。

というのも、Nさんは**柳行李**や**押し入れ用引き出し**を大変上手に使いこなすのです。奥まできっちりと使い、すべての物がすぐに取り出せるように整理してあります。普通、押入れなどの奥深い収納は物を死蔵しがちで

よく整理された押入れ

すが、Nさんの場合、その心配はありません。

●暑さ・寒さ対策

マンション最上階は、一般的にコンクリートの水平の屋根です。外の熱気・冷気をよく伝えるため、〝夏暑く冬寒い〟という特徴があります。

今回これに対処するため、平らな**コンクリート屋根の下面に全面的に断熱材**を吹きつけました。元の天井材は趣のあるスギの木目だったので、一度はずした後、使えるところは再利用しました。結露のする北側の壁も、天井同様に断熱材を施します。

予算的に厳しく、一度立ち消えた床暖房計画も、造りつけ家具や木工事が思いのほか安くすんだので、一部導入することに。立ち仕事の多いキッチンと座空間の茶の間に敷設することになりました。

立ち仕事も、座ってくつろぐのも、格段に快適になった初めての冬を迎えます。…加部

茶の間でくつろぐNさん

ADVICE

ひとり暮らしにぴったり

コンパクトキッチン

ひとり分の食事をつくるには、オープンなキッチンよりも一カ所に立ったままですべてに手が届く小さなキッチンの方がラクです。U 字型にして一部をセミオープンにすれば、明るくて手元の散らかりも隠せます。

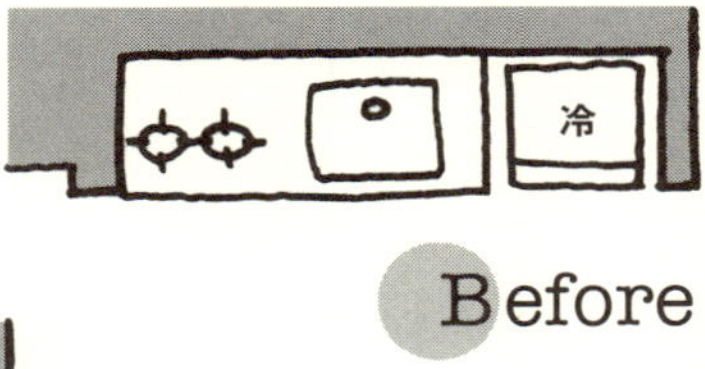

リフォーム例

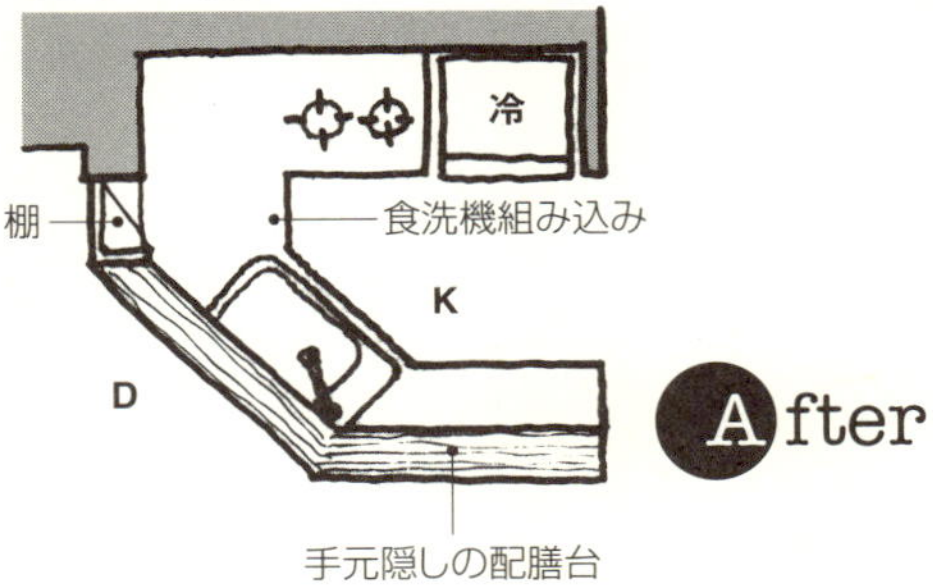

新築例

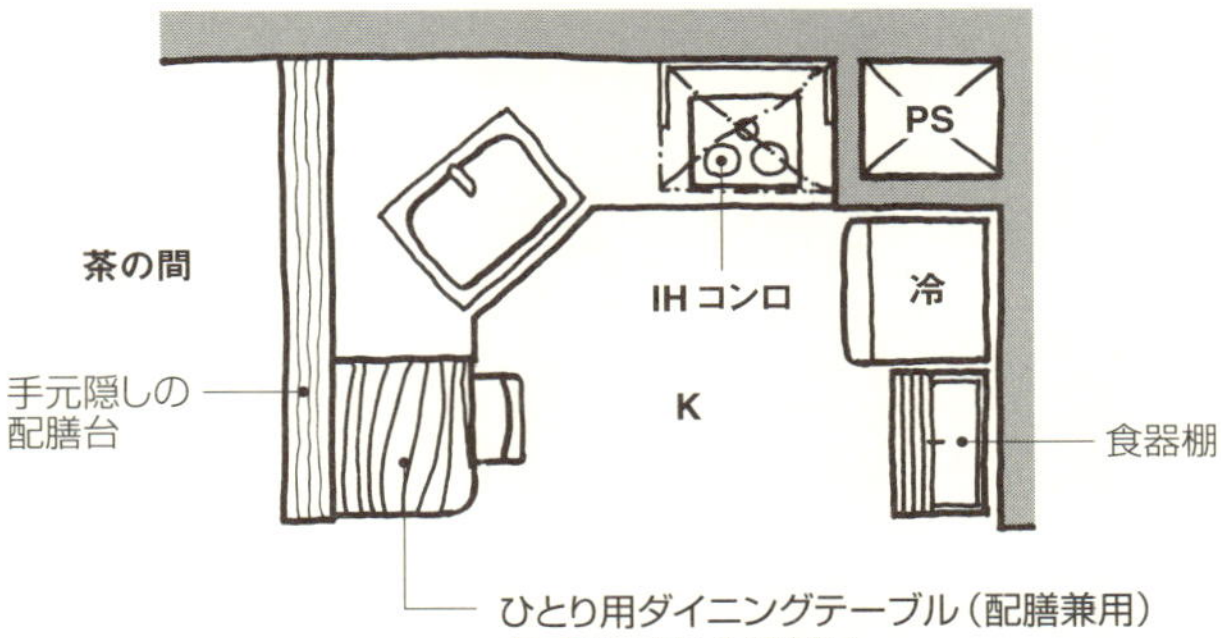
キッチンより 1 段低い。

子どもに負担をかけたくないから、元気なうちに介護向きの住まいに

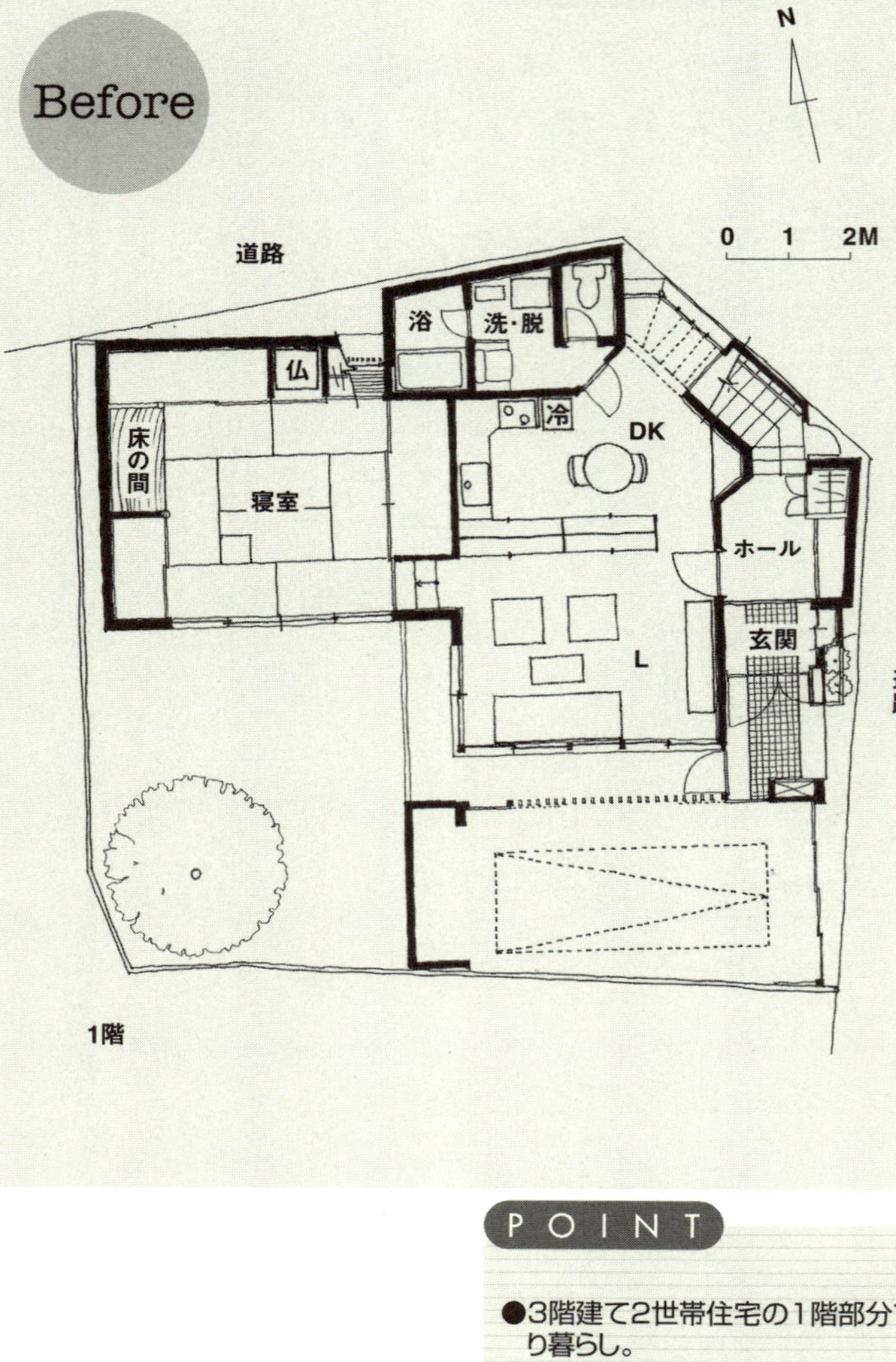

POINT

- 3階建て2世帯住宅の1階部分でひとり暮らし。
- 自らの介護経験を生かして、2〜3階に住む長男夫婦がいずれ自分を介護しやすい造りに。

After

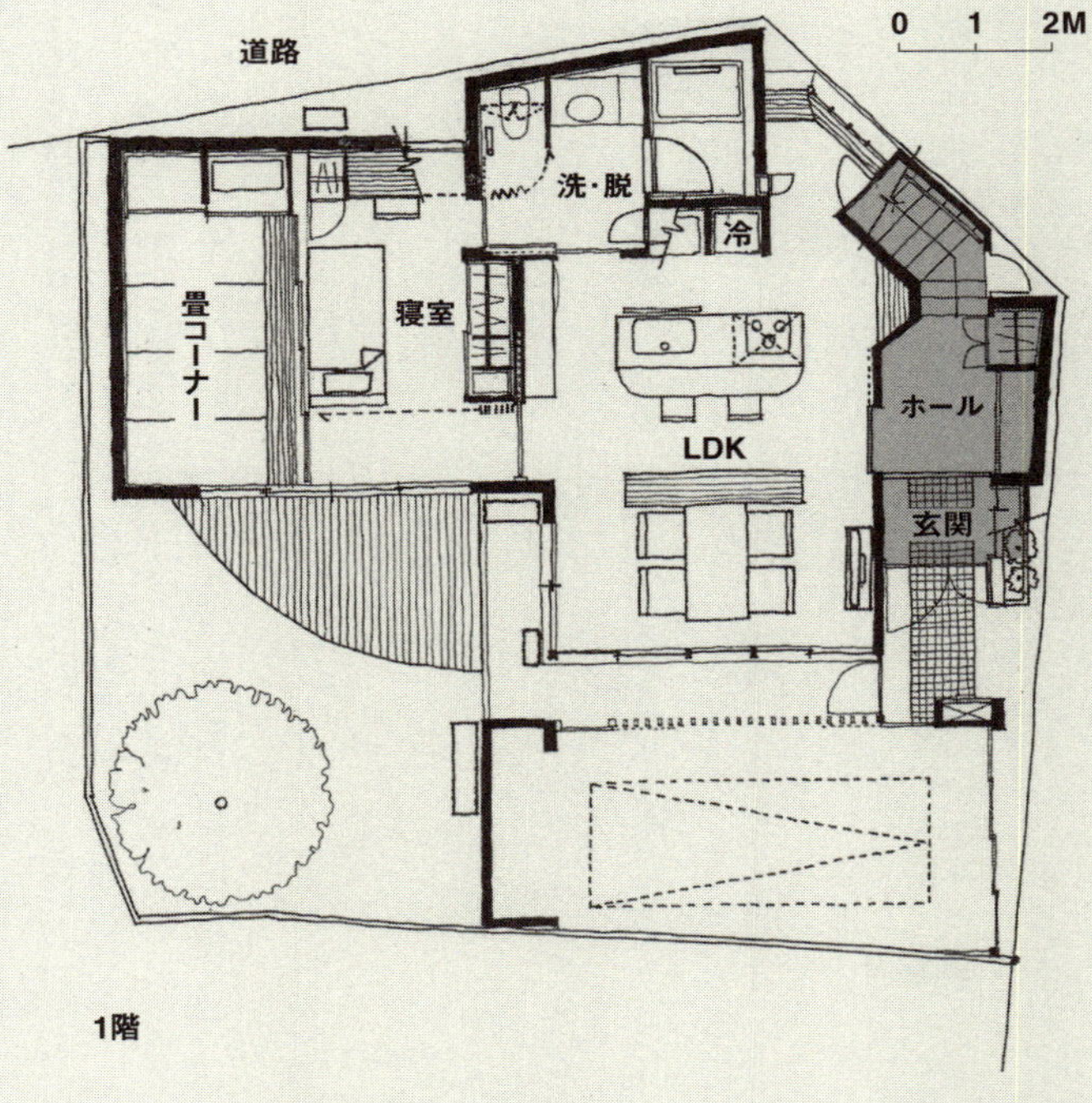

DATA

家族構成

Iさん
（60代女性）

所在地	築年数	構造
東京都	32年	鉄筋コンクリート造 3階建の1階

●「子どもに、あまり苦労をかけたくない」

住まいをバリアフリーにした方が安全だとわかってはいても、元気なうちは先延ばしにしてしまいがちです。身体の老化に気づかず「まだ大丈夫」と思っているうちに「そのとき」が来て、急いで手すりをつける、床を直す……といった具合です。

こうなると、**その場しのぎ**の部分改修に終わってしまうか、あるいは大規模なリフォームをしても高齢ゆえに新たな造りに身体が馴染まず、結局は**無駄な改修**になりかねません。

身体に負担の少ないオープンな造りは、元気な方にとっても住みやすいため、早くから準備しておきたいもの。しかし、介護経験でもない限り、なかなか踏み切れないのが実情です。

Iさんは、今の家でのお姑さんの介護で大変苦労したため、「**子どもに同じ思いをさせたくない**」という動機でリフォームに踏み切りました。

●2世帯住宅の代替わり

Iさん宅は都心の住宅街にあり、亡き夫が設計したコンクリート造の3階建てです。新築当初、1階に夫の両親、2~3階にIさん家族4人が住む2世帯住宅でした。しかし、時が経って夫とその父親が亡くなり、子どもたちは結婚して家を出ていき、長生きした義母も亡くなって2~3階にIさんがひとりで住むようになりました。

Iさんは、小柄でパンツルックがお似合いのおしゃれな女性です。車でゴルフに出かけたり、友だちとメールをやりとりしたりと実に活動的で、実際の年齢をまったく感じさせない若さです。

現在は余裕を持ってひとり暮らしを楽しんでいますが、これまでは長い間、お姑さんとのふたり暮らし。辛い介護の日々が続きました。住まいが介護しやすい造りになっていなかったので、大変な思いをしたそうです。

お姑さんが大往生を遂げた今、次はIさんが1階に、長男家族が2～3階に住むことになりました。これを機に自分が介護される日のことを考えて、1階を全面改装することにしました。

●住まいに対するしっかりとした考え方

介護しやすい造りにするために、Iさんは次の4点を挙げました。

①全面的に床暖房を入れる。

②介護しやすい浴室にする。

③キッチンまわりの収納や設備を、使い勝手よくする。

④床全体を明るい色のフローリングにする。

住みやすい家のポイントを心得ています。

また、家具は造りつけよりも既製品を希望。「使い勝手がよく長持ちするから」という理由です。確かに、最近の既製品は使い勝手についてよく工夫されています。生産管理された工業製品なので長持ちし、値段も割安です。

デザインの統一と空間の有効活用のため、造りつけの家具を多用する私にとっては耳の痛い話でしたが、既製の家具を先に選び、それに合わせて部屋をデザインする方針としました。

室内仕上げについても「今までの壁はすべて塗装仕上げなので、冷たく汚れやすい」

「天井材は、これまでの吹きつけ材では時間が経つと埃がつく」といった現況の短所を挙げ、これらへの対処が条件となりました。

●ゾーニングは変えずに間取り変更

今回改装する約20坪の中に、

①LD
②キッチン、トイレ、洗面所、浴室
③寝室
④書斎
⑤長女家族が泊まる部屋

を設けます。度重なる打ち合わせの結果、コンクリートの構造体以外すべてを変える**スケルトンリフォーム**を行うことになりました。

まずは、大まかなゾーニングです。住宅は、大きく分けると

①開いた空間（玄関、ホール、リビング、ダイニングなど）
②閉じた空間（寝室、ゲストルームなど）
③それらの部屋を裏で支える水まわり（キッチン、トイレ、浴室）

の3つのゾーンに分けられます。これらの位置関係を決めるのが、ゾーニングです。

今回、既存のコンクリート構造体や上階への階段は動かせません。日当たりなども併せて考えると、ゾーニングの大きな変更は必要なさそうです。

しかし、既存の間取りは使い勝手を無視した配置になっています。たとえば、寝室からトイレまでは遠く、途中に2段も段差があり

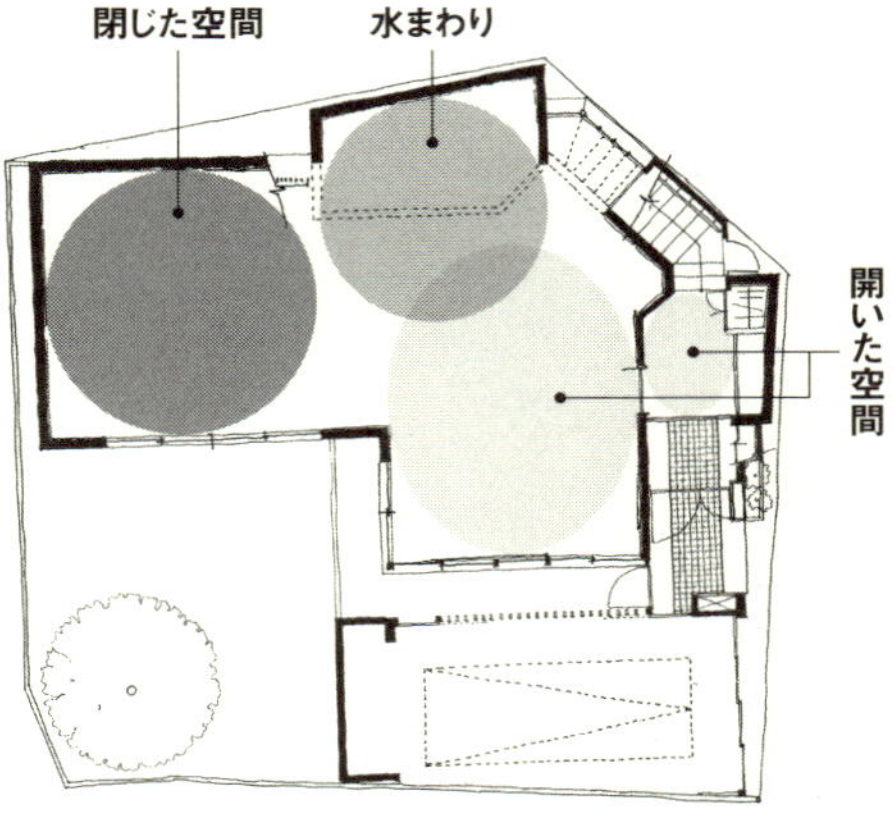

スケルトンリフォーム 62ページの注参照。

ます。トイレは洗面脱衣所の中にあるため、扉を2回開けなければなりません。その上トイレは狭く、当然介助者と一緒に入ることなどはできません。キッチンも奥まったところにあり、暗くて寒いのです。これでは、家事や介護には向きません。

とにかく動きやすく、作業がスムーズになるように間取りを改めていきます。

●LDKを住まいの中心に

まず、LDKを一体化させて、住宅の中心に据えます。意外と長い時間を過ごすキッチンなどの家事空間をオープンにして、裏方作業場から〝晴れの場〟に変えるためです。

既存のキッチンには窓もなく、炊事も楽しくありません。明るいキッチンにするため、南の大きな窓に向けた**アイランド型キッチン**にしました。

リビング越しの光がたっぷりと入り、家事をしていても気持ちが晴れ晴れとします。リビングの間口いっぱいの窓からは、お嫁さんやお孫さんが自転車の出し入れをする姿がときどき見えます。たとえひとりの住まいであっても、室内や戸外が見渡せて広々とした中で家事を行うことは、元気を維持する上で重要な要素です。

キッチンのバックに食器棚、冷蔵庫、電子レンジ、洗濯機を集約し、家事が集中的にできるようにしました。左手の窪んだ壁にテレビを置き、家事をしながらテレビが見られるようにしました。

洗面所・トイレ・浴室は、効率よく家事ができるようにキッチンの真後ろに集中させます。家事を楽にこなせることは、日頃から体

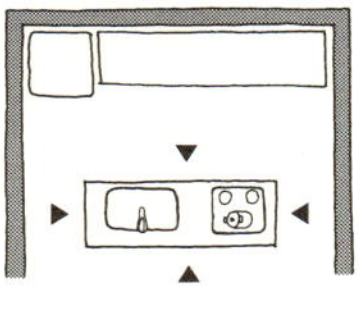

アイランド型キッチン
島（アイランド）状に配置したキッチン。

を動かすことにつながり、自然と老化を防ぐことにもなります。水まわりを集中したことで、配管工事費も安くすみました。

リビングとダイニングとは、低い収納カウンターで仕切りましたが、これはいずれ手すり代わりとなります。

●トイレは寝室の近くに

「**長年の介護の中で一番大変だったのは、トイレでの介助**」と、Iさんは言います。冬は寒い上に寝室から遠く、2段も段差があり、狭くて介助しにくいとあれば無理もありません。

幸い間仕切り壁が鉄筋コンクリート造でなかったため、壊して広げ、**寝室から直行動線**とし、建具を**引き戸**にしました。寝室とトイレをつなげることは、寝たきりを防ぐための

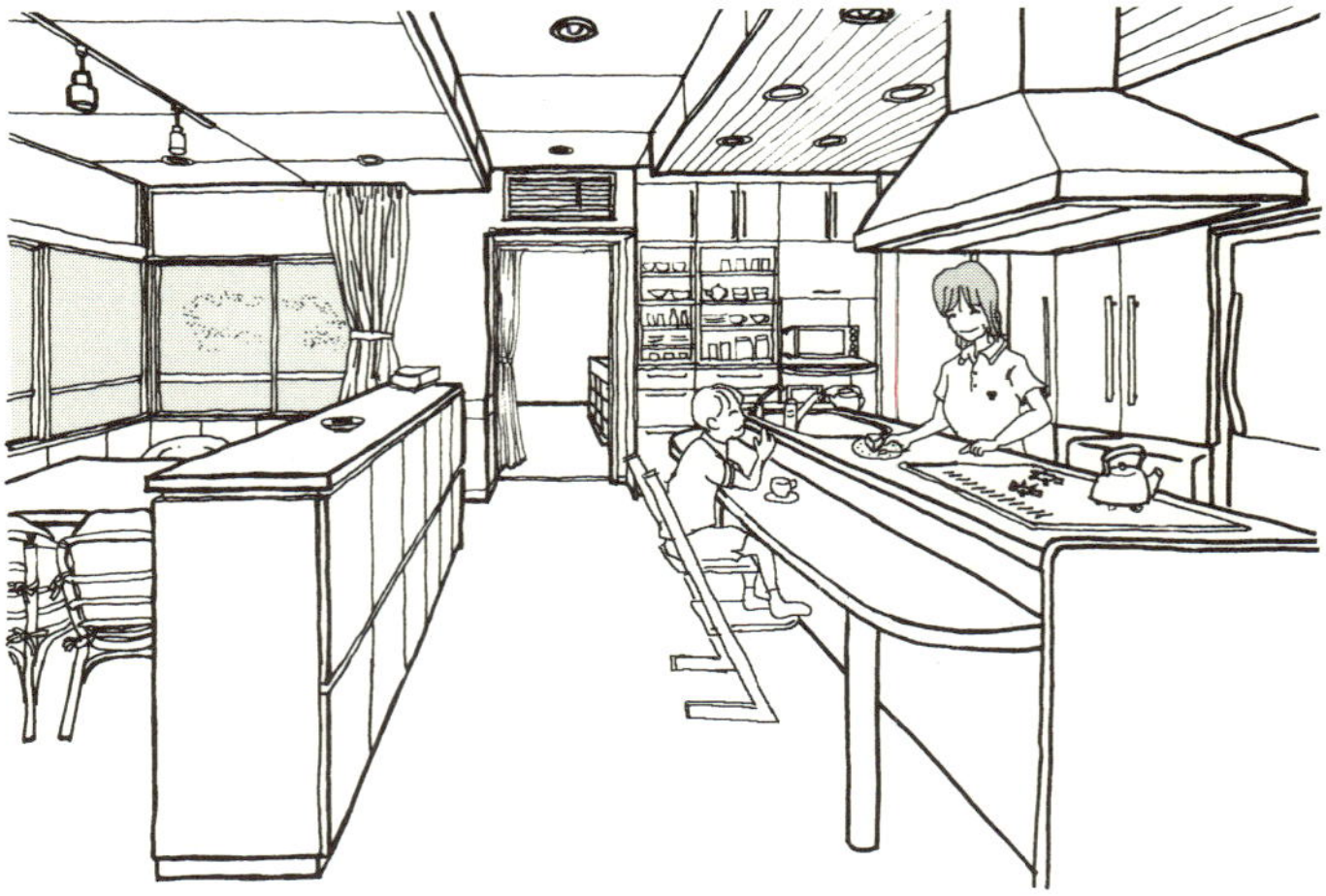

明るく快適なキッチンなら、家事も楽しくなる

有力な手段です。オムツへの移行時に、がんばる気力が起きるからです。

また、トイレを広くつくることで軽介助ですみます。水まわりゾーンの広さが限られているので、洗面所も隣接させて空間の重複を図りました。

●掃除しやすいユニットバス

Iさんは、掃除のしやすさと暖かさから、ユニットバスを希望しました。

最近では、高齢者対応のユニットバスがたくさん出回っています。私が設計を始めた頃はそのようなものがなく、浴室の床を一般の床と同じ高さにするため、時間とお金をかけて現場でつくったものでした。

今では、メーカーのショールームに足を運べば、説明を聞きながら気に入ったものを選べます（ただし、特殊な注文は受けつけてもらえませんので、あくまでも規格の中での選択になります）。

●ベッドは部屋の真ん中に

寝室のベッドは、Iさんの介護経験から部屋の真ん中に置きました。

介護では、ベッドへの昇降や寝たままの着替えの際に、どこからでも介助者が手を差し伸べられる方が楽だからです。病院のベッドがそれです。

しかし、元気なうちはこれでは落ちつかないので、ベッド沿いに

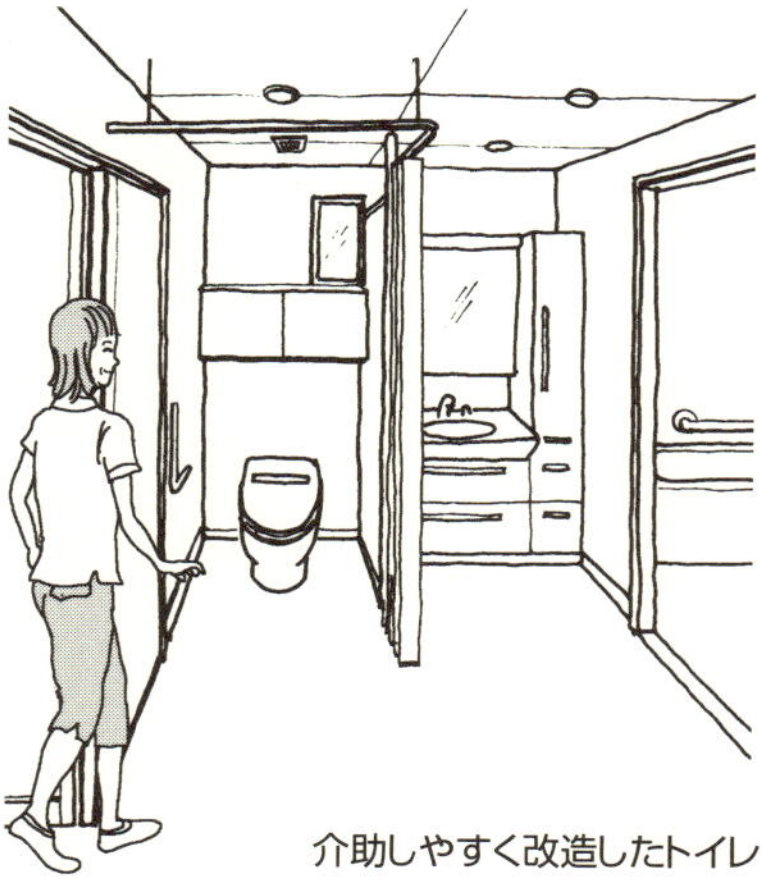
介助しやすく改造したトイレ

隣のゲストルームとの間仕切りを設け、ベッドのヘッドボードと背中合わせに本棚をつくり、安定感を持たせました。

床は、サクラの無垢フローリングとしました。掃除もしやすく、車椅子などの移動も容易にできます。Iさんの希望で、**無着色の明るい自然の色**にしました。

壁は、汚れを気にしなくてもいいように腰部分にタモの木を張り、その上は木のチップが入った紙クロスにしました。

この紙クロスは表面に凹凸があり、柔らかい雰囲気になります。また、20回も上塗りができるので、たとえお孫さんが汚したとしても安心です。

寝室の掃き出し窓の先に、木製の大きなテラスも設けました。こうして、戸外へ出やすい造りにしておきます。

●長女家族が泊まる部屋

長女家族4人が泊まるスペースは、小さな畳コーナーにしました。普段はIさんの寝室の一部になっていて、必要に応じて**天井までのハンガードア4枚**で仕切ります。

壁には薄い桜色の和紙を貼り、小さい孫が汚してしまっても目立たないように、腰部分は少し濃い目の和紙を貼りました。これなら張り替えも楽にできます。

内装全体を**薄いクリーム色**の自然塗料で着色しました。明るく落ち着いた雰囲気に仕上がりました。

プラス思考のIさんは、これまでの自分の苦労をフルに生かして、住まいを一新しました。自らの経験を次の世代へつなげていこう

無着色の明るい自然の色、
薄いクリーム色
145ページ参照。

とする姿勢に多くのことを学びました。

　半年後、完成写真の撮影で伺うと、壁には和のデザインをコラージュした額が飾られ、すっかりIさん好みの住まいに仕上がっていました。

　友だちが来ると、すっきりしたキッチンを見てみんなびっくりするとか。2階からは小さなボーイフレンドがやってきて、このカウンターでティータイムをとるらしく、今まで以上にひとり暮らしを楽しんでいるようでした。……………加部

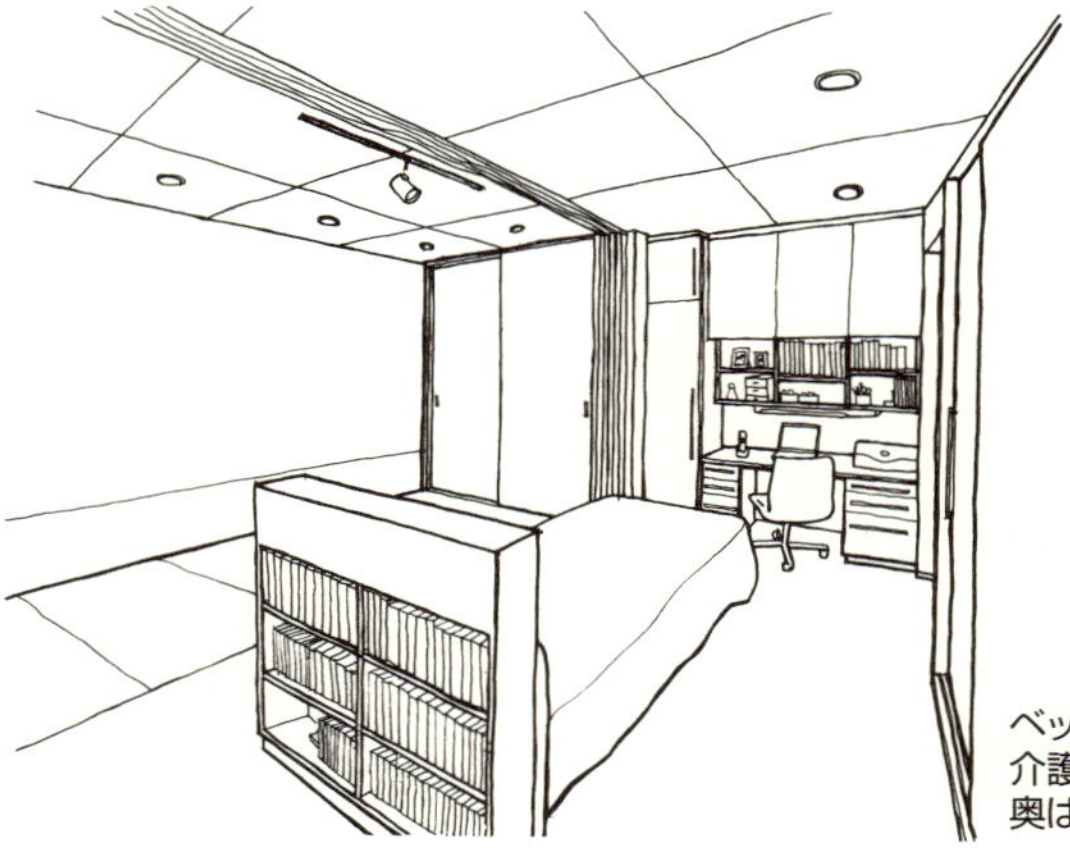

ベッドを寝室の真ん中に置けば、
介護がしやすい。
奥はゲストのための畳コーナー

長女家族が泊まりにきたら、
ハンガードアで仕切って
ゲストルームを作り出す

ADVICE

介護しやすい

ベッドの配置

本人のために…

- ベッドからトイレに行きやすい間取りに。
- ベッドから外部が見えるように、窓の位置を考える。
- 寝室は、家族の集まるLDに近いところにして、疎外感を抱かないように。

介助者のために…

- どこからでも介助できるように、ベッドのまわりを空ける。
- 車椅子になっても使えるように、車椅子の回転スペースを確保する。

理想的なベッド位置

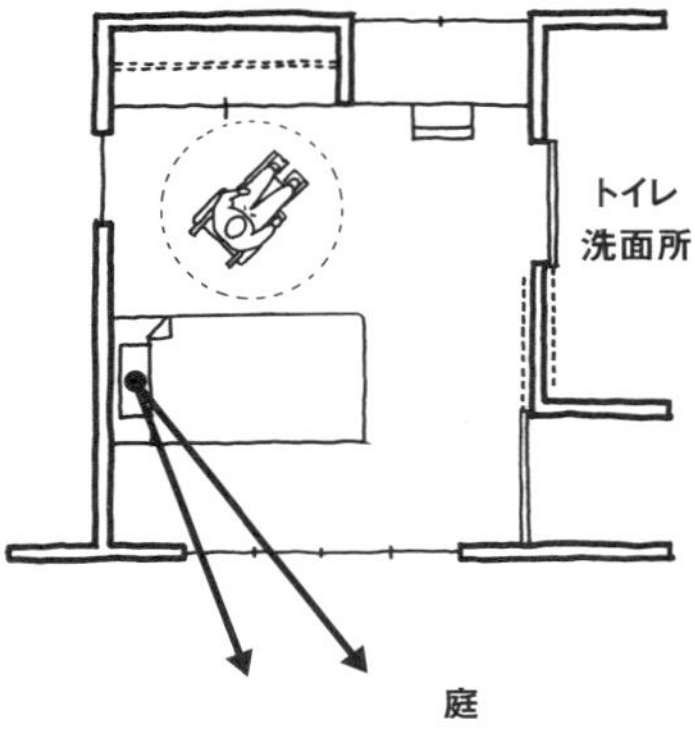

右片麻痺の例

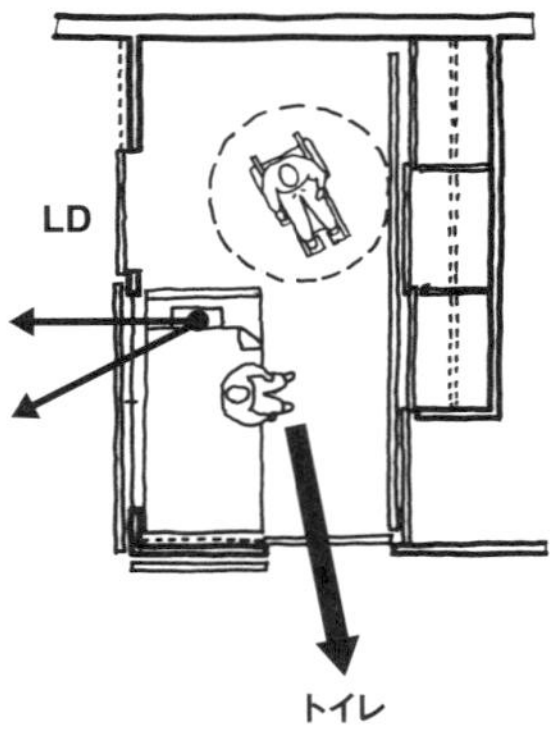

起きる、立つの動作を左手で支えられるように頭の方向を決める。

第5章

シニアライフ

——心と体にやさしい住まい

年を重ねるごとに、若い頃には気にもならなかったちょっとした敷居や段差につまずくようになります。ここでは高齢者のためのさまざまな工夫について解説します。

高齢の方の住宅改修の場合、「生活スタイルを変えすぎない」などの配慮が必要です。こうした注意点や、物を捨てられなかった方、自室にこもってばかりいた方のリフォームによる生活改善例もご紹介します。

ひとり留守番をするお母さんが、安全で快適に過ごせるように

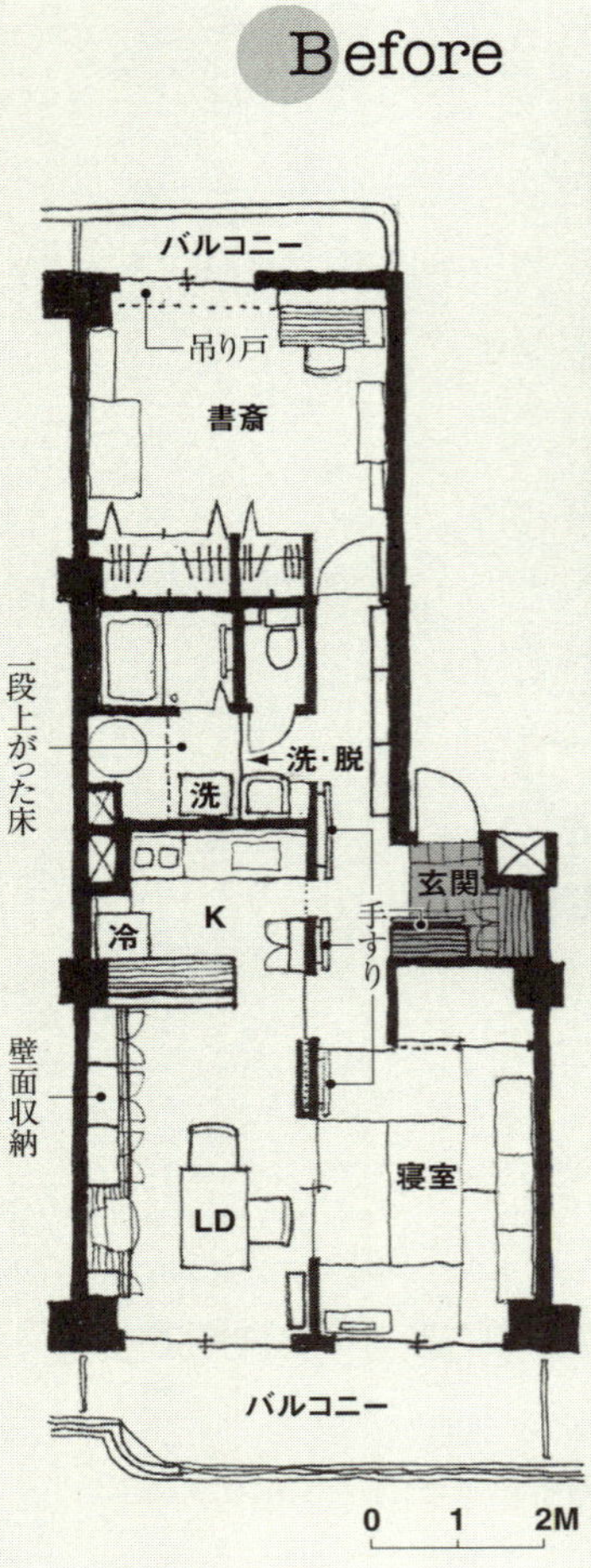

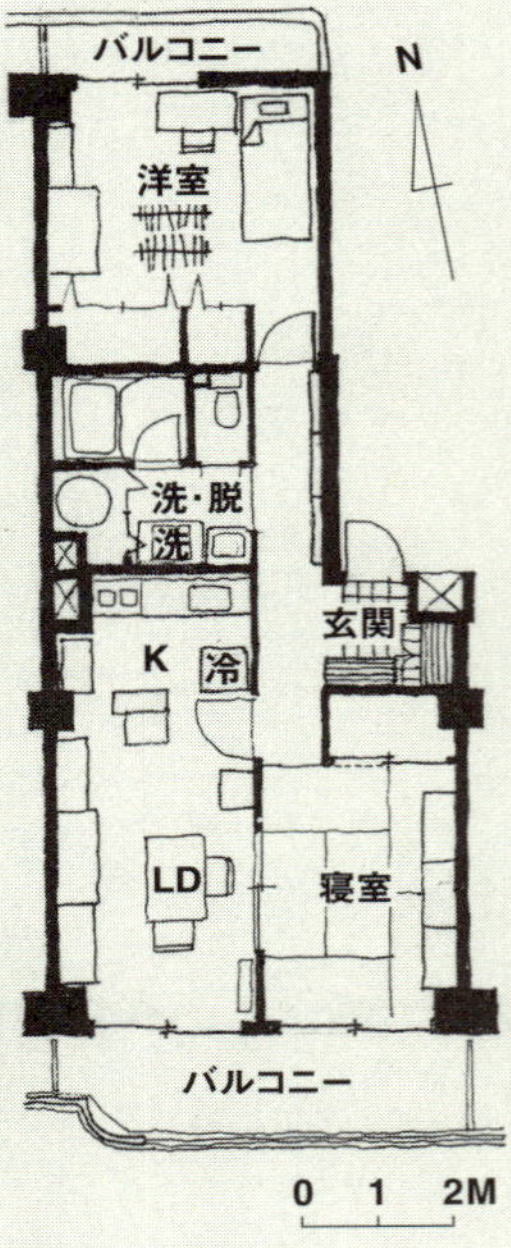

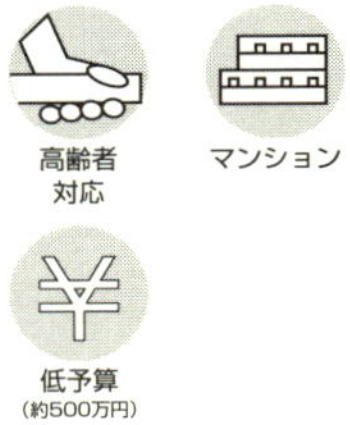

DATA

家族構成

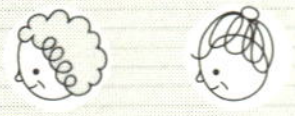

Mさん（40代女性）　母（80代）

所在地	築年数	構造
東京都	20年	鉄筋コンクリート造 4階建の1階

POINT

- 母娘ふたり暮らしで、安心して母親をひとりにできる住まいに。
- 着物生活で「椅子よりも座敷がラク」なお母さんのために、バリアフリーでも座空間に。
- 辛いけど、思いきって「物を捨てる」ことに。

●お母さんが安全に過ごせる住まいに

高齢の親とふたりで暮らしていると、仕事に出かけた後、家に残した親のことがとても気がかりです。もうすぐ50歳になるMさんも、そのひとり。

Mさんは外資系企業に勤めるキャリアウーマンで、80歳の母親とふたりで暮らしています。住んでいるマンションは姉家族の家に近く、通勤にも便利です。近所にはお母さんの友だちも多く、これからもここに住み続けたいと思っています。

お母さんは以前、大病を患いましたが、今では元気になって毎日キッチンに立っています。お母さんがこれからも健康でいられるように、そして、**お母さんをひとりにしてもMさんが安心して仕事に打ち込めるように、**リフォームを決心しました。

Mさんからの要望は、

①浴室出入り口のまたぎ段差を低くする。
②雑然としたリビングをスッキリさせる。
③納戸と化した洋室を書斎として使う。

の3点です。

●「床に座る方がラク」

住まいは一般的な2LDKタイプ。LDについては、まず、椅子の生活に変えるかどうかが問題になりました。

一般的に「バリアフリーの住まいは、洋式の生活がよい」と言われています。しかし、いつも和服を着ているお母さんは「床に座る方がラク」とのこと。

生活スタイルを変えることで日常の動作がガラリと変わりますから、ストレスを生み、思わぬ事故につながる可能性もあります。セオリーに従うよりも、あくまでも本人の**身体状況**に合わせて、**やる気**や**プライド**を尊重して決めることが重要だと思います。Mさん宅は、今まで通りの座空間としました。

　寝室も同様で、布団からベッドに変える場合はよく考える必要があります。ベッドに変えたお年寄りが、夜中にトイレに行くときに布団のつもりで歩き出し、ベッドから落ちて骨折したという例もあります。

　Mさんたちは、これまでと同様に**布団を敷くスタイルを続ける**ことにしました。立ったり座ったりという動きや布団の上げ下ろしの行為は、**筋力低下を防止**する効果もあります。

●広々とした床を確保

座空間を快適にするためには、当然のことですが、あまり物を置かずに広々とした床面にしておくことです。

　Mさん宅の日当たりのいいLDKは、大きさの違うさまざまな家具と食器、調理器具、食材、そして本やファイルでいっぱいです。

　彼女は料理学校で教わったばかりの料理を自宅でつくっては写真に撮り、レシピと一緒に保存しているため、ファイルがどっさり。

「毎日美味しく食べることが健康の秘訣よ」と、帰りがどんなに遅くなっても、ふたりは手づくりの料理とワインで食事を楽しんでいます。食器が多いのも、料理に合わせて器を

物が収まりきらずに困っていたMさん

選んでいるからです。

今回のリフォームは、物の処分と整理、そして、すっきりした〝床〟の確保が課題です。そのためには、LDKに集まる種々雑多な物を壁面に収納する必要があります。

とはいえ、壁面を天井までびっしり収納にすると、座空間は視線が低いので〝井戸の底〟になってしまいます。そこで座ったまま出し入れする物を選り分けて、圧迫感がないように低い位置に収めました。

●捨てる勇気

一番の難関は、Mさんたちが多くの物を整理・処分し、壁面収納に収めていくまでの過程でした。

物の整理は、建て主さんの仕事です。「快適に暮らす」を目標に、持ち物をひとつひとつ点検し、本当に必要かどうかを再検討します。

友だちの多いふたりは人からもらった思い出の品がたくさんあり、処分するのはなかなか難しいようでした。特にお母さんは、愛着のある物が多くて決心がつきません。Mさんがリードして、思いきって捨てていきます。なかなか根気のいる作業です。

あるとき、お母さんは「せっかくリフォームするんだから、余計な物は捨てなくっちゃ！」と、キリリッと紹の着物を着て、背筋を伸ばして言いました。

もう思い出を引きずるお母さんではありません。リフォームをきっかけに、今まで以上に前向きな姿勢に変わっていきました。部屋は前と違って驚くほどシェイプアップされました。

リフォームは、それまでの暮らしの贅肉をとることからスタートします。〝**必要なもののみ**〟に囲まれて暮らす。それが、より快適な生活に通じるのです。

●モノの指定席

フルイにかけられた品々を、どの部屋のどこに収めるか決めていきます。

ＬＤの天井までの収納には、料理の本やファイル、アルバム、文具、小物、そして電化製品などを収めました。文具やよく使う食器は、座ったままで手の届く低い位置です。

物の**種類・形・使う頻度**によって配置を決め、収納のサイズと扉の形を決めます。ただ中に詰め込めばいいのではなく、見て美しいことも大切です。**息抜きや遊びのスペース**も必要で、そこには思い出の品々を飾ります。

先々入れ替えが利くように、なるべく可動棚にします。

こうして造り上げた幅広で奥行きの浅い収納は、中の物が見渡せて、どこに何があるのかがひと目でわかります。すべての物がきっちりと収まり、床面が広くなりました。

●ウキウキする色合い

年配の方は、インテリアの色調は重厚なものを好む傾向があります。重厚感は高級感にもつながるからでしょうか。ただ、濃い色は

座空間の壁面収納は、圧迫感を与えないように低めにつくる

半面、部屋が暗く重い雰囲気になりがちです。

また、加齢に伴う視力低下を考慮すると、**明るく淡い色**がおすすめです。穏やかで、安らぎを与えてくれます。

Mさん宅では、**ウォームグレイ**（床のフローリング）と、**淡いサーモンピンク**（木目を出した染木仕上げの造りつけ家具）を組み合わせました。サッカーやゴルフの観戦が大好きで好奇心旺盛なお母さんには、ベージュ系で無難にまとめるよりも、ピンク系の方がウキウキしていいと判断しました。

●調理カウンターを対面式に

友だちに料理をふるまうのが好きなふたりのために、キッチンにはLDと向かい合うオープン調理カウンターをつくりました。座空間のLDにいる人たちに圧迫感を与えないように、高さは腰までとします。

カウンタートップには、50本のスパイス小瓶が一列に置ける**ラック**を設けました。これは、LDにいる人たちから手元の散らかった様子が見えないようにする工夫でもあります。

その下は、**生野菜置き場**（風通しのため二

ウォームグレイ、淡いサーモンピンク
145ページ参照。

カウンタートップには50本のスパイスが置けるラック、下部には通気性のよい野菜置き場を設けた

面開放のワイヤーバスケット）と**引き出し**になっています。日頃よく使う器具は、お母さんの手が届く範囲内に収めました。

●複雑な足元を安全に

床の複雑な段差は、事故を招きやすいだけでなく、気づかぬうちに身体にストレスを与えます。こちらの住まいには4段階もの段差がありました。

中でもMさんが一番気になっているのが、浴室（ユニットバス）の出入り口。30センチ以上も上がっています。また、トイレへのアプローチは、廊下から1段下がって洗面所へ、そしてまた1段上がってトイレへと複雑です。懐の浅い床下に、配水管や給水管が通っているための現象です。

マンションなので、すべてフラットというわけにはいきませんが、なるべく段差の数を減らします。お母さんが日中一番よく行き来する茶の間（ＬＤ）と和室（寝室）の床を同レベルにします。茶の間とキッチンの床を和室の床高に合わせて上げ、そのためにできた床下空間に、床暖房を敷設しました。

浴室の出入り口は、洗面脱衣所の床を廊下・トイレと同レベルまで上げてフラットにし、**またぎの一番小さいユニットバス**に取り替えました。しかしそれでも段差が大きいので、浴室前の床を一段上げて出入り口とほとんど平らにしました。

こうして、浴室とトイレの段差を除き、すべて平らな床になりました。

●寝室からトイレまで

まだ必要としないうちに手すりを設置して

しまうと、目障りですし、頼り癖がついてかえって老化を促進したりもします。

しかし、いつも和服を着て凛としているお母さんですが、体調が悪いときには体のバランスがとれず、たまに足元が不安定になります。将来のことを考えると、寝室からトイレまでの廊下に体を支えるための手すりをつけた方がよさそうです。

既存の壁に手すりを設置する場合、デザインをよく考えないとインテリアを損ねます。こちらの廊下は玄関前でもあり、スマートに仕上げたいところです。**力板**を壁に露出させて取り付け、壁と同色に**塗装**することで、大工事にならずに、きれいにまとまりました。

●座空間には床暖房を

完成後にお邪魔すると、早速、Mさんが手料理をこしらえてくれました。

「これからはお客さんに背を向けずに、話しながら料理ができるから嬉しい！」

と対面カウンターで手際よくサラダをつくりながら、リビングの私に話しかけます。

浴室入り口〈Before〉

30cm以上の段差があり、トイレへのアプローチも複雑

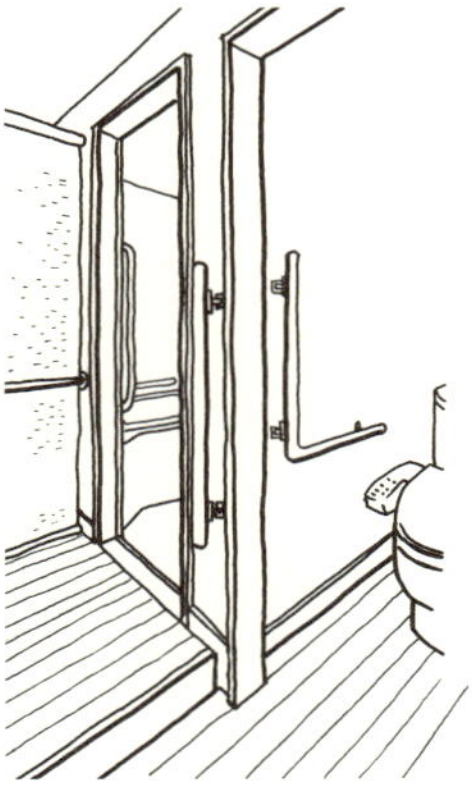

浴室入り口〈After〉

洗面脱衣所、トイレ、廊下を同じ高さにし、浴室前の床を一段上げて入りやすく

「母には、なんて言ったって床暖房が最高によかったのよ」

予算が限られていたため、最初は床暖房の設置を迷っていました。しかし工務店を通さず、メーカーと直接交渉したら予想外に安くなったので、導入が実現しました。

おかげで、もう電気コタツは不要です。**座空間こそ床暖房**が欠かせません。

お互いを尊重しあって、生活を楽しんでいるおふたり。思いやり、協力しあう姿を見て、心温まる楽しいリフォームでした。……加部

寝室からトイレまで連なる手すり

ADVICE

高齢者に適した

部屋の色彩

家で過ごす時間の長い人にとって、部屋の色は重要です。室内が暗いと気づかぬうちに気分も沈みがちになるもの。また、高齢になると白内障になりやすく、明暗がはっきりしなくなります。そこで、全体的に明るい色をおすすめしています。
以下のような素材・色を考えてみてはいかがでしょう?

明るい色調でまとめた部屋

自然の色でまとめた部屋

閉め切った薄暗い部屋を、オープンな家族室にして気分も明るく

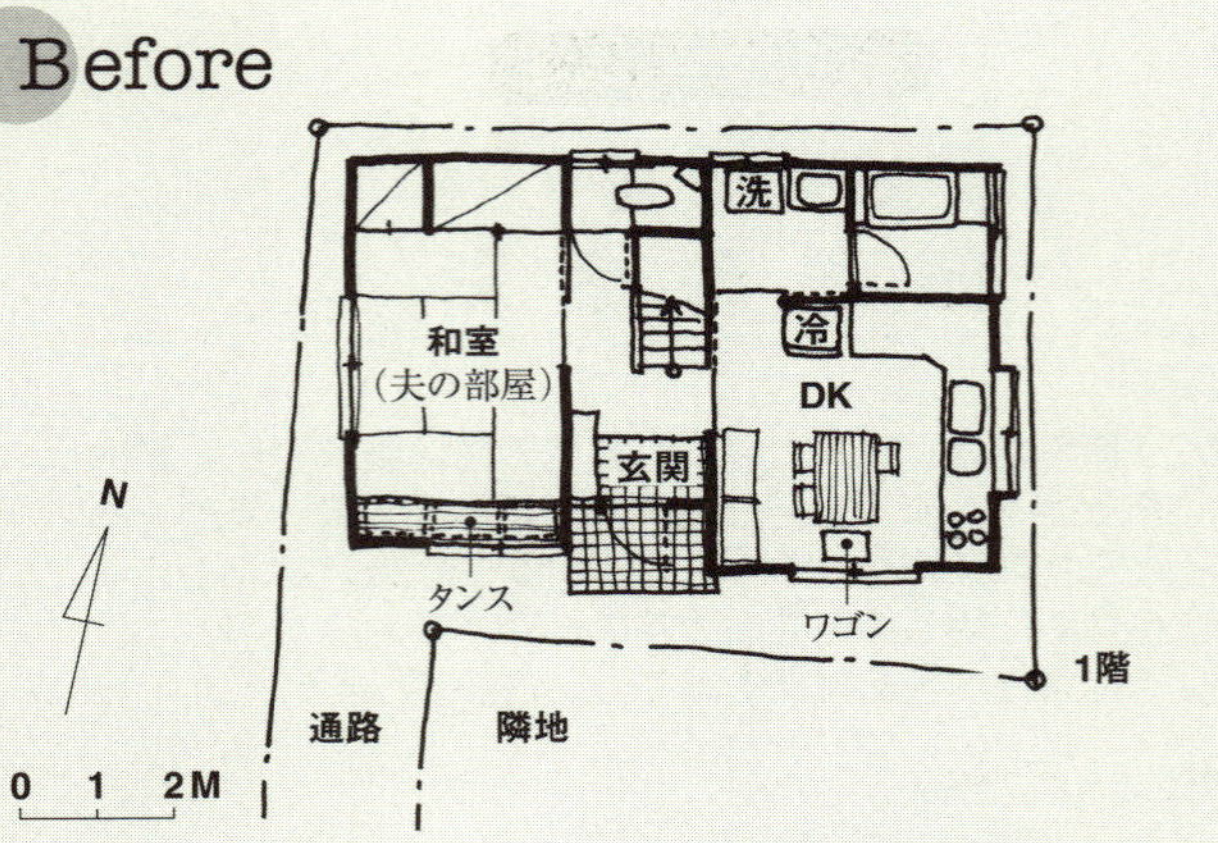

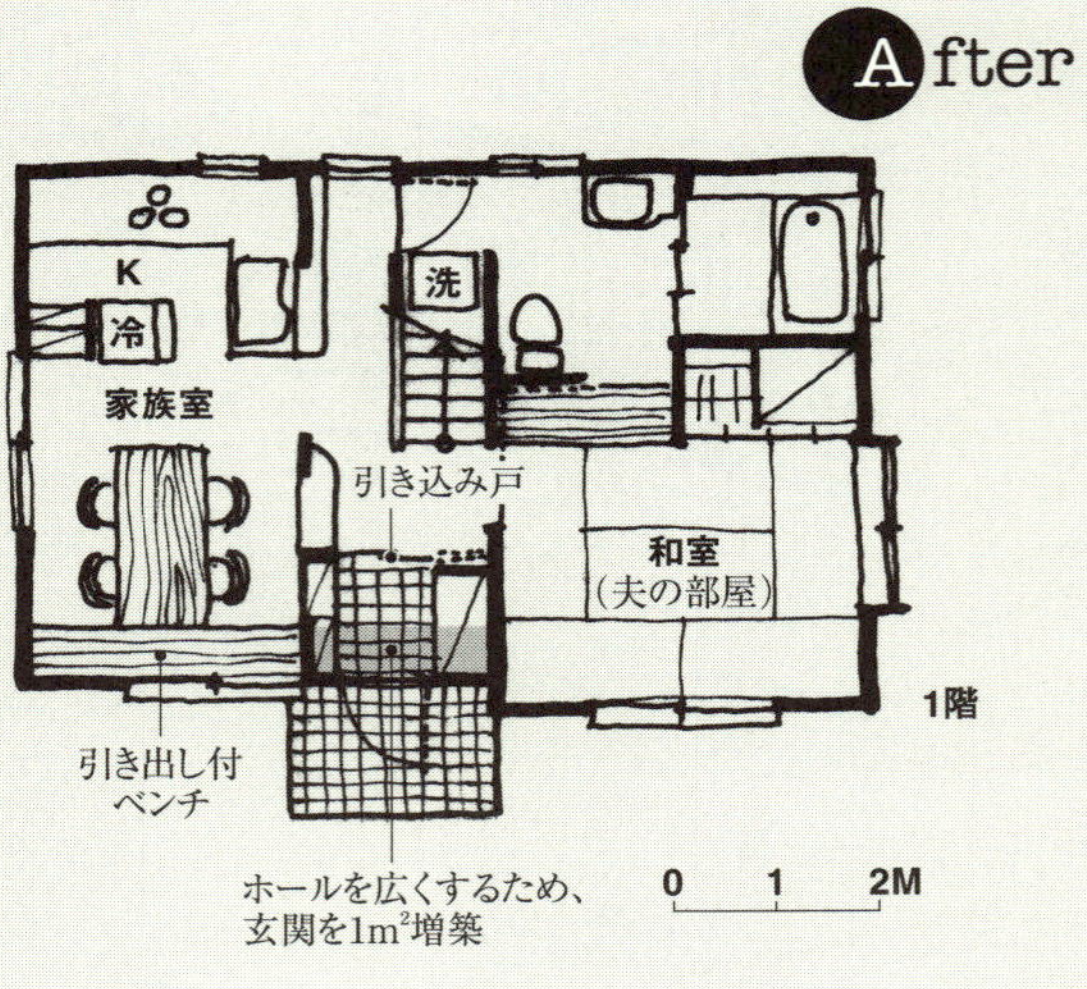

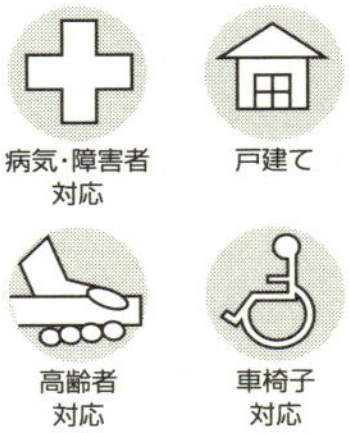

DATA

家族構成

Hさん	夫	次男
（60代女性）	（70代）	（30代）

所在地	築年数	構造
東京都	23年	木造2階建

POINT

- 糖尿病の夫を気遣ってなかなか外出できないHさんのために、友だちを呼んで楽しく過ごせる家族室をつくる。
- 夫婦が仲よく暮らせるように、適度な距離を保った住まい。
- 夫が車椅子になったときのことも考える。

●人を招くのが恥ずかしい

Hさん夫妻の家は路地の奥にあり、道路から玄関の様子はまったくわかりません。初めて訪ねたとき、「ここでいいのかな」と不安な気持ちで路地を覗き込んだのを覚えています。

玄関の右手の部屋に通されて、「人を招くのが恥ずかしい」というHさんの言葉の意味がわかりました。

8帖のDKには、キッチンセットのほか、大型冷蔵庫、食器棚、レンジ台兼用の収納ラック、ワゴン、そしてテレビが置いてあります。ダイニングテーブルの上には果物カゴやら薬入れやらがのっていて、落ち着いて書類を広げて打ち合わせをする雰囲気ではありません。

家族も、食事が終わるとすぐにそれぞれの部屋に引きあげてしまうそうです。くつろげる雰囲気とは程遠く、「これでは仕方ないな」と感じました。

玄関の左手には6帖の和室があり、もともとはこちらがリビング兼客室だったそうですが、現在は夫専用の部屋になっています。

この部屋には掃き出し窓がありますが、玄関に立つ前に覗かれてしまい、道路からも中が見えてしまうので、この窓の前には箪笥類を置いて締めっきりです。そのため薄暗いだけでなく、何やらカビ臭くて健康的ではありません。

糖尿病でインシュリン注射をしている夫は、肥っていて歩くのも辛そうです。一日の大半を、この部屋でテレビを見て過ごしているそうです。

Hさんは人づき合いが大好きですが、夫を家に置いて長時間は出歩けません。そこで友だちを呼んでおしゃべりをしようと思っても、「招く部屋がないのです……」と言って嘆いていました。

●〝適度の距離〟は仲よく暮らす知恵

2階の8帖の和室は、かつては夫婦の寝室でしたが、現在はHさん専用の部屋になっています。

夫は定年退職後、家にいることが多くなりました。一日中一緒にいると喧嘩も増え、いつしか夫が下の和室を使うようになり、別室で寝るようになったのだそうです。その頃から糖尿病も悪化していたのかもしれません。

今の若い人は個室で育っているためか、結婚後「夫婦の寝室」より「それぞれの個室」を求めるケースも珍しくありません。しかし、60~70代の人は、別室にすることに〝後ろめたさ〟を感じるようです。

暑さ寒さ、寝る時間のズレによる音や光などをどちらかが我慢しなければならない場合は、「同室」よりも、ゆっくり休めて好きなことができる「**別室**」をおすすめしたいと思っています。

ただ、せっかく「家族」として暮らしているのですから、〝家庭内別居〟ではなく〝大人同士の同居〟にしたいものです。そのためには、同居生活が少しでも楽しくなるように、住まいを工夫する必要があるのではないでしょうか。

●明るく風の通る夫の部屋

別室の気楽さを味わってしまったHさん夫

婦は、リフォームできちんと夫の部屋を確保することに。1階のＤＫだったところを、夫の部屋にしました。

この部屋は玄関の先なのでプライバシーが守れて、南の掃き出し窓も東の窓も有効に使うことができ、光と風の入る部屋になりました。ホール側の引き戸を開ければ隣の家族室とつながるので、万が一寝たきりになっても家族とともに過ごせそうです。

●みんなが楽しむ家族室

食事は生活の中の〝楽しみ〟でもあり、病気の〝治療〟にもなるので、大事にしたいものです。食後のお茶もゆっくり楽しめて、たまに実家に帰ってくる子どもたちもくつろげて、団らんできる場所があるといいですね。

住みながらのリフォームだったこともあり、古いキッチンを使いながら、玄関の手前の和室だった位置に新たなキッチンとダイニングをつくることにしました。ダイニングにリビングの役割も持たせ、家族にとっても来客にとっても居心地のよい〝**家族室**〟とします。

掃き出し窓のままだと落ち着かないので**腰窓**にし、手前に**引き出しつきのベンチ**をつくりました。鉢を飾って出窓風にしてもよいですし、大勢の人が集まったときの椅子としても使えます。

ごちゃごちゃと物を置かなくてすむように、家族室にもきちんと収

くつろぎの"家族室"ができ、一家団らんが可能に。お客さんも招けるようになった

納をとりました。そして、**大きなテーブル**をでんと置きます。狭い部屋には小さなテーブルをと思いがちですが、大きなテーブルの方がほかに家具を置くことなくすっきりとし、人も集まりやすくなり、ゆっくりとくつろげます。ただし、少々値が高くても**座り心地のよい椅子**を置くことが必要です。

日の光も入り、風も抜けるようになって、健康的な部屋に生まれ変わりました。道路からも住まいの様子がわかって、人が訪ねやすくなったと思います。

●狭さの解決〝手すり収納〟

限られた面積の中での暮らしは、収納が大きなポイントになります。

スペースがあれば、大きな家具や納戸が役に立つのですが、スペースが限られている場合には、物のサイズに合わせた収納を、それを使う場所に設けると無駄がありません。

Hさん宅では、玄関の右手にコートをかけられる収納を、左手に天井までの靴収納をつくりました。ただし、この収納に「手すり」

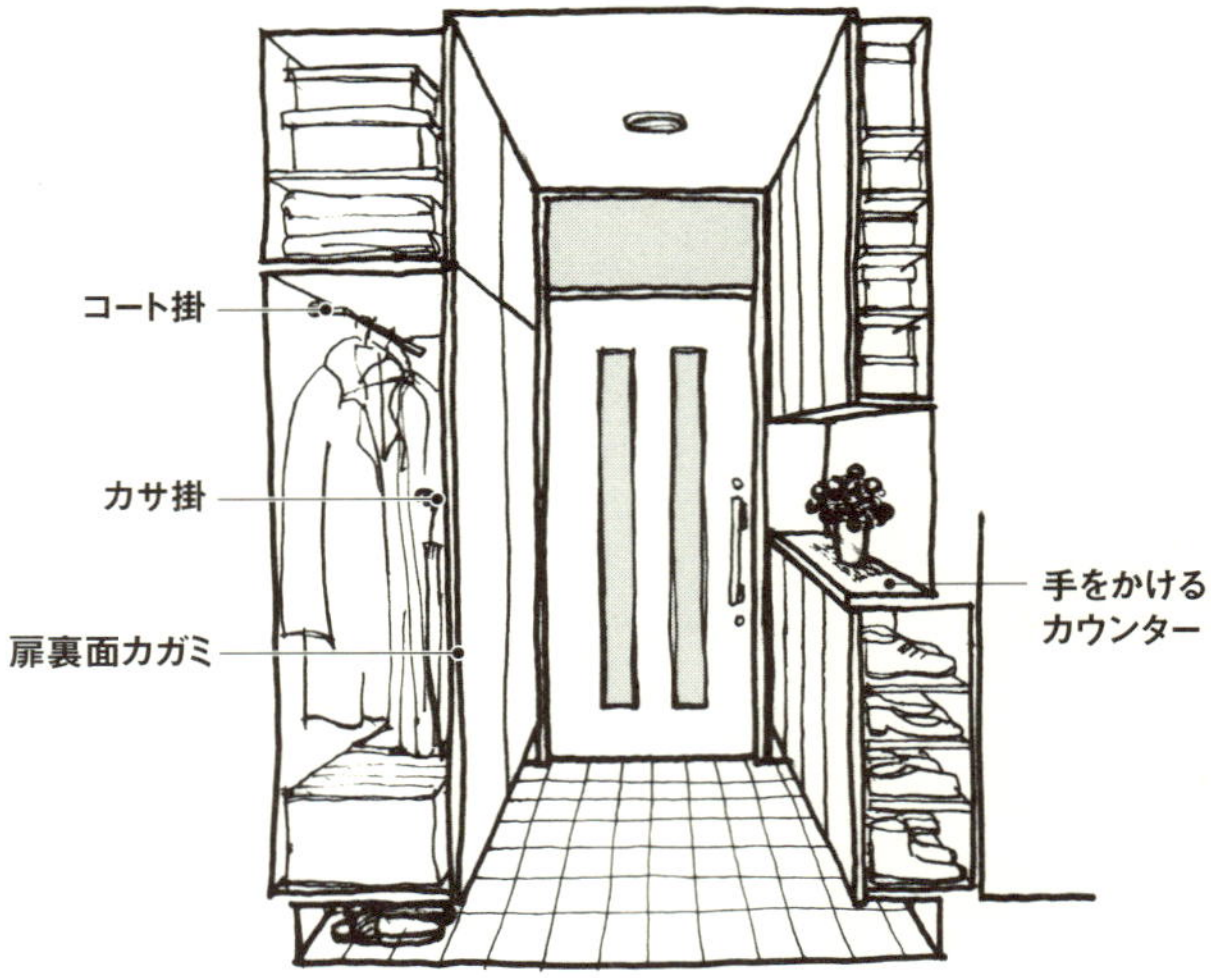

玄関の内部

ホールとの境に2枚の引き込み戸
115ページ参照。

手すりになるような収納
177ページ参照。

の役割も持たせてあるため、真ん中を空けてあります。そのため圧迫感は少ないようです。

玄関には**ホールとの境に2枚の引き込み戸**をつけ、玄関の冷気が部屋に入らないようにしてあります。

家族室の広がりを出すために廊下も取り入れたのですが、ただ広げるだけでは落ち着きのない部屋になってしまうので、廊下部分だったところには**手すりになるような収納**を設け、日用品のストック場としました。

トイレまでの廊下にも手すりがほしかったので、手すりの代わりになる低めの本箱をつくり、本の収納場所にしました。

玄関の突き当たりがトイレでしたが、少しずらして縦長の大きな窓を生かしたところ、廊下の幅が手すり収納で狭くなったのが嘘のように明るく開けた廊下になりました。視線

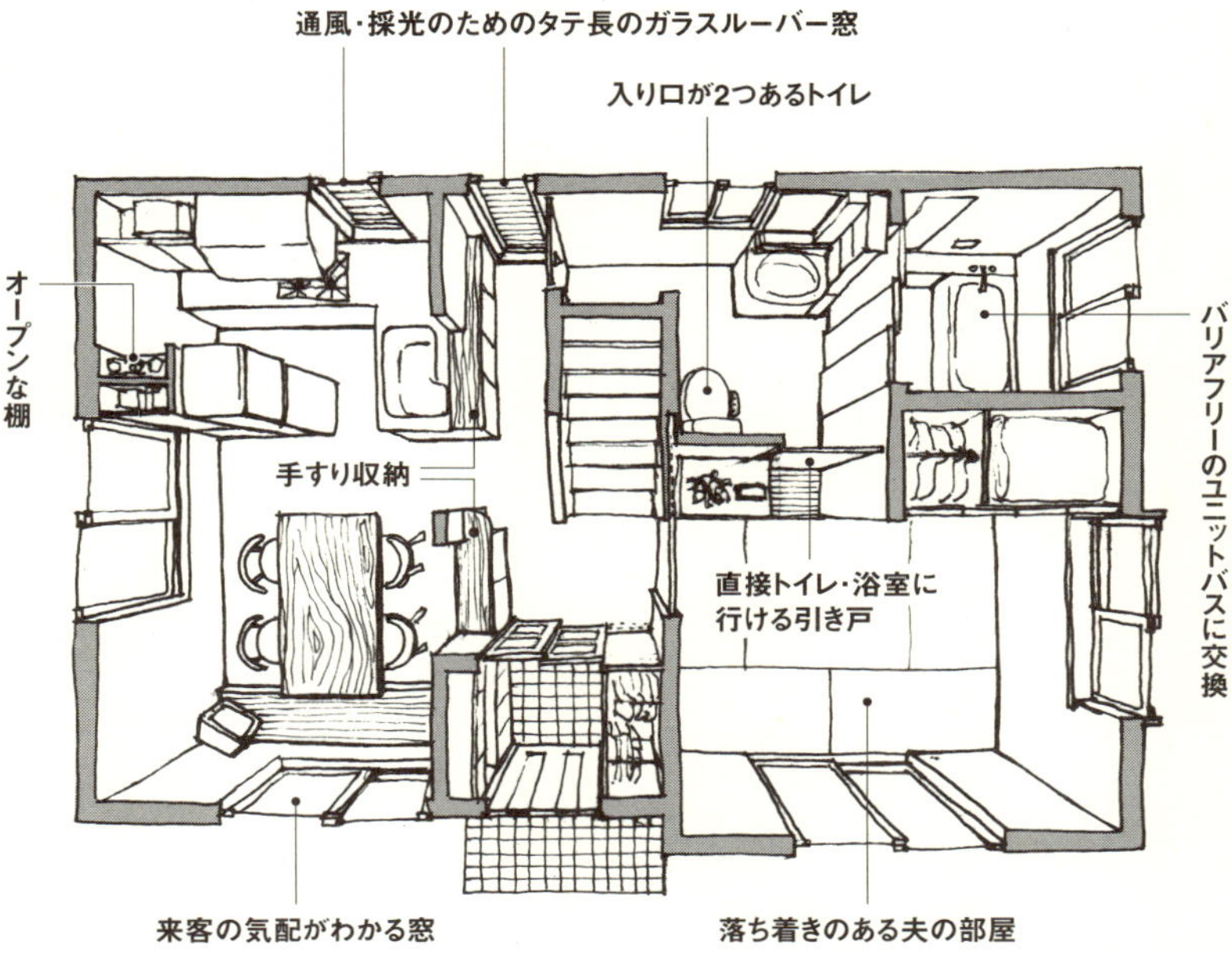

は家族室とつながっているので、家族室も狭苦しさから解放されています。

廊下が狭いと車椅子になったときに心配ですが、夫の部屋から直接トイレにも行けるようにしてありますし、部屋から家族室へもアールをとって曲がれるようにしてあります。

●誰にでも使いやすいキッチン

家族室の北側のキッチンは、家具と冷蔵庫で緩やかに仕切ります。キッチンを独立型にしたり対面型にするほどの広さはなく、かと言って以前のようなＤＫでは落ち着かず、物があふれてしまいます。

そこで、既製品のＬ型キッチンセットを使用して、流し台が家の中心に向くようにしました。流しの前に立つと家族室が見渡せて、家中のことがわかります。

コンロが丸見えにならないように冷蔵庫の陰になるように配し、配膳台の上下や、冷蔵庫の奥にもできるだけ使いやすい収納をとるようにしました。

棚には扉をつけず、ひと目で中が見渡せるようにするなど、誰でも使えるキッチンにしたいと心がけました。Ｈさんだけでなく、夫もたまに流しに立つそうです。

もしヘルパーさんが来ることになっても、気軽に使えるキッチンにしてあると、お互いの負担もちょっと軽くなるのではないでしょうか。……………………………今井

ADVICE

考え方いろいろ

夫婦の寝室プラン

夫婦には、一緒に休みたい時期もあれば、別々に過ごしたい時期もあります。必要に応じて間取り変更できる造りにしておくといいですね。ある2世帯住宅の、それぞれの夫婦室をご紹介します。

2階
両親室

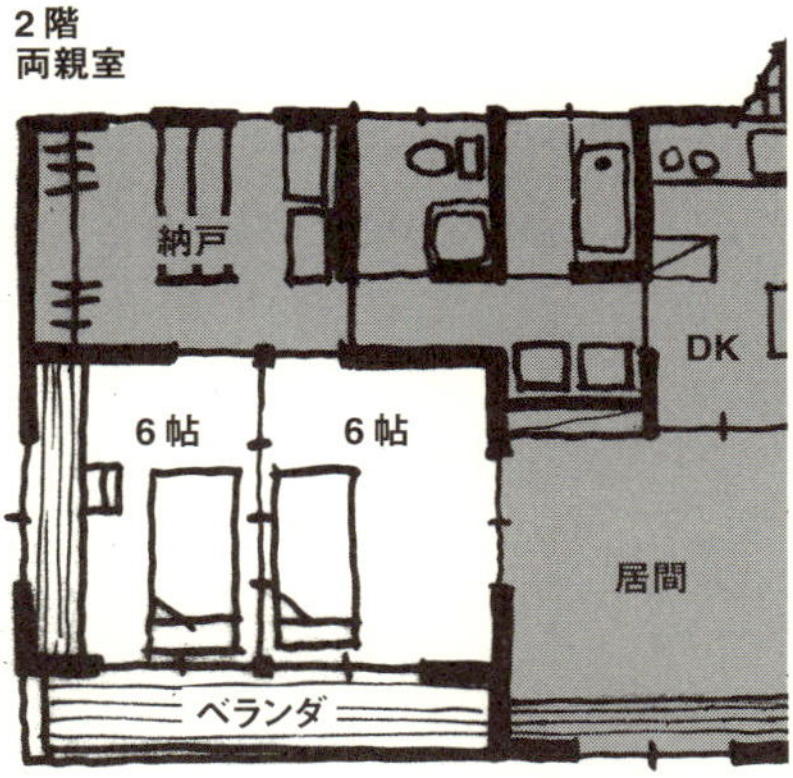

- 1部屋にもなり、引き戸で仕切れば2部屋にもなる。
- 照明は各々の部屋に設ける。
- フットライトは必需品。

1階
夫婦室

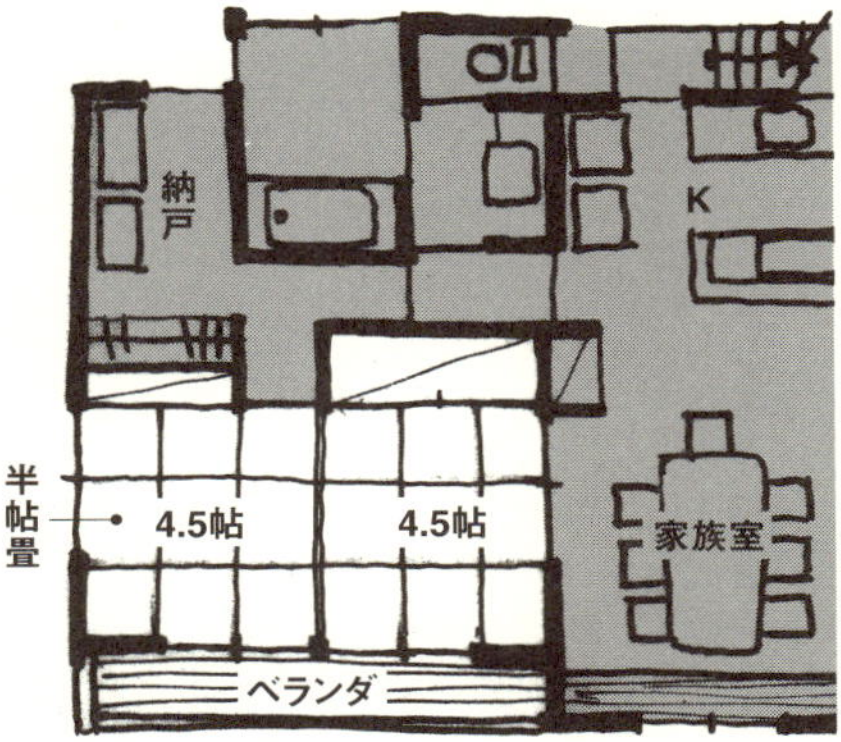

- 子どもが小さいうちは、敷居のみ・襖なしの仕切り。

老夫婦の平穏な生活を乱すことなく、より快適に

Before

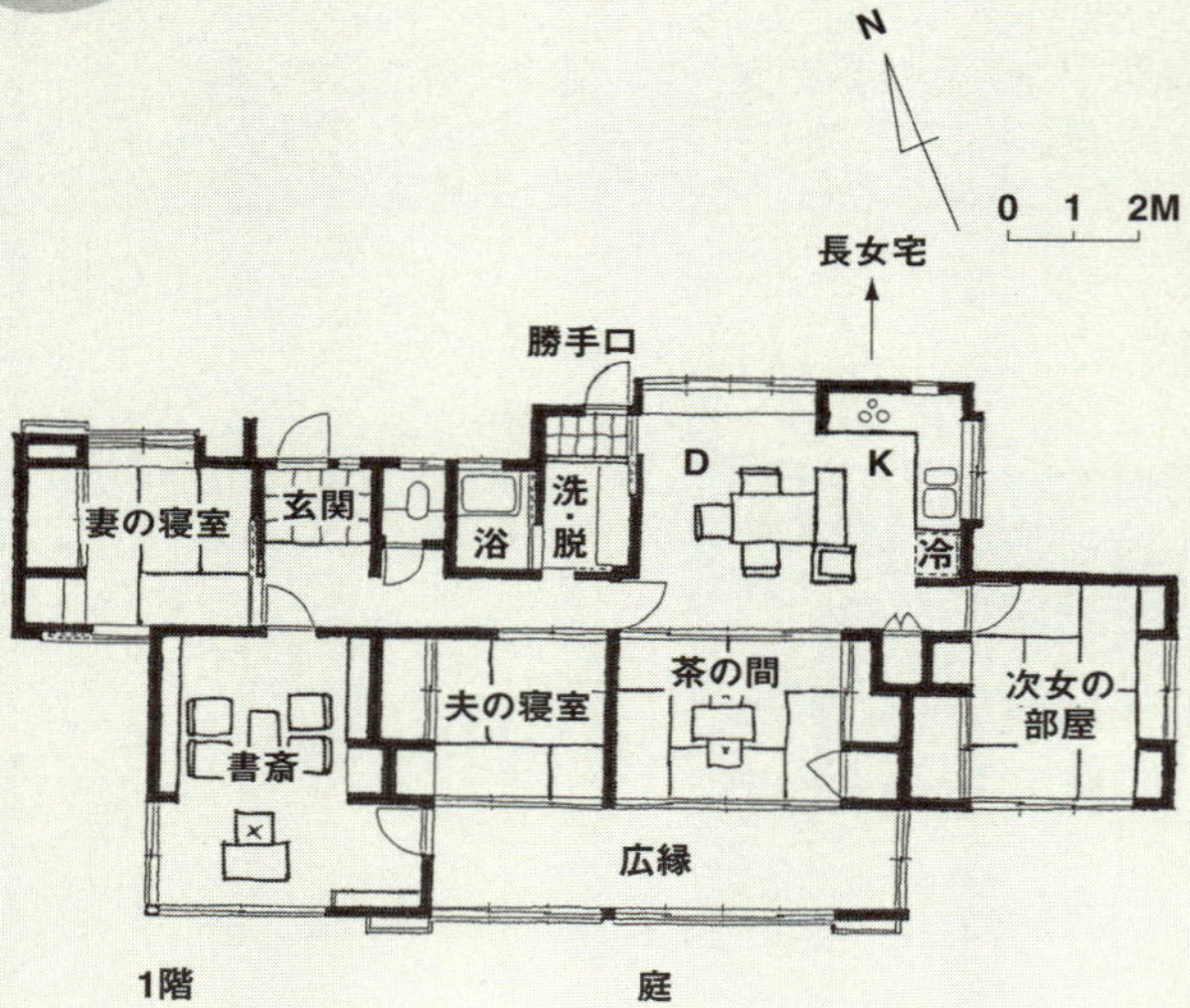

POINT

- Tさんと妻、それぞれの動線は変えずにリフォーム。
- 生活エリアを明るく暖かい南側に。
- 寝室を夫婦同室にして、必要に応じて水まわりと一体化できる部屋に。

After

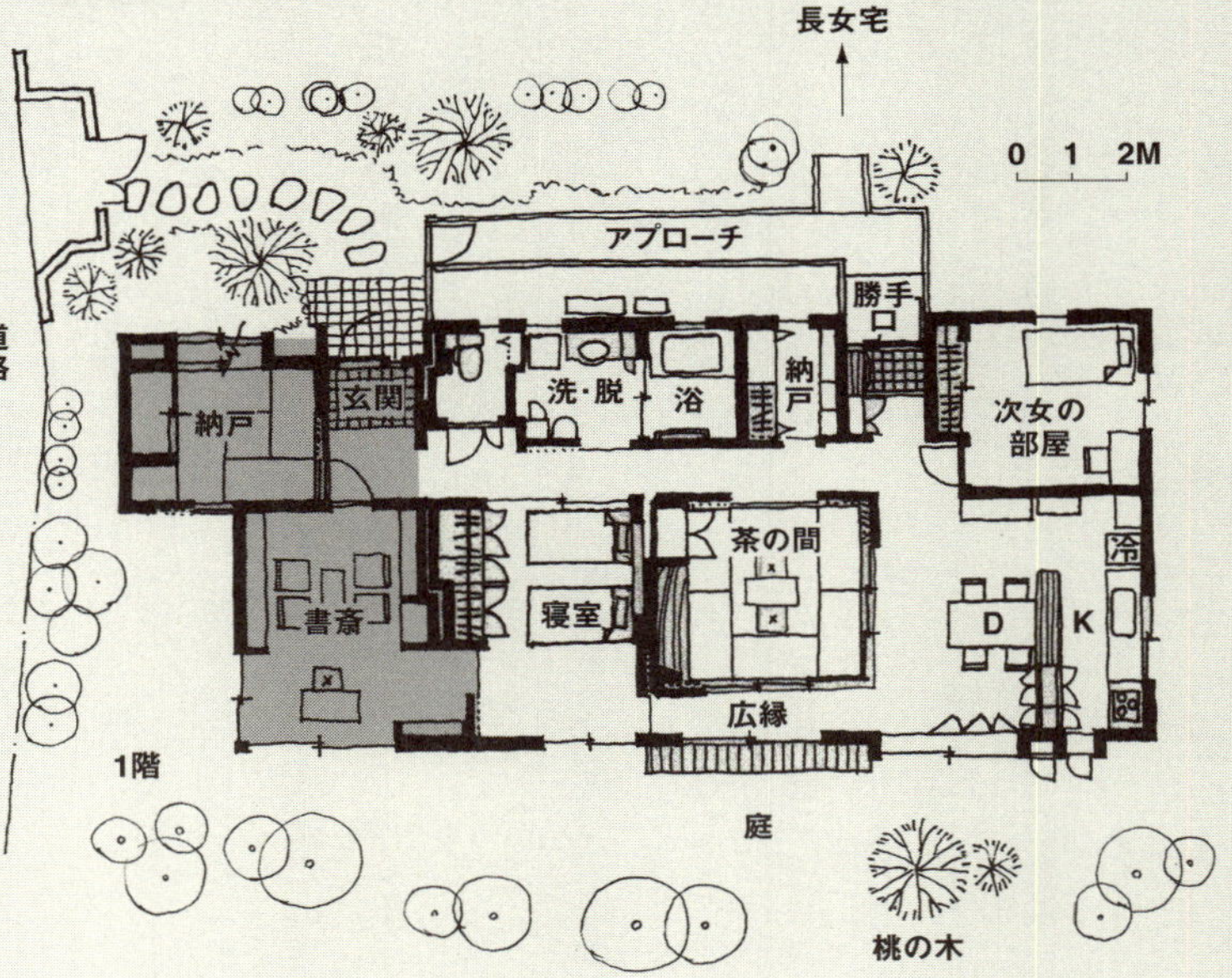

D A T A

家族構成

Tさん	妻	次女
(80代男性)	(70代)	(30代)

所在地	築年数	構造
東京都	40年	木造平屋

共働き夫婦や若い夫婦の間では、「家事の分担」は当たり前になってきました。でも、中高年夫婦は「**夫は仕事、妻は家事**」と区別しているケースが多いようです。

Tさん宅では、それが住まいにもはっきりと表れていました。

●雨漏りが引き金に

Tさん夫妻の家は、駅近くの閑静な住宅街にあります。社会人の次女と3人で、平屋建てに住んでいます。

300坪近い敷地には、Tさんの家のほかにTさんの姉の家と長女家族の家が建っています。敷地内には大きな樹木が生い茂り、門から格子戸の玄関までは、松や梅の植え込みが美しい前庭です。

しかし築40年経った家にはすきま風が入って肌寒く、「何とかしなければ」とハウスメーカーの展示場などを見て回ったそうです。それでもなかなか建て替えには踏み切れず、中途半端な気持ちのまま年月が過ぎていきました。

そのうちにとうとう雨漏りが始まってしまい、限界を感じて私の事務所にみえました。話を伺うと、修繕だけでなく「なるべく人の手を借りずに、**自立生活が続けられる住まいにしたい**」とのことです。

●日常生活エリアのみを改築

建物は全体的に老朽化し、歩くと床が軋み、屋根の一部も瓦が割れています。Tさんたちが歩んできた歴史を感じさせる家ですが、そろそろ手を入れざるをえません。

しかし、**建て替えは体力的に無理**があります。あまりにも蔵書が多いため、本の整理と移動が大きな負担になるからです。

そこで、リフォームすることにしました。膨大な本のある書斎、この家の顔である玄関、その隣の和室だけは残し、それ以外の3分の2を壊して増改築します。日常生活の中心になる部分を、快適に造り替える計画です。

建物だけでなく、趣のある前庭もそのままにします。玄関まわりは家のシンボルなので、記憶の中の景色を変えずに残しておきたいからです。

●落ち着いた静かな生活

「70歳以後の衰えは個人差が激しい」と言われますが、80歳前後のTさん夫婦はルーペを使わずに新聞が読めますし、何不自由なく会話もでき、足腰も丈夫です。

元大学教授のTさんは、日中のほとんどを書斎兼応接間で過ごします。庭が見える窓際の座卓で、読書や原稿書きをするそうです。しかし家にばかりいるわけでなく、研究会など外出も多いようです。

一方、妻は買い物や料理、洗濯、庭の手入れなど、手を抜かずにきっちりと家事をこなします。趣味は「読み聞かせ」で、銀髪が似合う物静かな方です。

愛着のある前庭はそのままに。
ただし、安全のために踏み石まわりに砂利を敷いて段差を小さくし、防犯のために勝手口への裏木戸を設けた

穏やかに静かに、仲よく暮らす〝夫唱婦随〟の夫婦です。

●夫の動線、妻の動線

打ち合わせを重ねるうちに、家の中のふたりの動線が異なるということに気がつきました。

普段書斎にいる**Tさん**は、食事やお茶の時間になると南の**広縁**を通って茶の間やダイニングに移動します。夜は、やはりこの広縁を通って寝室へと移ります。緑多い庭を眺めながら、移動するのが気持ちいいのでしょう。

一方、**妻**は、広縁よりも**中廊下**を頻繁に行き来します。来客時は中廊下を通って玄関へ。お茶を出すときも、中廊下を使いキッチンと書斎兼応接間を往復します。夜、寝室に移るにもやはりそうです。

役割と領域が明確に区別されているため、それぞれ通り道が違うのです。

●空間配置は変えない

高齢者の住まいは、**大々的な変革はしない**というのが基本です。Tさんたちは実年齢より若々しく健康ですが、約40年間暮らしてきた、身体に馴染んだ住まいをガラッと変えてしまうのはやはり危険です。

従来の空間配置を基本として、前の家の欠点を改良した新しい空間を加えることにします。リフォームのポイントは3つ。

①これまでの夫の動線、妻の動線を守りながら、部屋を配置する。

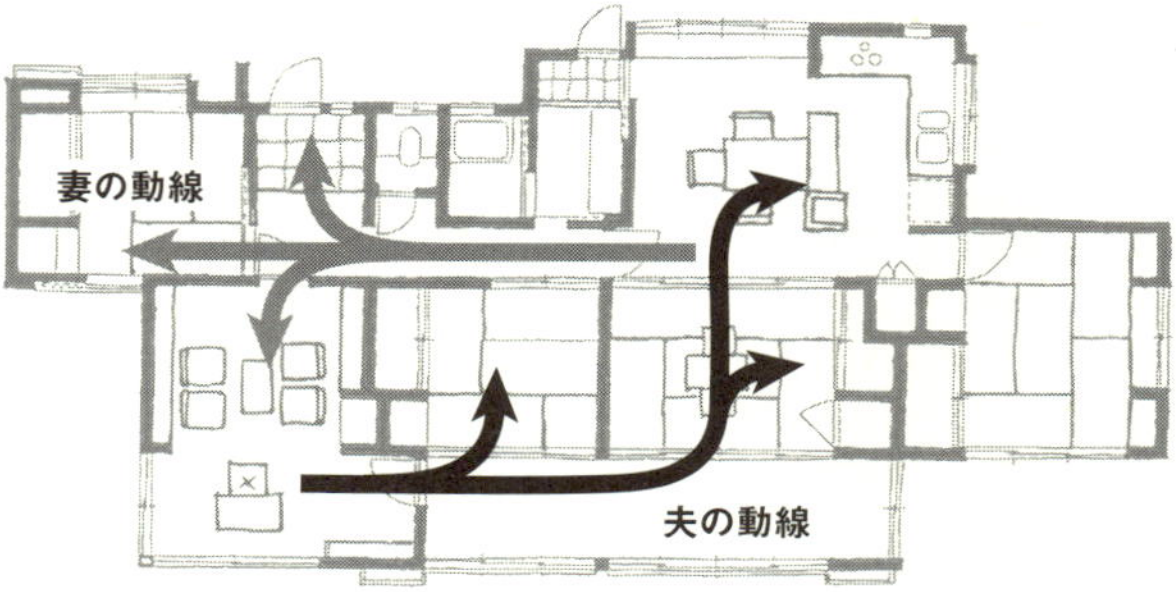

日常の夫婦の動線（これまでの家）

②日本家屋特有の、襖や障子で部屋を仕切る融通性の高い造りにする。

③水まわり（浴室、トイレ、洗面所）や勝手口など、頻繁に使う部屋は適正の広さにするが、位置関係は変えない。

特に③は重要です。くどいようですが、長年くり返してきた動作というのは、身体に染みついているものです。それは、何も高齢者に限ったことではありません。

私事ですが、マンションから2階建ての新居に移った直後、当時7歳の息子が夜中にトイレに起きました。彼は2階にもトイレがあることを理解していなかったようで、1階に下りようと階段に一歩足をおろしたとたん、滑り落ちてしまいました。身体がまだ、階段を認知していなかったのです。

私はと言えば当時40歳でしたが、キッチンから見て洗濯機の位置が以前と左右反対だったため、慣れるのに1カ月くらいかかりました。年を重ねるごとに、こうしたことに対するストレスが大きくなります。

●生活エリアを南側に

具体的にはまず、北側の暗くて寒いダイニングキッチンを、暖かくて明るい場所に移します。家事担当の妻がいつまでも現役でいられるように、安全快適で居心地のいい空間にするのです。

朝日を浴びながら炊事ができるように**キッチンは東向き**にし、覆いかぶさる吊り戸棚はあえてつけず、充分に光が入る**大きな窓**を設けました。炊事だけでなく趣味の音読をしたりして、妻は一日の大半をここで過ごします。

同様に、ふたりでお茶を飲む茶の間も、南

に面するようにしました。その先に新たに広縁を設け、Tさんの**従来通りの動線を確保**します。広縁を通して、庭の樹木が見渡せます。寝ています。次女は普段、仕事で夜遅く帰宅します。寝ている両親に気兼ねしなくてすむように、彼女の部屋は北側の勝手口近くにつくりました。

●暖房は床全体に

一般的に、高齢者向け住宅のリビングは洋室が多いのですが、Tさん夫妻は足腰に問題もなく、畳に座る方が落ち着くとのことで、**今まで同様に和室**にしました。

ダイニングと広縁を障子で仕切りましたが、コーナーには柱を設けていません。ですから、障子を開けるとダイニングと一体化します。

広い空間は開放的な反面、空気は流動的になるので、**冬場の暖房対策**は特別に考えなければなりません。そこで、ユニットバスと納戸以外は、**低温床暖房**をくまなく敷きこみました。

ストーブやコタツなどの局所暖房は危険な場合があります。暖かい部屋から寒い部屋に移ったときに、温度の急激な変化のために心

低温床暖房
79ページ参照。

茶の間の障子を開け放すと、ダイニングと一体化する

筋梗塞や脳血管障害などの原因になるからです。また、暖かい部屋に閉じこもりがちになりますから、健康維持には**全体暖房**が欠かせません。

長時間、広い面積で使うので、高熱費を抑えるために熱源は灯油を選びました。採用した低温床暖房は床材を限定しないという利点がありますが、暖まるのに時間がかかります。しかし起床時間に合わせて**予約タイマー**をセットしておけば、真冬でも快適に起きられます。

●夫婦同室の寝室に

妻の寝室は、北西の角にありました。ここは道路に面していて車の音で安眠できない上に、冬は寒さの厳しい場所です。「これから先は、夫の健康管理もしたいから」と、条件のよい部屋でふたり一緒に休むことに決めました。

これを機に、**布団からベッドに**切り替えました。布団の上げ下ろしや布団干しは、年とともに負担になっていきます。「運動になってよい」という考え方もありますが、足元が見えず、転倒の危険性があるのも事実です。

寝室は、車椅子になっても楽に出入りができるように、出入り口は部屋の間口いっぱいにしてあります。引き違い戸は取り外し可能。これを外して廊下の両端を引き戸で閉ざすと、水まわり（浴室、洗面脱衣所、トイレ）とダイレクトにつながった寝室に変身します。床暖房もこのエリアだけにきくようになっています。

介護が必要になったときに、簡単に**プランを変更**できるというわけです。水まわりと寝室が直結していると寝たきりを防ぎ、介護する側にも、される側にも好都合です。

引き違い戸は**ハンガードア**なので、軽くて開け閉めの音も響きません。レールがないため、戸を外して廊下と部屋をつないだときに、床に凸凹が残りません。

ベッドからは、庭の景色を眺めることができます。横になったときにも風に揺れる草木や飛んできた鳥などが視界に入ると、脳が刺激を受けるので高齢の方にとって非常によいことだと思います。

●手すりをつけやすいように

お元気なTさん夫婦には、まだ手すりは必要なさそうです。しかし、将来のことを考えて、いつでも取り付けられるように準備は必要です。

廊下の壁の下地には合板を貼って対応。し

プラン変更可能な寝室

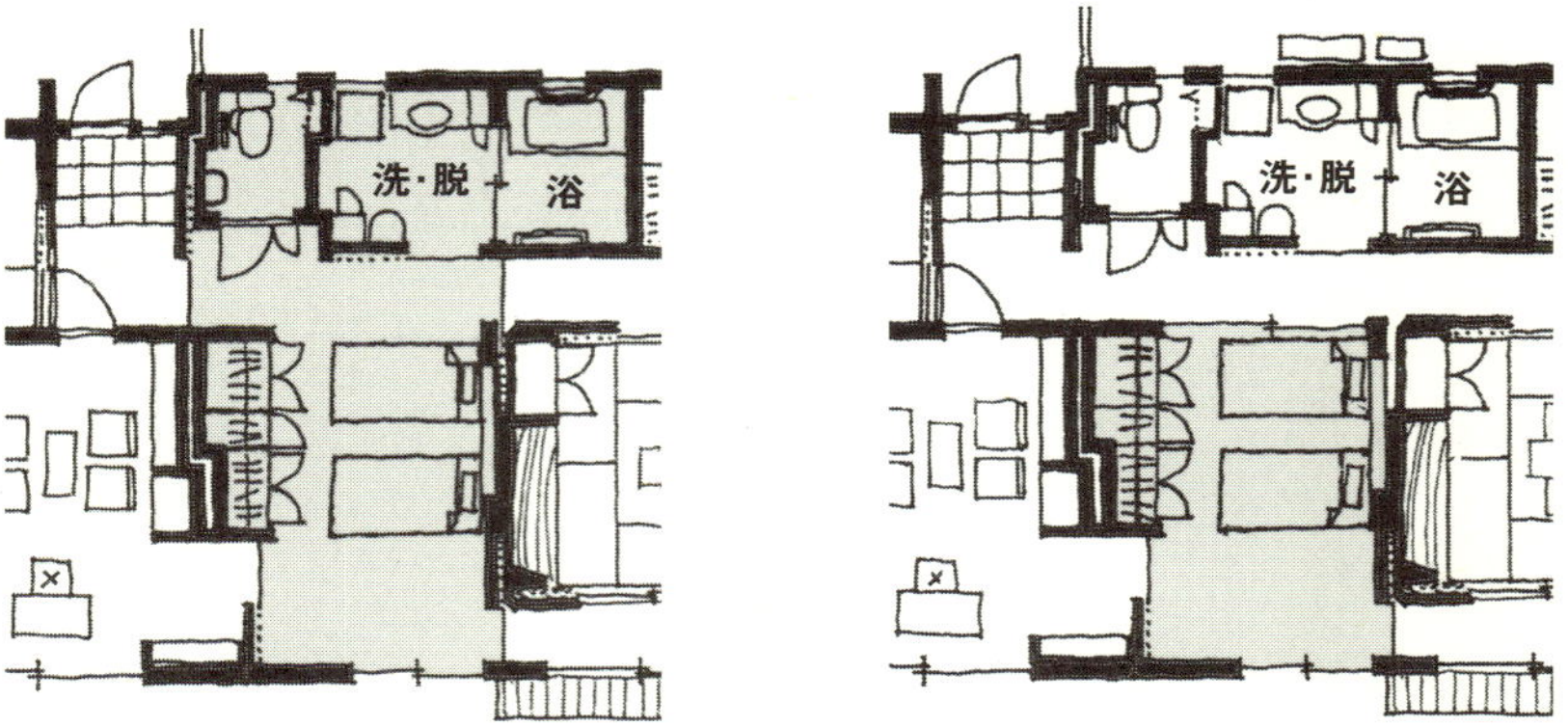

現在

介護が必要になったとき

かし、寝室内の壁面にはクローゼットを設けたため、同様にはいきません。そこで、クローゼットを上下に分けて、中間に手すりをつけられるくらいの幅を持たせました。

これで、壁や家具を壊すことなく、いつでも簡単に手すりを設置することができます。


完成後初めての冬、雑誌の撮影に伺うと、新しい設備機器にすっかり慣れて床暖房も使いこなしていました。

「ダイニングの大きな出窓が、ちょうど桃の花の前だったので、白い美しい花を眺めることができました」

おふたりとも、ますます元気で暮らしているようです。……………………加部

ベッドに横になりながら
庭を眺めることができる

ADVICE

将来を考えて
手すり設置の準備

手すりは、必要になったときに身体の状態に合わせて設置するものですが、その際、簡単に取り付けられるようにリフォームで予め準備をしておくと便利です。

家具

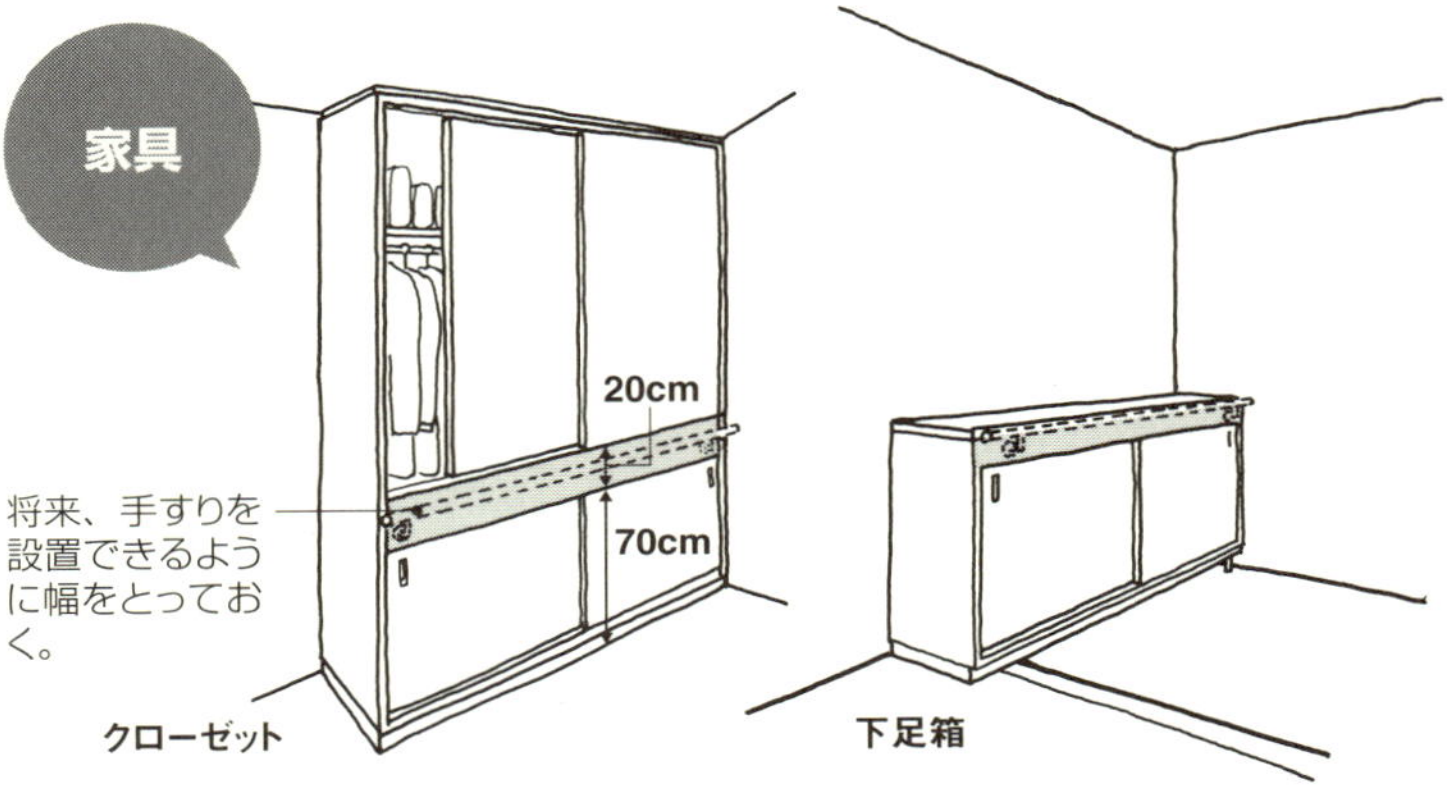
20cm
70cm
将来、手すりを設置できるように幅をとっておく。
クローゼット
下足箱

トイレ

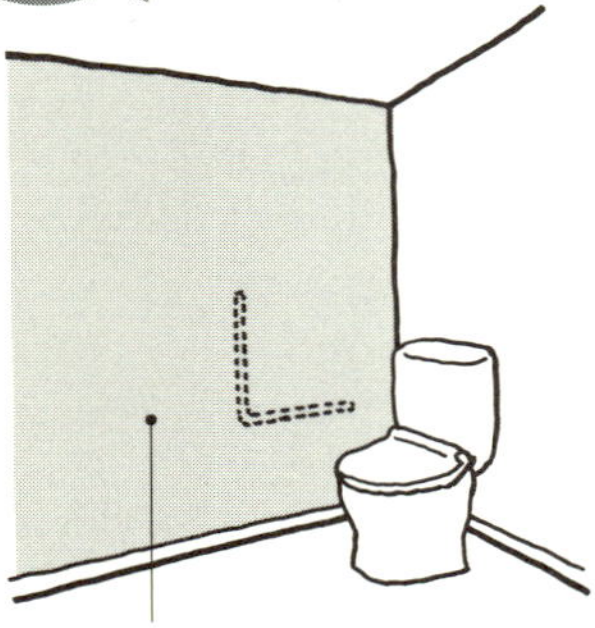

クロスを貼り替えるときに、壁下地を厚さ 1cm 前後の合板にしておく。必要な面のみで OK。

廊下・階段

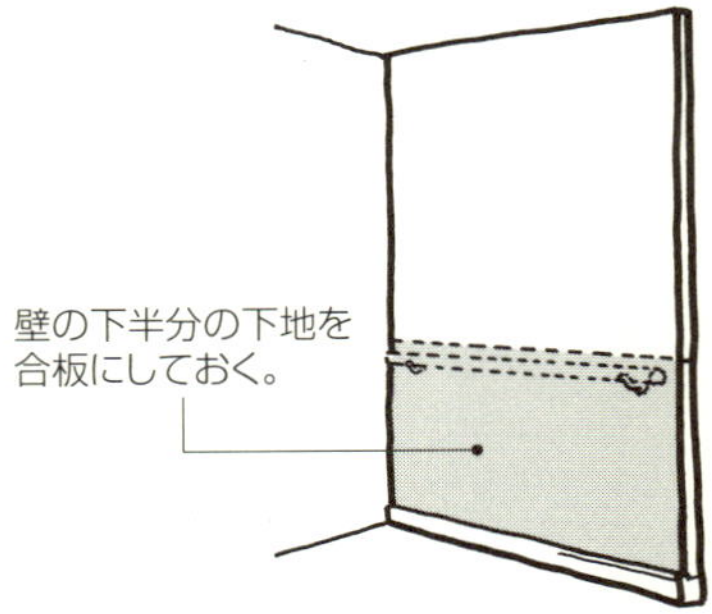
壁の下半分の下地を合板にしておく。

第6章

リハビリライフ

——これが本当のバリアフリー

家族が突然病気になって介護が必要になったとき、時間的にも予算的にも厳しくて、最低限の手すり設置や段差解消ですませてしまいがちです。でも、なるべくなら地域のサービスを利用したりして、医療関係者・福祉関係者・建築関係者（設計者）の三者に相談に乗ってもらいたいところです(185ページ参照)。

住まいの造りは要介護者の身体機能の回復にも影響しますし、介護者の労力やストレスにも断然差が出てきます。いくつか例をご紹介します。

おしゃれで機能的な連続手すりで、歩く練習を楽しめるように

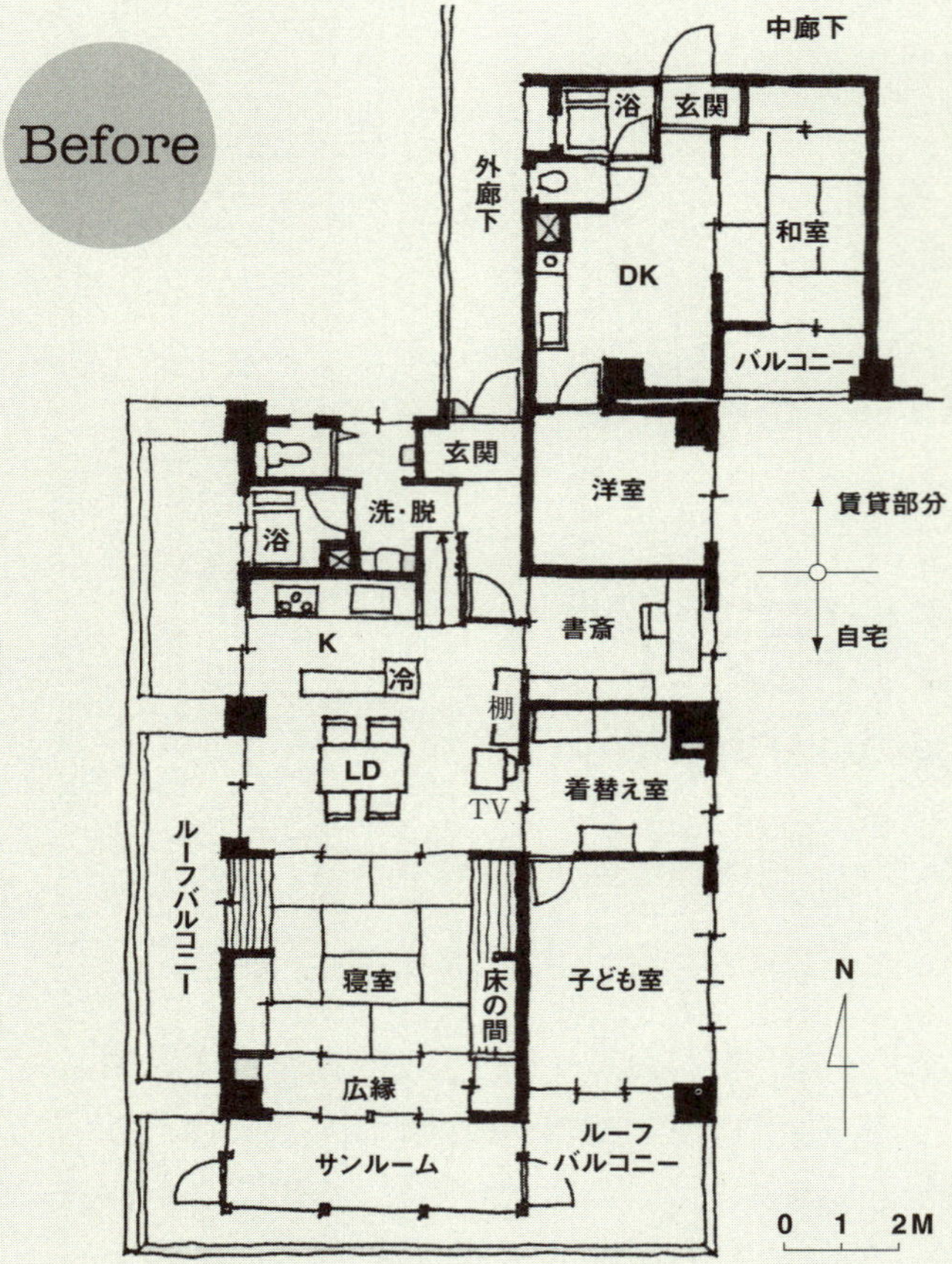

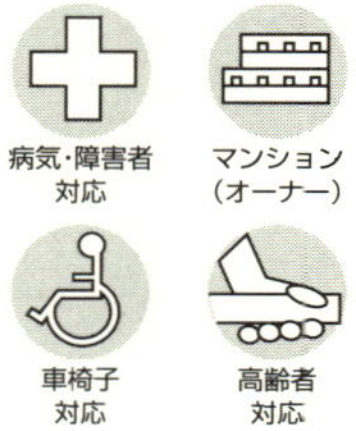

POINT

- ●マンションオーナーのTさんが、2住戸をつなげて介護向き住宅に改造。
- ●車椅子対応のトイレ・シャワー室を新たに設置。
- ●病気で直角に曲がれない母親のために、45度以内で曲がれる動線を確保し、手すりでつなぐ。

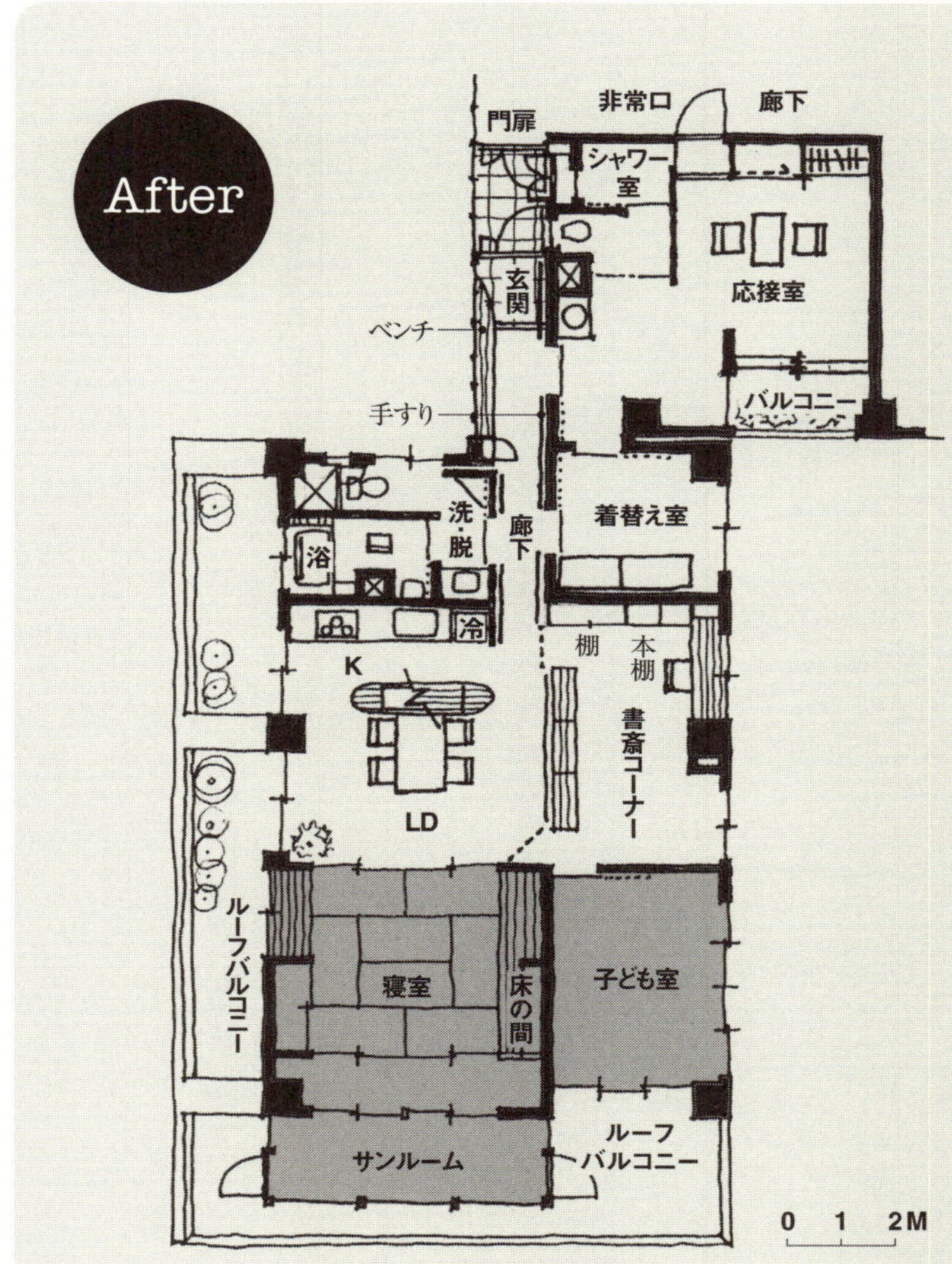

DATA

家族構成

Tさん	母	長女
（50代女性）	（80代）	（20代）

所在地	築年数	構造
東京都	22年	鉄筋コンクリート造 10階建の10階

通常、マンションリフォームは、コンクリートで区画された中でしか工事ができません。しかし、Tさんはオーナーということもあり、2住戸をつなげて1住戸にして、車椅子用トイレ、介助用浴室およびシャワー室をつくり、暮らしを大幅にレベルアップしました。

●リフォームするか住み替えるか

Tさんは、マンションの管理をしながら88歳の母親と娘さんと3人で暮らしています。お母さんがパーキンソン病で、常に介助を必要とするため、もっと介護のしやすい住まいにリフォームしたいと考えていました。

ところが雑誌や新聞で調べたところ、**マンションではリフォームに限界がある**ということがわかってきました。

「いよいよ住み替えなければならないか……でも、このまま住み続けたい」

となかなか決心がつかずにいたとき、『日経バリアフリーガイドブック』(日経事業出版社)で私の加齢配慮住宅の設計例を見て、相談の電話をくださいました。

●思い出がいっぱいのマンション

Tさんたちは、都心繁華街に建つ築22年の11階建てマンションの最上階に住んでいます。そこは以前、Tさんの両親が工場を営んでいた場所です。当時は従業員が50人ほどいて盛況でしたが、亡くなった父親が仕事をやめる際、マンションに建て替えました。

その頃に比べてまわりの風景も様変わりし、近所の人々も多くが引っ越したようですが、それでもまだ、ここにはお母さんの古くからの友だちがいます。両親が仕事をしていた頃の思い出もいっぱい詰まっています。

Tさんも、幼い頃からここで暮らしてきて、この土地に愛着があります。都心の真ん中という立地も、買い物や病院通いの便がよく、住み続けたい理由のひとつです。

●お母さんの日常生活

お母さんは普段、ダイニングの椅子に座ってテレビを見ています。身体の調子がいいときには、洗濯物を畳んだり食器を洗ったりします。ベランダの花に水をやること、インコに餌をやることも日課です。

ゆっくりとなら歩くことができますが、家具や壁に頼った**伝い歩き**です。病気特有の症状で、途中で**足がもつれて転ぶ**ことがありますが、一度転ぶと自力では立ち上がれません。Tさんは常に目が離せない状況です。

外出は多く、毎週病院にリハビリに行ったり公園に散歩に行ったりと、Tさんの運転でよく出かけています。

●水まわりの問題点

Tさんが一番困っていることは、浴室やトイレが狭くて介助しにくい点です。

また、パーキンソン病は身体のひねりや方向転換がきわめて難しいため、直角に曲がる必要のある間取りは大きなバリアとなります。今の間取りではトイレ・浴室まで何度も直角の方向転換を要し、辿り着くだけでもひと苦労。浴室の入り口でも、折れ戸の**アルミ製の下枠**が怖いようで、心理的にブレーキがかかりすくみ足になります。浴槽は**またぎ**が高く、お母さんには危険です（172ページのイラスト参照）。

お母さんの日常生活をよく観ていると、水まわりの狭さだけでなく、空間全体の連続性にも問題があるとわかりました。

●入り組んだ空間

トイレまでは**入り組んだ細い廊下**を何度も曲がらなければならず、健常な人でも使いにくそうです。

お母さんは、寝室からトイレまで、壁や家具を手すり代わりにして移動します。これは、長年培ってきた対応能力を駆使して運動機能を維持しているという点ではよいのですが、現状では**見通しが悪いところ**や**角**が多すぎます。もっと適した造りがありそうです。

また、Tさんは常にお母さんの様子を見ていたいのですが、仕事場にしている書斎が個室のため、充分に様子がつかめません。

今回の改修では、お母さんのこれまでの**自助努力を壊さない**ことを基本方針とし、さらに介助しやすく、家族全員が住みやすい造りに変えることにしました。お母さんも「私だけのためなら嫌だけど、みんなが喜ぶならいいよ」とリフォームに積極的です。

●2住戸を1住戸に

マンションリフォームでは、「区画内での

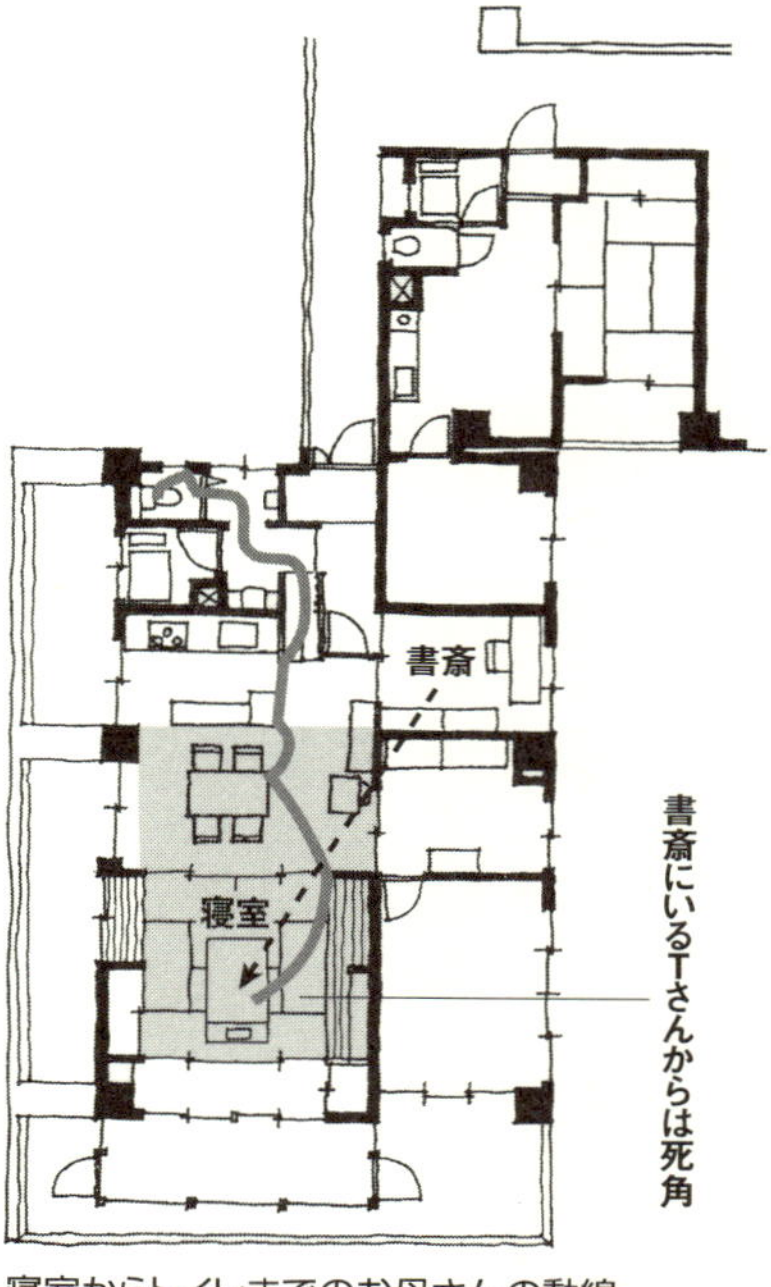

寝室からトイレまでのお母さんの動線
（これまでの住まい）

改修」という制約の中で依頼主の要望を少しでも多く取り込もうとして、間取りを大きく変更する傾向があります。こうなると、高齢者の身体に馴染んだ動線を維持することが難しくなり、高齢者は新しい間取りに適応するのが大変です。

幸いTさんから「**隣の空室をうまく利用**できないか」との提案がありました。オーナーならではの条件です。早速、隣戸を取り込んだ設計に着手しました。

住戸間の壁に、構造上支障のない範囲で出入り口を開けてつなげます。もちろん、開口部周辺にはしっかりと鉄筋補強をします。

●2つのトイレ・浴室

Tさんは、お母さんが車椅子生活になったときのことを想定して、既存の水まわりを車椅子対応にしたいと考えていました。しかし、これは配管の関係上、不都合が生じます。

また、車椅子対応にすることで、これまでお母さんが培ってきたつかまり歩きの習慣が失われ、車椅子生活を呼び込んでしまうように思われました。頑張ってきた人でも、もっと楽な環境があるとわかれば、そちらに移行してしまいがちです。

そこで、隣戸の方に**車椅子対応のトイレ**と**シャワー室**を別に設けることにしました。新設トイレは、楽に介助できるように充分な広さを確保しました。シャワー室は、車椅子のままでシャワーを浴びることができるようにし、天井の真下に**遠赤外線の暖房器具**を設置しました。

既存浴室の方は、最大限(と言っても50センチですが)奥行きを広げました。出入り口

遠赤外線の暖房器具
30ページ参照。

の段差は**またぐ部分を広く**して、その上に足をのせられるようにします。これならつまずかずに、一歩ずつしっかりと踏みしめて歩けます。

既存トイレは、奥まったところにあった便器を限界まで出入り口の方に移動し、床暖房を設置しました。こうして水まわりを2つ設けて、いざ車椅子生活を余儀なくされたときには、スムーズに移行できるようにしておきます。

さらに、お母さんが既存浴室、新設シャワー室のどちらを使っても着替えがスムーズにできるように、既存部分と増築部分の接点に**着替え室**を設けました。介助しながらの着脱には洗面脱衣室が狭いためです。以前の着替え室に比べて、浴室に近くなりました。

浴室〈Before〉

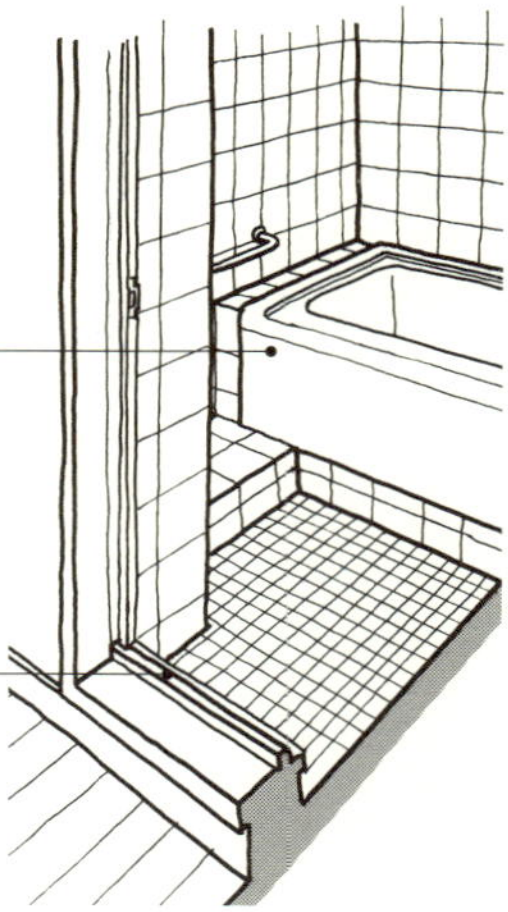

浴室〈After〉

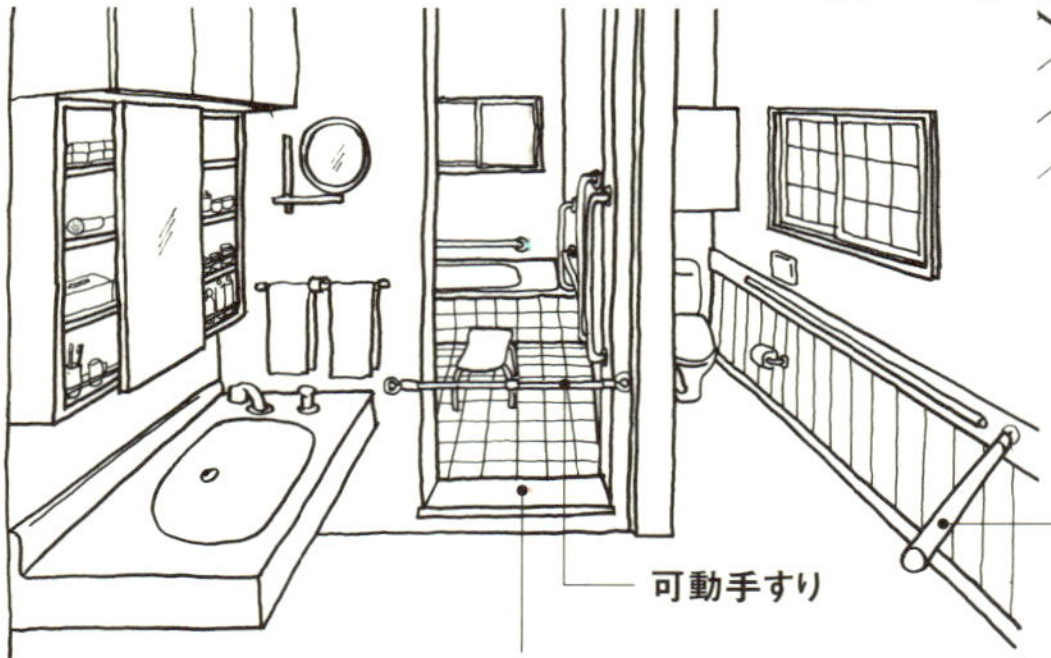

またぐ部分を広く
88ページ参照。

●適応力を見るための2段階工事

計画を進めるうちに、Tさんは「こんなに変えてしまったら、**お母さんが混乱するんじゃないかしら……**」と心配になってきました。

そこで、リフォームを**2段階**に分けて行い、様子を見ることにしました。恵まれた条件なのでできることなのですが、まずは隣戸の改造を先に行い、試しに生活してみます。お母さんが新たな環境に適応することができたら、既存部分にも着手するという方法です。

着工前からTさんはお母さんに、隣の部屋がどのように変わるのか、どこでつながるのかをその場に連れていって何度も説明しました。おかげで、お母さんの新生活はスムーズに運びました。

Tさんから「大丈夫そうです」という電話があったのは、住まいはじめて2カ月後でした。すぐに、これまでの住まいの改修の具体的な打ち合わせに入りました。

●LDからトイレまでの連続手すり

着替え室を増築部分に移したため、ダイニングキッチンをワンルームに造り替えます。〝ワンルーム化〟は私の定番の手法で、ひと

新たに設けた車椅子対応トイレとシャワー室

部屋の中にダイニング・キッチン・書斎をつくり、家具でセミオープンに仕切ります。見通しの利く開放的な空間になりますが、寒さ対策のために床暖房は欠かせません。

ワンルーム化は広々としてよいのですが、つかまり歩きをするための壁がなくなってしまうという問題点もあります。そこで、お母さんのこれまでの動線上に、**手すりつきのローキャビネット**を新たに据えることにしました。将来の模様替えに備えて三つ割りにし、取り外しのきくビス留めにします。

このキャビネットの延長線上に廊下・玄関が続き、トイレまで**連続した手すり**でつなげます。水まわりまでの経路は、すべて**45度以内の角度**で曲がれるように単純化しました。途中、出入り口でどうしても手すりがつけられないところは、伸縮性の可動手すりを採用することで連続性を保ちました。

●木の壁なら手すりが目立たない

パーキンソン病には、先にお話しした特徴のほかに、バランス機能の低下により**転倒が起きやすい**ことがあります。その対策として、LDの床は弾力性のあるウールカーペットを採用しました。キッチン・洗面所・トイレの床は、耐水性で弾力のある**コルクタイル**です。

壁は、全体の腰部分を**スギ板**にしました。木材は、車椅子が壁に当たっても凹んだりクロスがはがれたりという心配がありません。また、**手すりが目立たず**「連続手すり」のうっとうしさを緩和する役割も果たします。腰上部の壁は、調湿作用のある珪藻土で、**薄いピンク色**に仕上げました。

家具は、明るく自然な風合いが生きるピー

手すりが目立たず
177ページ参照。
薄いピンク色
145ページ参照。

ラー（米松）を使い、木目を生かした透明の自然塗料を施しました。

浴室とシャワー室の床は、暖かく足触りのよいこげ茶色のコルクタイルです。壁タイルは居室のイメージに合わせて、やはり薄いピンクにしました。

●意欲的にリハビリをするお母さん

広々としたリビングダイニングは、隅々まで視線が届きます。常にお母さんの様子がわかり、**適度な距離**があるので、

「始終顔を突き合わせている、という息詰り感がなくなりました」

とTさん。〝つかず離れず〟の関係はお互いの気持ちに余裕を与えるため、特に介護の場では重要です。

ベランダに面した掃き出し窓は、寒さ対策

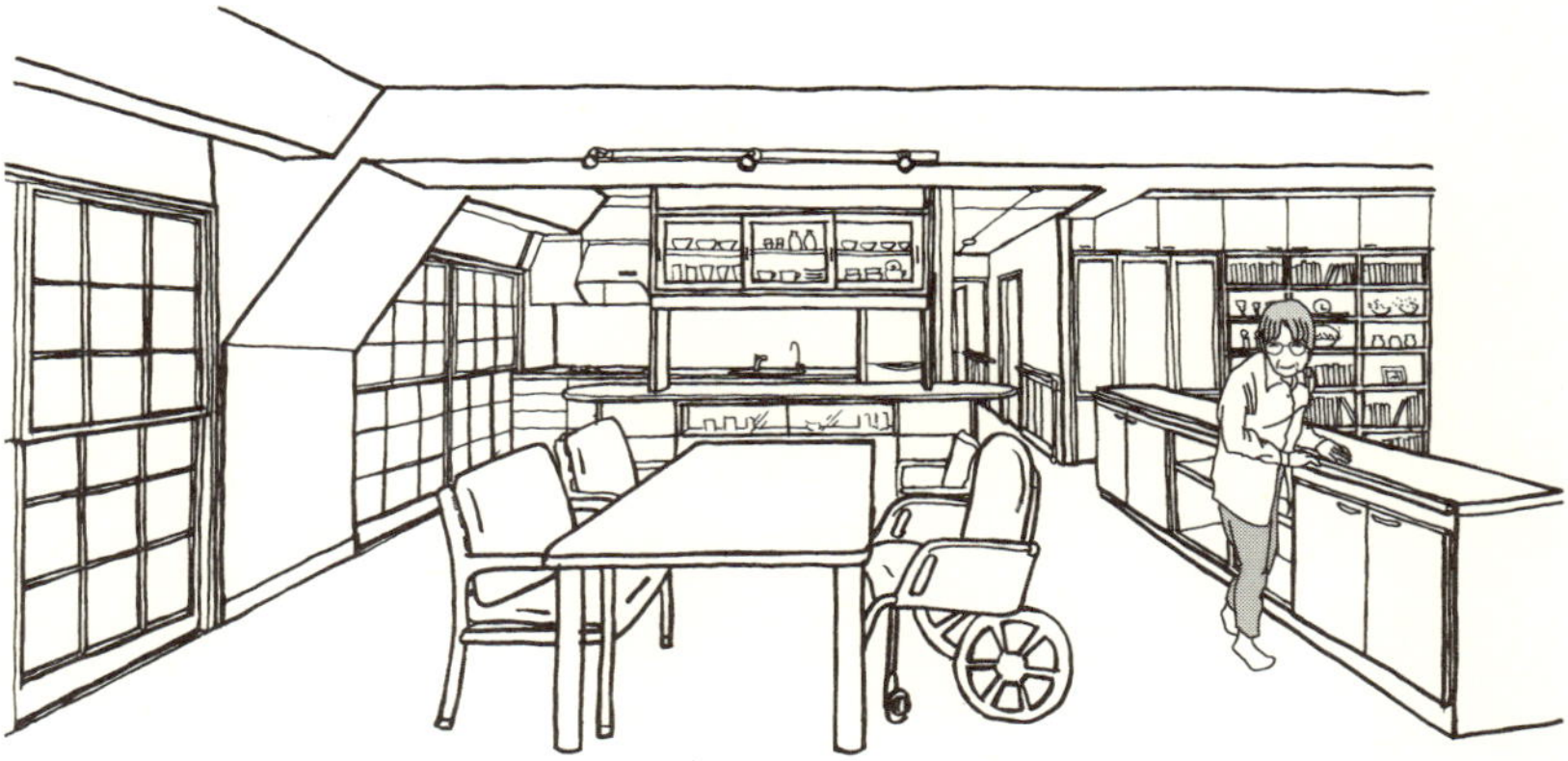

LDの手すりつきローキャビネットで、積極的にリハビリをするお母さん

としてペアガラスに取り替え、柔らかい光が入る障子を入れました。お母さんは、普段テーブルの前でテレビを見ていますが、広い青空や雲も見られるように「**空見障子**」と名づけた上の方だけ開く形式の障子にしてあります。

広くなった新しいお風呂はお母さんに好評。Tさんの介助を受けながら、肩までゆったりお湯につかって満足しているそうです。

このリフォームは、家族だけでなく、介護のプロからも評価されました。介護保険サービスの訪問介護の方は「入浴介助がとっても楽になった」と喜んでくださいました。保健所の方やヘルパーの方々が、見学に来たそうです。理学療法士さんも、この手すりを使って在宅での歩行訓練指導をします。

お母さんは、以前よりも歩くことに意欲的になりました。ひとりで手すりにつかまって、一生懸命に歩こうとします。転んだときには、以前なら伏せたまま助けを待つだけでしたが、今では片手を床について身体を支え、もう一方の手を縦手すりに伸ばしてつかまり、身体を引き寄せてどんなに時間がかかっても自力で起き上がろうとします。

毎日の暮らしが、リハビリそのものです。

……………………………………加部

ADVICE

目障りにならない

おしゃれな手すり

家具を手すり代わりに

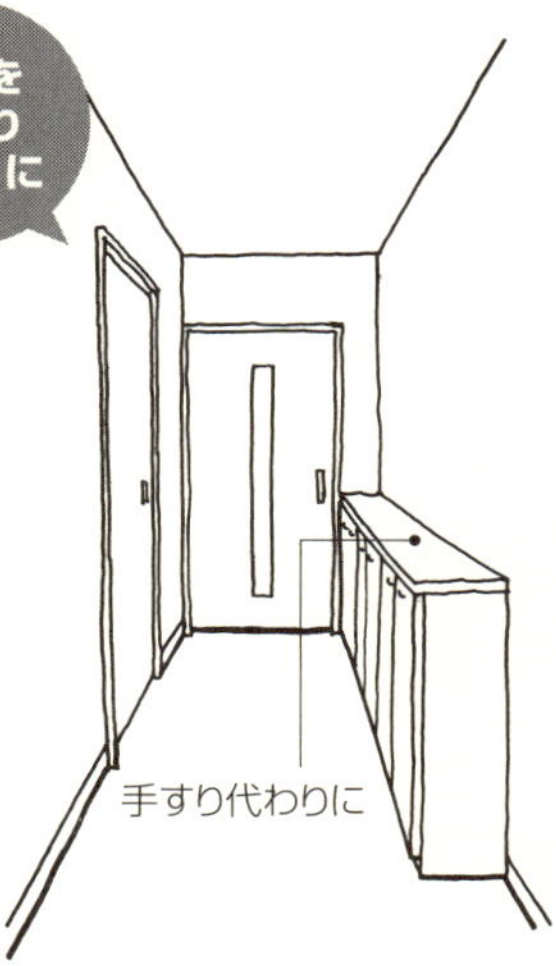

デザインに溶け込ませる

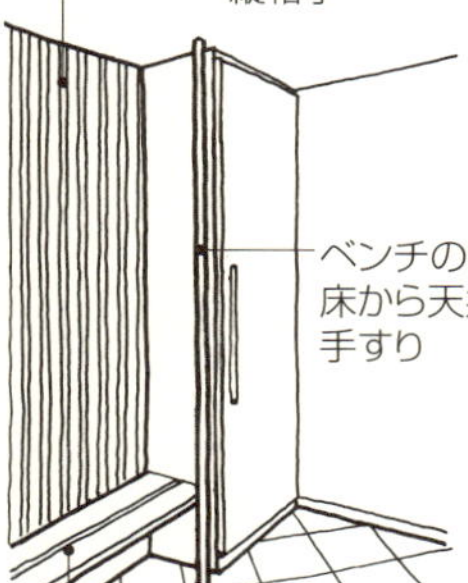

壁と材質をそろえる

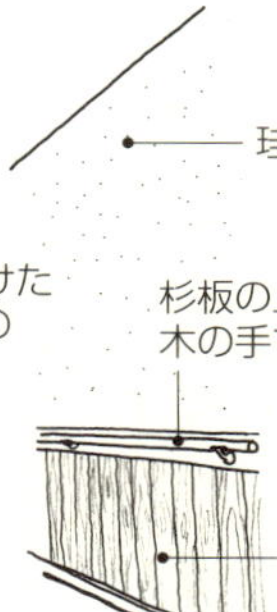

出窓を利用

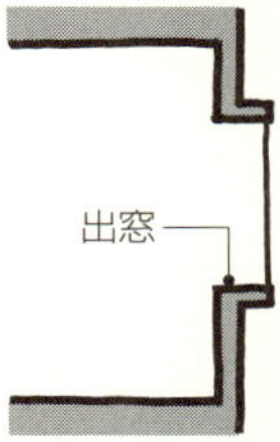

断面図

限られた時間と費用で、車椅子で暮らせる住まいに

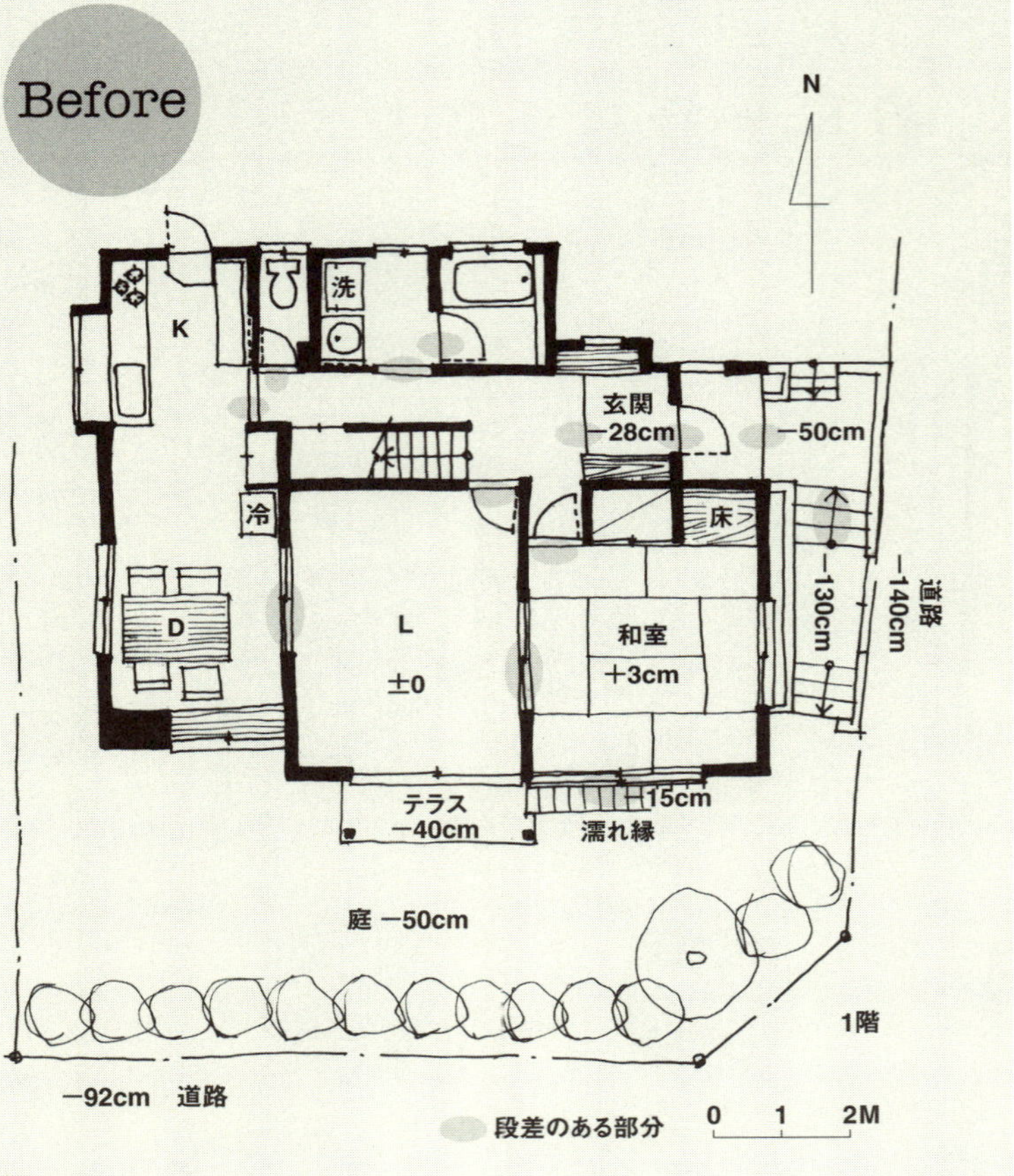

車椅子
対応

戸建て

病気・障害者
対応

低予算
約420万円
(＊外まわり100万円、水まわり220万円、居室100万円)

POINT

●脳出血で倒れて左片麻痺の残ったYさんが、帰宅しても寝たきりにならないように。

●コスト節減の水まわり。

●車椅子での出入り用に設けた、バルコニーから道路までの緩やかな階段。

After

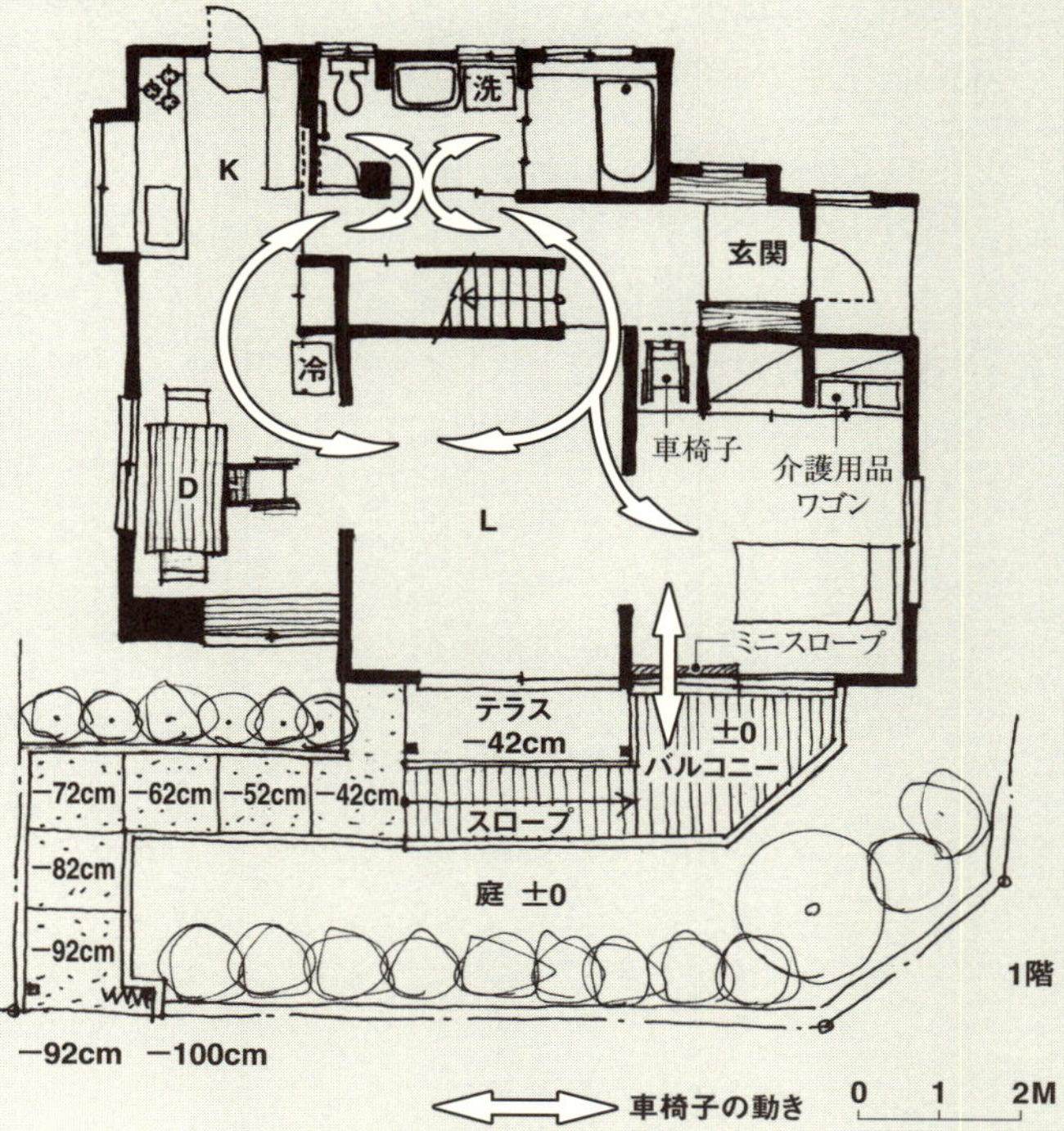

DATA

家族構成

Yさん（50代男性）	妻（40代）

所在地	築年数	構造
神奈川県	18年	木造2階建

●障害者向けリフォームの相談窓口

地域の社会福祉協議会が行っている「障害者・高齢者のための住宅改造現地相談」に、建築士として関わっています。ご紹介するのは、そこでの事例です。

55歳のYさんは脳出血で倒れ、左片麻痺と言語障害が残りました。半年以上入院してリハビリに励みましたが、「これ以上の回復は無理」と判断され、退院を勧められました。身障手帖1級、要介護度3です。

妻は「退院してきても、**今の住まいでは寝かせきりになってしまう**」と相談の電話をかけてきました。市の広報に出ていた小さな記事で、この相談窓口を知ったそうです。

Yさんの退院までに、急いでリフォームすることになりました。公的サービスのため時間的な制約があり、本人には会えないままのリフォームになってしまいましたが、入院先の理学療法士にもプランを見てもらいながら進めていきました。

今回の目的は5つ。

①健康で安全な住まいにする。
②Yさんの残存能力を生かす。
③Yさんの自立を促す。
④Yさんの生活エリアを拡大する。
⑤妻の介助を軽減する。

具体的には、室内での移動がしやすく、トイレ・浴室で楽に介助ができ、通院などの外出をしやすくします。長く介護を続けるには、「**介護者にとっても楽な住まい**」という視点も必要です。

●車椅子で家中回れる造り

症状や年齢から、移動は「介助式の車椅子使用」というのが病院側の判断です。車椅子の場合、かなりの改造が必要になります。

Yさん宅は木造2階建てです。2階に夫婦の寝室と今は使われていない子ども室、1階の南側に和室、リビング、ダイニング、北側に水まわりと玄関があります。角地にあって道路より高いため、日当たりがよく庭木も生き生きとしていました。後遺症さえなければ、このまま10年、20年と住み続けられたでしょう。

生活のすべてを1階に移しても、広さは充分。ただし、1階には段差がたくさんありました。和室は3センチ高く、各ドアの下枠が1・5~2センチあり、トイレ・浴室にはまたぎ段差があり、これでは車椅子でなくても高齢者などには危険です。ドアの幅も狭く、車椅子では通れません。

和室、リビング、ダイニングの建具をはずして床をフラットにし、自由に行き来できるように。またキッチンの敷居を削ってスムーズにし、**ドアはすべて引き戸**に替えます。

これで、家中を車椅子で回れるようになりました。**行き止まりがない造り**なので、気持ちがゆったりするのではないでしょうか。リハビリも少しは楽しくできるのではないかと思います。

●限られた時間・費用で車椅子対応に

1帖のトイレは面積としては狭いと言えませんが、ドアが内開きで、さらに2階の排水パイプスペースが入り口を狭めていて、このままでは介助は不可能でした。

病気や障害のためのリフォームは、時間と費用をかけすぎずに効率よく進める必要があります。時の経過で症状が変化することが多く、リフォームが終わる頃にはすでに使えなくなることもあるからです。

今回、トイレのドアは残したまま、洗面所との境の壁を一部残して取り払い、洗面所側から使えるようにします。トイレ・洗面所・浴室の床を廊下の高さに揃え、便器は床に合わせて5センチ上げて再利用しました。

左麻痺なので車椅子を便器の手前に横づけし、右手で縦手すりにつかまって立ち上がり、向きを変えて便器に座ります。ズボンの上げ下ろしさえ手伝ってもらえば、あとは自分でできます。

洗面所の洗面器は車椅子で使用できるものに替え、位置を移動しました。浴室も段差解消と寒さ対策から、ユニットバスに替えました。ベッドで着替えてシャワーチェアーに乗り、そのまま浴室に行けばよいので、シャワー浴なら妻ひとりで介助ができます。

●もっと庭を楽しめるように

敷地が高いため、玄関から入るとなると1・4メートルもの高低差があります。急な階段を上り下りしなければならず、車椅子での出入りは無理そうです。

玄関と反対側の庭のはずれならば、道路と

トイレと洗面所の壁を取り払い、介助しやすく

床の高低差は1メートル足らず。そこで、こちら側に車椅子用の出入り口をつくりました。

和室の濡れ縁を大きめのバルコニーに変え、ここから室外へ出られるようにします。この先をスロープにすると、15メートル以上必要で、庭を全部つぶさなければなりません。庭は妻の趣味でもあり、Yさんの目を楽しませてくれる大事な空間。なるべく土のまま残したい……。

そこで、一段ずつが踊り場のような、ゆったりとした階段にしました。幅が広く段差が小さいので、車椅子でも上り下りは簡単です。乗る側にとっても、この方がスロープより安心のようです。

バルコニーは、妻が部屋を掃除しているときの避難場所として、また散髪の場として大活躍。日光浴をしたり草花を眺めたりして楽

スロープよりもゆったりとした階段の方が安心感がある

しんでいるそうです。妻の方も、洗濯物を干しながら見守れるので、安心してゆったりとした気分で家事ができるようになりました。

●介護用品の収納場所

1年後に伺ったところ、介護保険のケアプランもでき、入浴はヘルパーさんにしてもらい、訪問看護でリハビリを行っていました。妻にもゆとりの表情が見えました。退院までの慌しいリフォームでしたが、なんとか目的は達成されたようです。

新しい生活がスタートして、さらにいくつか気になる点が出てきました。介護用品の収納場所がほしい、元は和室だったYさんの部屋の床の間と押入れがそのままになっているのでどうにかしたい、とのこと。

床の間と押入れを、**介護用品置き場**に造り

バルコニーで妻に髪を切ってもらうことも

替えました。物入れの床は埃が入らないように一段高くすることが多いのですが、**フラットにしてキャスターつきワゴン**を入れれば、掃除も楽で埃もたまりません。介護用品はつい出しっぱなしにしがちですが、ワゴンなら出し入れが簡単なので、片づける習慣もつきます。

使わないときには車椅子をちょっと仕舞えると嬉しい、とのことだったので、Yさんの部屋のドアがあった場所を**車椅子置き場**にしました。廊下と居室の両方から使えます。

1階のすべてを車椅子で回れるようにしたことで、物理的にも心理的にも不自由度が軽減されたことでしょう。住まいの工夫が、介護する側・される側双方の気持ちにゆとりをもたらしました。……………………今井

ADVICE

障害対応の改修には

医療・福祉・建築のチームワーク

障害対応のリフォームは急を要することが多いのですが、医療・福祉・建築のそれぞれの専門家がチームをつくり、住宅改造にあたるのがベストです。

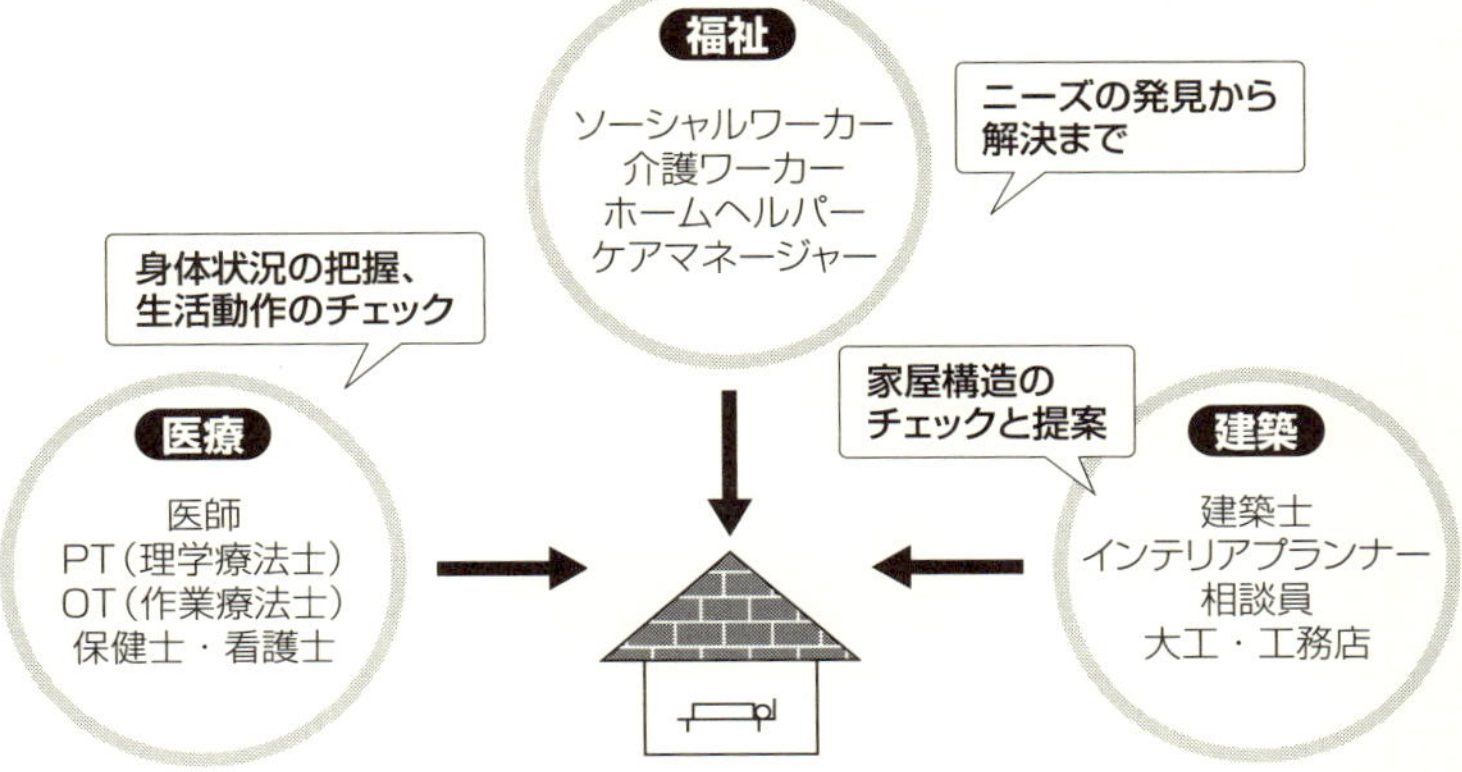

病院みたいな家はイヤだから、さりげない工夫で車椅子対応に

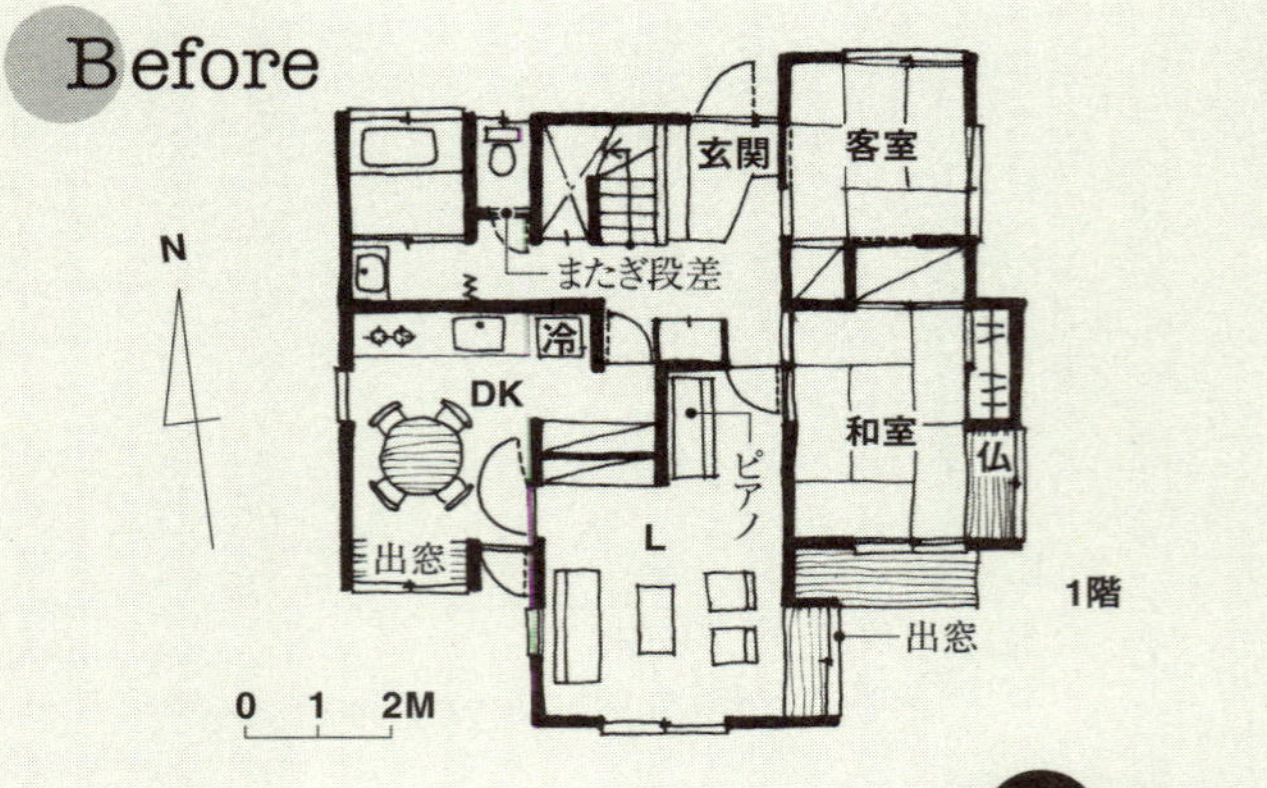

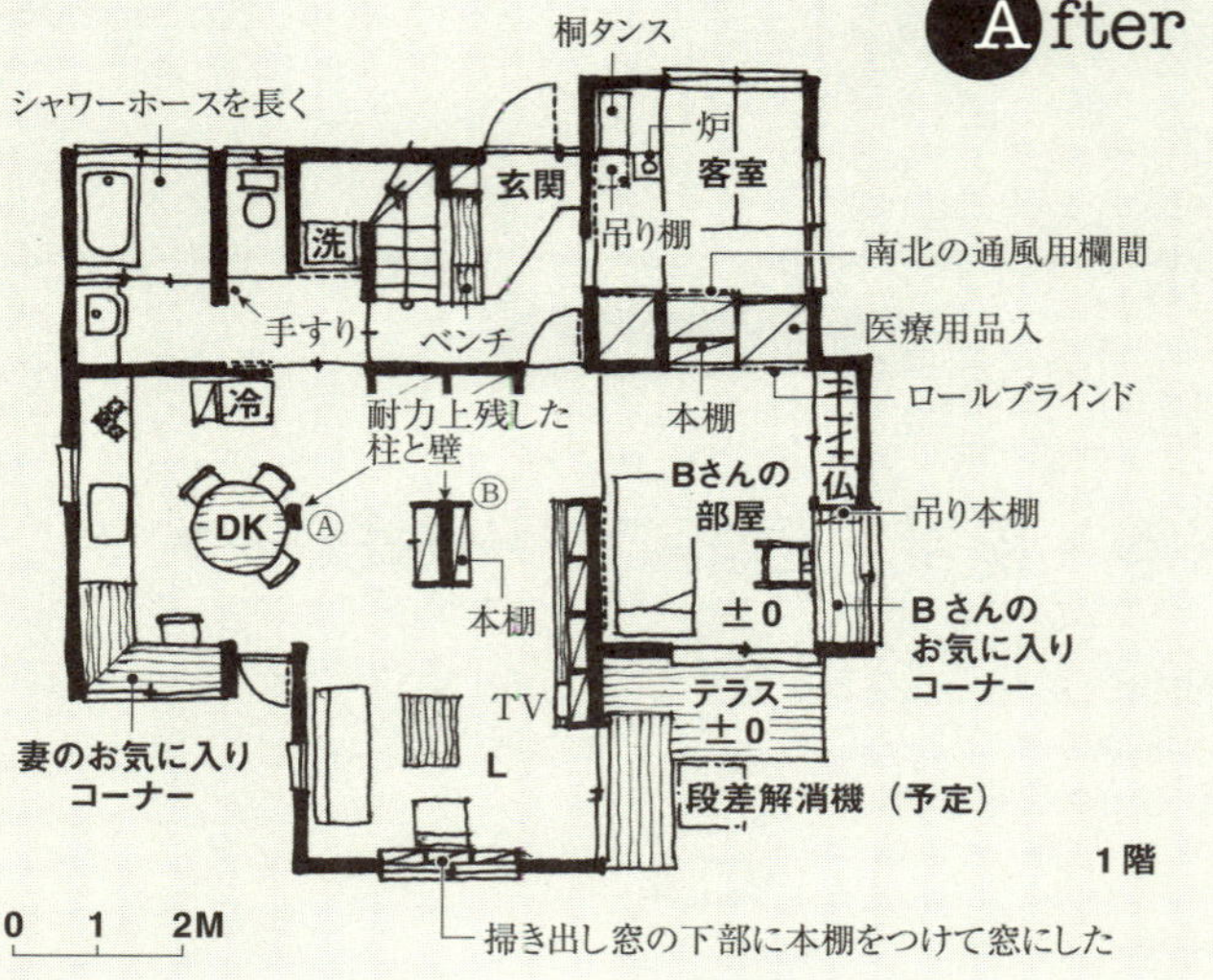

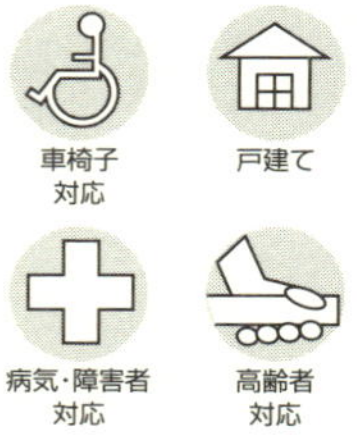

DATA

家族構成

Bさん	妻	長男
（50代男性）	（50代）	（20代）

所在地	築年数	構造
神奈川県	18年	木造2階建

POINT

- 働き盛りのBさんが脳梗塞で倒れ、車椅子生活に。自宅での生活も趣味も諦めたくないので、住まいを改修。
- Bさんも妻も、それぞれが楽しく暮らせるように工夫。

●病はある日突然に

Bさんは、忙しくもやりがいのあるサラリーマン生活を送っていました。一方、妻は、子どもたちが成人して義母を看取った後、やっと自分の時間ができて趣味やスポーツ、友だちづき合いなどで充実した日々を送っていました。

ところがある日、突然Bさんが脳梗塞で倒れてしまい、幸い命は取り留めたものの、右片麻痺と言語障害の後遺症が残ってしまったのです。嚥下障害もあったため、当初、自宅での生活は難しいのではないかと言われていました。

しかし、働き盛りで倒れてしまったBさんにとって、やりたいことがやれずプライバシーも少ない病院での生活は耐えがたかったようです。「**何としてでも家に帰りたい**」との一心からリハビリに励みました。

その甲斐あって、医師から「自宅での生活が可能」と判断され、退院の許可をもらいました。妻も、諸手当の仕方を覚えました。あとは、住まいを整えるだけです。

●定年後が楽しくなるように

Bさんは、何かにつかまれば数歩歩ける状態でしたが、基本的に**車椅子使用**です。車椅子対応の住まいに改修することになりましたが、Bさんの希望は「**病院のようにしないでほしい**」というもの。

Bさんが倒れる前、夫妻は子どもたちの独立後の生活のために、住まいのリフォームを考えていたところでした。そこで、車椅子対応にした上で、さらにこれからの生活が楽しくなるような住まいを目指しました。

●部屋と部屋をつなげる

Bさん夫妻は日本人には珍しく、プライバシーの考え方が徹底しています。3世代が同居していた個室型の住まいには、それがよく表れています。

Bさんたちはこの家を上手に使いこなしてきましたが、今では家族が減ったために使われていない部屋があります。また、今後の介護を考えると、相手の様子がわからない個室型では不自由しそうです。

これまでは、それぞれ明確な機能を持った部屋が廊下でつながっていましたが、今後は**部屋同士をつなげて機能をだぶらせ**、広々と使うことにしました。

●建物の強度に注意

ダイニングキッチンとリビングの間の壁とドアを取り払い一部屋とし、リビングの隣の亡くなったお母さんの部屋を、Bさんの部屋に改造します。

リビングとBさんの部屋の間は一間幅の引き戸にして、妻が台所仕事をしながら見守れるようにしました。もちろん、引き戸を閉めてしまえばプライバシーは保たれます。

部屋をつなげる際、壁をきれいに取り払ってしまわずに、**構造上必要な柱・壁**は残しました。柱（間取り図中Ⓐ）にはインターフォンやスイッチを取り付けて有効利用し、壁（Ⓑ）の両面には家具を造りつけ、邪魔にならないようにしました。

部屋をつなげたり開口部を広げたりすると

きに、重要な柱や壁を抜いてしまって建物の強度に問題が生じることが多々あります。壁などの量が少なくなりすぎないよう慎重にしないと、せっかくのリフォームが台無しです。

●一方通行でも大丈夫

車椅子の場合、かなり廊下を広げなければならないと思われるかもしれませんが、曲がったり回転するためのスペースを上手にとれば大改造しなくてすみます。人と車椅子がすれ違うほどの幅がなくても、ぐるりと一周できる動線にしてあれば大丈夫です。

身体が不安定だと家具にぶつかることも多く、また地震で家具が倒れるのも心配なので、家具はすべて壁に造りつけました。

車椅子のままで手の届く範囲に物を収め、下部は取り出しやすい引き出しにし、本やビデオも人手を借りずに取れるように工夫しました。

●Bさんの書斎コーナー

普段は忙しくて2階の書斎を使うこともなかったBさん。定年退職後は好きなだけ本を読み、録りためておいたビデオを見、歴史について文章を書こうと計画していました。今回1階に部屋を移すにあたり、書斎としても使えるようにしたいとのこと。

そこで、仏壇を置い

リビングの収納。本やビデオは下部の引き出しにあり、車椅子のままで取ることができる

てあった床の間に書斎コーナーをつくりました。**車椅子のまま使える机**、**左手で出し入れできる引き出し**、小さな本棚を設けます。仏壇は、洋服ダンスの一部を改造して、そこに移しました。

机の前はブラインド内臓のサッシです。外から中の様子は見えませんが、中からは羽の調節によって、道を歩く人の姿や向かいの家の木も眺めることができ、パソコンで疲れた眼を休ませてくれることでしょう。

Bさんの部屋の床は**コルク**を使用し**床暖房**を設置しました。テラスをリビングのテラスとつなげて、外からもぐるりと回れるようにしました。少しでも外気に触れ、庭の木々に親しんでもらいたいからです。

将来、車椅子のまま外に出るようになったときのために、テラスの一角に**段差解消機**をつけられるようにしてあります。

●妻のミシンコーナー

妻は手芸が趣味なので、家事や介護の合間に裁縫ができるように、ミシンや布を出しっぱなしにしておけるコーナーを設けます。

今まで壁に向かっていたキッチンを、炊事を楽しめるように窓のある壁側に移し、流しのカウンターを延長して南面の出窓とつなげ、ミシンコーナーをつくりました。ここに座って作業をし、時には手を休めて庭の草花を眺めていると心が休まるそうです。

床暖房
79ページ参照。

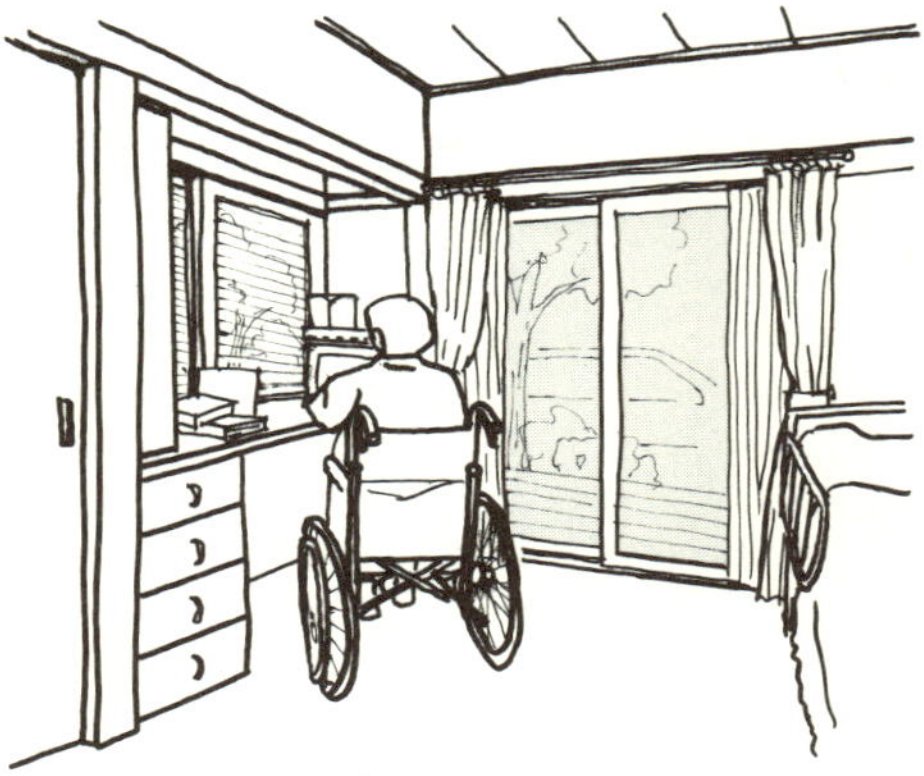

定年後、夫婦が一日中一緒に過ごすようになると、お互いひとりになれる空間が必要です。でもBさん夫婦のようにいつも見守る必要がある場合には、相手の気配がわかる範囲でそれぞれのコーナーをつくるといいでしょう。お気に入りのコーナーで好きなことをしていると、身体が不自由なことも気にならなくなるのではないでしょうか。

●水まわりを広げず使用可能に

浴室は１坪あるので広さは問題ありませんが、段差がありました。トイレにもまたぎ段差があったので、水まわりをフラットにするリフォームをしました。

浴室の床をかさ上げして洗面所の床と高さを揃え、**3本引き込み戸**にしました。これで車椅子のまま浴室に出入りができ、洗面所で

窓のある壁側に移動したキッチン

ミシンコーナーで庭を見ながら手芸を楽しむ妻

のターンも可能になりました。

入浴は人手があるときだけ浴槽に入り、普段はシャワー浴中心です。**シャワーホース**は通常1・5メートルしかないので、特注して長いものにし、向きを変えずに背中も洗えるようにしました。**手すり**は**タオル掛け兼用**にして、さりげなく取り付けてあります。

洗面所の洗面器は車椅子対応のものに交換し、アコーディオンカーテンも撤去してすっきりさせました。階段の手前に折れ戸をつけて水まわりを仕切ってあるので、居室から洗面所まで廊下に出ることなく移動が可能になりました。

トイレの使用は、車椅子でトイレの前まで行き、出入り口につけた縦手すりにつかまって立ち上がります。引き戸を開け、フラットになった床を一、二歩進み**壁に身体を預ける**

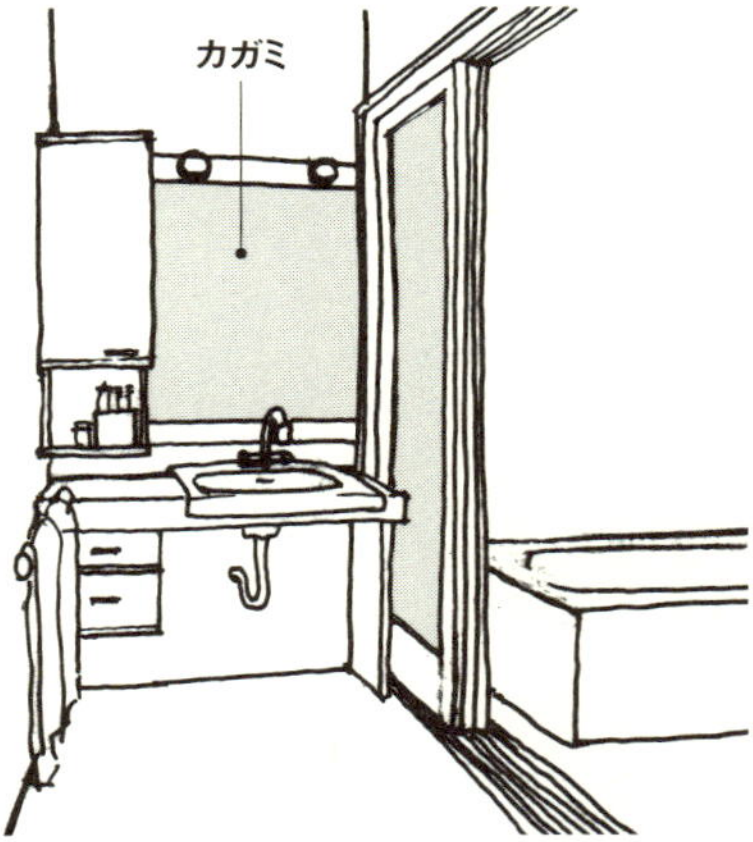

フラットになった洗面所・浴室

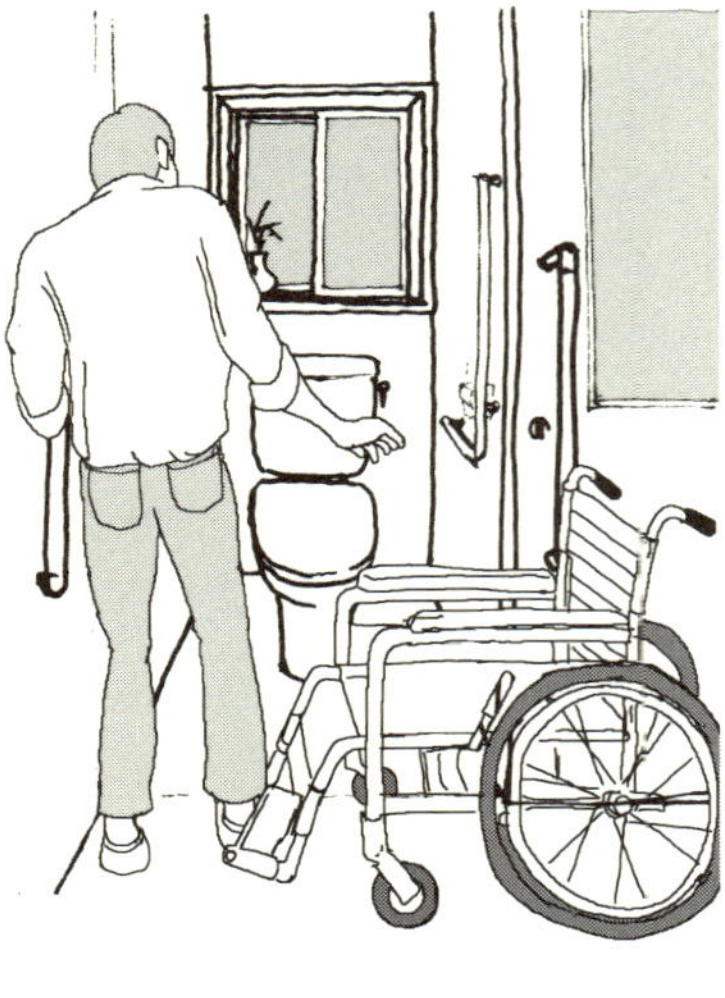
トイレの前で車椅子を降りて
立ち上がって用を足す

ように支えて用を足します。**狭いことがかえって安心感**を与えるようです。

引き戸は壁の寸法いっぱいに開くようにして、介助が必要な場合に備えておきます。トイレの前にはリビングへの引き戸があり、これを開ければ車椅子の回転も難なくできます。

●玄関も楽しく機能的に

玄関は外部との接点なので、その家の第一印象を左右します。Bさんは「この住まいは障害者用です」と言っているような玄関は嫌だと言います。

玄関から車椅子のまま外へ出るとなると、スロープや器具を設置しなければなりませんが、外出は通院だけなのでその必要はなさそうです。玄関で車椅子を降りて車に乗り込み、病院で車椅子を借りればよいのです。

駐車スペースは居室のテラスの前にあり、そこに段差解消機を設置できるようにしてあるので、いずれはテラスからの出入りになりそうです。

玄関の靴入れは収納力が不足しており、全身の力がかかったりすると少し動くので、造りつけにすることに。壁面いっぱいにつくると圧迫感があるので、3種類の高さにしました。

最も背が高いものは天井までとし、たくさん靴を入れられるように。2番目に高いものは80センチにして手すり代わりとし、最も低い30センチのものは腰掛けて靴の着脱ができるようにしました。

●それからの暮らし

リフォームの2年後、電話をいただいてお

邪魔しました。Bさんの症状も安定して、おふたりとも今の生活に慣れてきたようです。

退院直後、「何かあっては大変」とBさんの部屋の押入れで寝ていた妻も、今では2階の寝室で休めるようになりました。心配で長時間の外出もできませんでしたが、今ではゆっくりできるようになったそうです。

そこで、前回のリフォームではできなかった部分を直したいとのこと。Bさんは手元に置いておきたい本がたくさんあるので、妻がベッドにしていた押入れを改造して、本と医療品を収納できるようにしました。

Bさんの部屋と欄間でつながっている4帖半の和室は、炉を切って隅棚をつくり、お茶室にも使えるようにしました。

2階の書斎は納戸に、玄関上部の吹き抜けには手すり兼用の本棚をつけて妻の書斎コーナーに……と小さなリフォームですが、ふたりの**暮らしの中から出てきた要望**です。

これからも、年をとったり家族が変わったりで、いろいろな要望が出てくるかもしれません。大きなリフォームでなくても、畳替えのついでに炉をつくるといったことで、生活が楽しく豊かになればと思っています。

……………………………………………………今井

玄関の3段収納

ADVICE

廊下が狭くても大丈夫

車椅子の動線

直接部屋から部屋へ

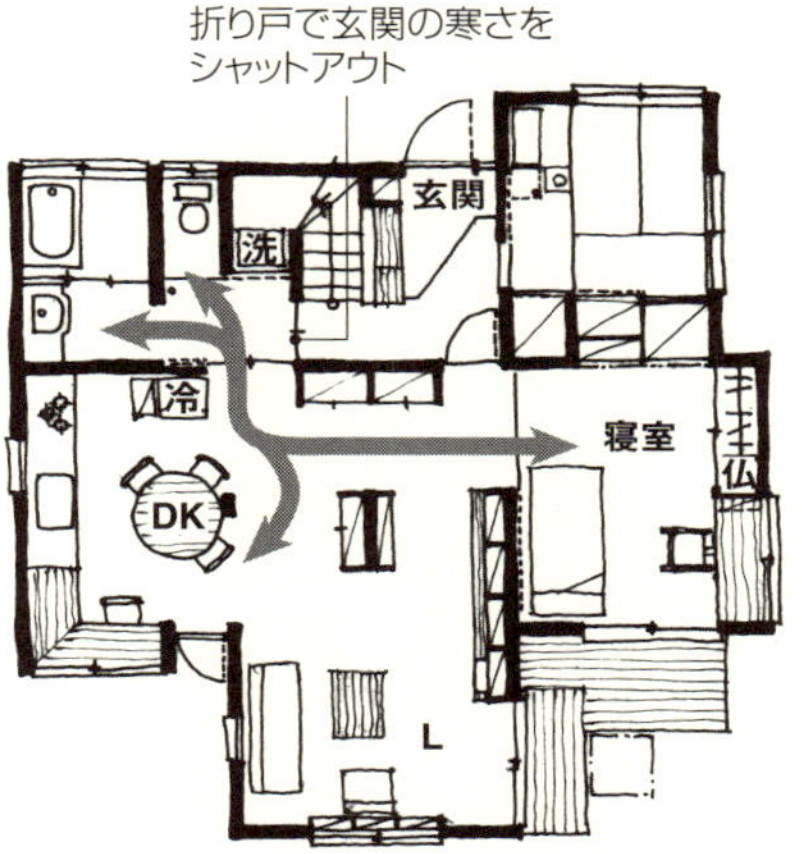

廊下は寒くて狭いことが多いので、廊下に出なくてすむように部屋と部屋を直接つなげる。

間口を広くとる

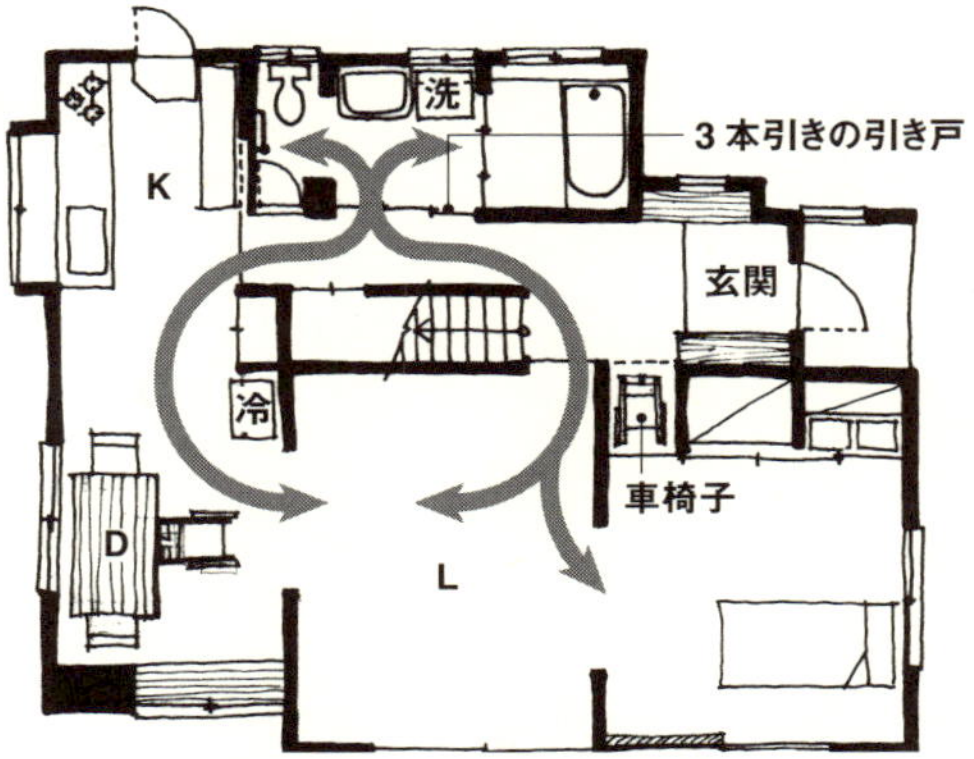

廊下幅がとれない場合、部屋の中で回転できるよう、建具の間口を1m以上確保する。

車椅子のお母さんがひとりで留守番、炊事・洗濯まで難なくこなせる住まい

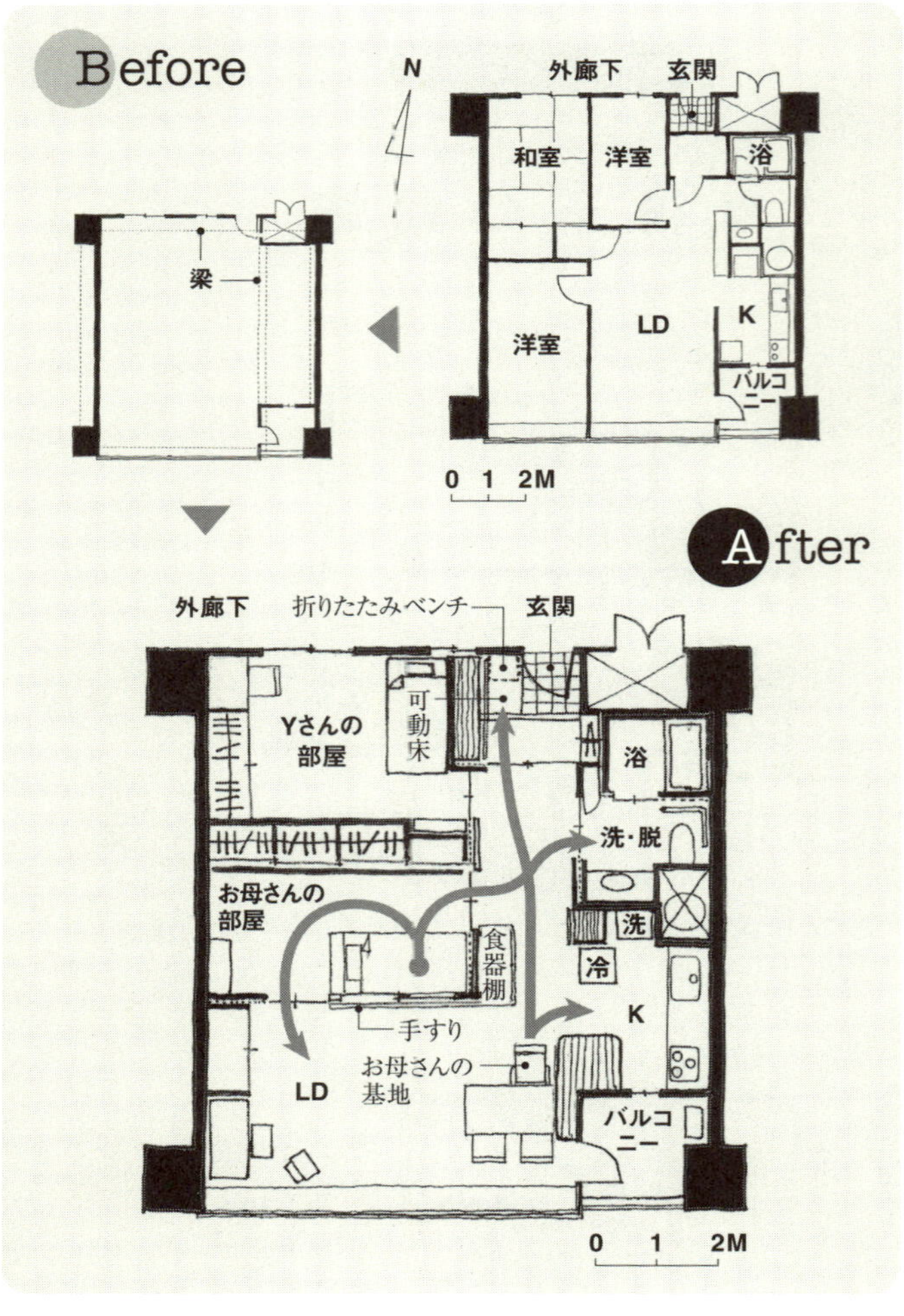

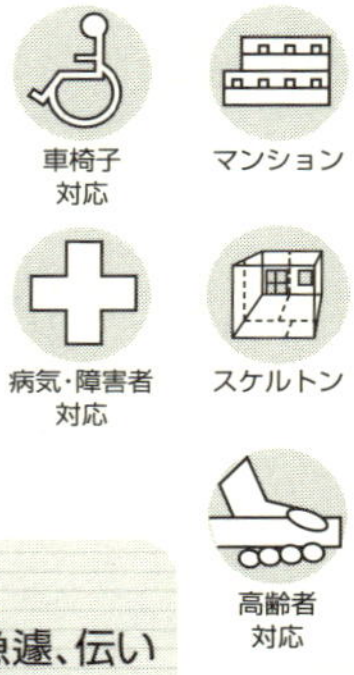

DATA

家族構成

Yさん（30代女性）　母（60代）

所在地	築年数	構造
神奈川県	23年	鉄骨鉄筋コンクリート造26階建の3階

POINT

- 母親が脳出血で突然倒れ、急遽、伝い歩き＆車椅子対応の住まいに。
- エレベーターつきマンションに住み替え、スケルトンリフォーム。
- 母親が快適に自立生活を続けられるように。

日頃元気でも、脳出血などで突然倒れることがあります。車椅子や杖の生活になると、住まいの改修なしには自立生活を続けられないケースがほとんどです。

Yさんは母親とふたりで暮らしていましたが、ある日、買い物から帰った母親が突然玄関で倒れました。幸い一命は取り留めましたが、右片麻痺が残りそうです。

Yさんは日中働いているため、つきっきりで面倒を見ることはできません。昼間母親がひとりで過ごせるように、退院までに住宅改造を行う必要があります。期間は約3カ月。

それまではエレベーターなしのマンションの3階に住んでいましたが、急遽エレベーターのあるマンションに住み替えて、リフォームすることになりました。

伝い歩きになるのか車椅子になるのかは、わからないままのスタートです。

●お母さんが自立生活できるように

新しいマンションは駅や病院に近く、部屋も広くて見晴らしがよいのですが、間取りが思わしくありません。いろいろと問題はありますが、一番のネックはトイレとお母さんの寝室の位置関係です。

一般的に、入浴と食事のみ介助を要する段階なら自立生活を送れますが、排泄までとなると自立生活は難しくなります。**ひとりでトイレに行ける**ということは、自立生活の最後の砦なのです。

既存の間取りでは、どの部屋も寝室からトイレに行きにくいばかりか、洗面所、浴室、玄関までも車椅子で行くには狭すぎ、伝い歩きにも不向きです。そこで、コンクリートの骨組みだけを残して**スケルトンリフォーム**し、住戸全体を再構成することになりました。
　お母さんの快適な自立生活を目指します。退院後のお母さんの身体状態や回復力について**理学療法士さんから詳しく聞き**、日常生活にまつわることはYさんから話を聞きました。

●LDにお母さんの「基地」をつくる

　お母さんが一番長く過ごすリビングダイニングを南側につくり、間口をいっぱいにとりました。個室、水まわり、トイレまでの経路を単純化します。
　今後の容体が読めないため、**車椅子でも伝い歩きでも**暮らしやすいようにしておきます。室内は細かく仕切らず、通路・出入り口を広くし、引き戸は軽くして、動線部分に連続した手すりを設けました。

　お母さんが長く留まる場所は、Yさんと特に念入りに打ち合わせを重ねました。そのひとつに、ダイニングテーブルと一体化した「食器棚カウンター」があります。窓から駅向こうの高層マンションや雲の流れがよく見える席を選び、お母さんの「**基地**」にします。ほとんど室内の生活となるので、景色が見えることは重要です。
　その席を中心に、手の届く範囲を密に計画します。食器や電子レンジ、電気ポットなどを使いやすいように並べ、カウンターの下は車椅子の回転のためオープンにします。

スケルトンリフォーム
62ページの注参照。
理学療法士さんから詳しく聞き
185ページ参照。

ダイニングに設けたお母さんの「基地」

また、毎日配達されるお弁当を玄関まで取りに行きやすいように、「基地」と玄関を直線で結びました。玄関土間の段差には可動床を敷いたので、扉まで平らな床が続きます。

●お母さんの寝室

お母さんの寝室は、トイレの近く、かつYさんの部屋と隣り合わせに配置します。リビングとの境に開けた**障子窓**を介して、光を採ります。この窓を通して、DKにいるYさんの**気配も感じられます**。

片側麻痺の伝い歩き生活の場合、Uターンの必要な動線では不便です。一方向のみに進める**回遊型**が望ましく、**出入り口は2カ所**設けました。

壁一面を使ったクローゼットは、**軽い引き違い戸**を開ければ、すべてを見渡せます。お母さんがひとりで衣類などを出し入れできるように、手の届く高さに物を集中させました。

将来、Yさんが夜中に介護で行き来することを想定し、Yさんの部屋との間仕切り壁の一部をビス留めにして、簡単にはずせるようにしました。

気配も感じられます 134ページ参照。
軽い引き違い戸 202ページ参照。

●要介助者の身体に合わせる配慮

トイレ・洗面所は一体にし、お母さんの身体に合わせて手すりを設けます。配管の制約上、便器の配置替えはできませんでしたが、運よくコンパクトサイズの便器が新発売され

たので即採用。空間に余裕ができ、その分ワンサイズ大きいユニットバスが入りました。

ユニットバスも、入り口段差がさらに小さくなった新製品を使用。最近の既製品の進化は目覚しいです。

各部屋の出入り口はすべて**引き戸**、収納には**引き違い戸**を用います。**照明スイッチ**や**インターホン**も、無理なく手が届き、扱いやすい形状のものにします。

空間全体の色彩は、**柔らかさ、暖かさ、落ち着き**を追求して暖色系で統一しました。壁と天井は木片チップ入りの紙壁紙にオフホワイトの自然塗料を施し、造りつけ家具や出入り口扉などは、木目が浮き出る染め木仕上げとします。この紙壁紙は何回も再塗装ができるので、汚れても心配がなく、将来Yさんが好みの色に塗り替えることもできます。

●お母さんが予想以上に力を発揮

完成して半年後に訪問すると、お母さんは車椅子を使用していました。食器棚カウンター脇の「基地」を中心に、新生活が始まっています。

車椅子のまま冷蔵庫からお惣菜を取り出し、最近少し動くようになった右手を添えて電子レンジで温めます。食器棚から食器を出し、カウンター下から茶筒を、テーブル脇のポットからお湯を……といった具合に、ゆっくりですが、滑らかに一連の作業をこなしていきます。

設計段階では「火を使うと危ないから」というYさんの配慮で、あえてキッチンを車椅子対応にしなかったのですが、お母さんは思いのほか**炊事**をこなします。洗濯機が基地か

柔らかさ、暖かさ、落ち着き
145ページ参照。

ら近かったので、**洗濯**まで始めました。リビングで干して「基地」でたたんで、と大活躍。

「炊事・洗濯をしてくれるので、大助かり。母を頼りにしているんです」

とYさん。住まいが体にフィットしたため、お母さんの潜在能力を引き出したのでしょう。「基地」をつくったことで、半径2メートル以内でほとんどのことができてしまう造りもよかったようです。もちろん、トイレにもひとりで行けます。

最近ではご本人の努力の甲斐もあり、麻痺した機能が少しずつ回復してきました。Yさんにも余裕ができ、週末ごとにケーキを焼いてふたりでお茶を楽しんでいるとか。

「前の住まいでは、この生活は考えられません。狭いし段差はあるしで、車椅子生活はとても無理。母はキッチンどころか、トイレにもひとりで行けなかったでしょうね。家に助けられています」

との感想をYさんからいただき、ようやく仕事を終えた実感にひたることができました。

…………………………………………加部

ADVICE

伝い歩き・車椅子には

バリアフリー・クローゼット

車椅子に乗っていると、高いところには手が届きません。そこで座ったまま手の届く位置に物を収納できるよう、オリジナルのクローゼットをつくると便利です。介護する側、される側、双方とも使いやすくなります。

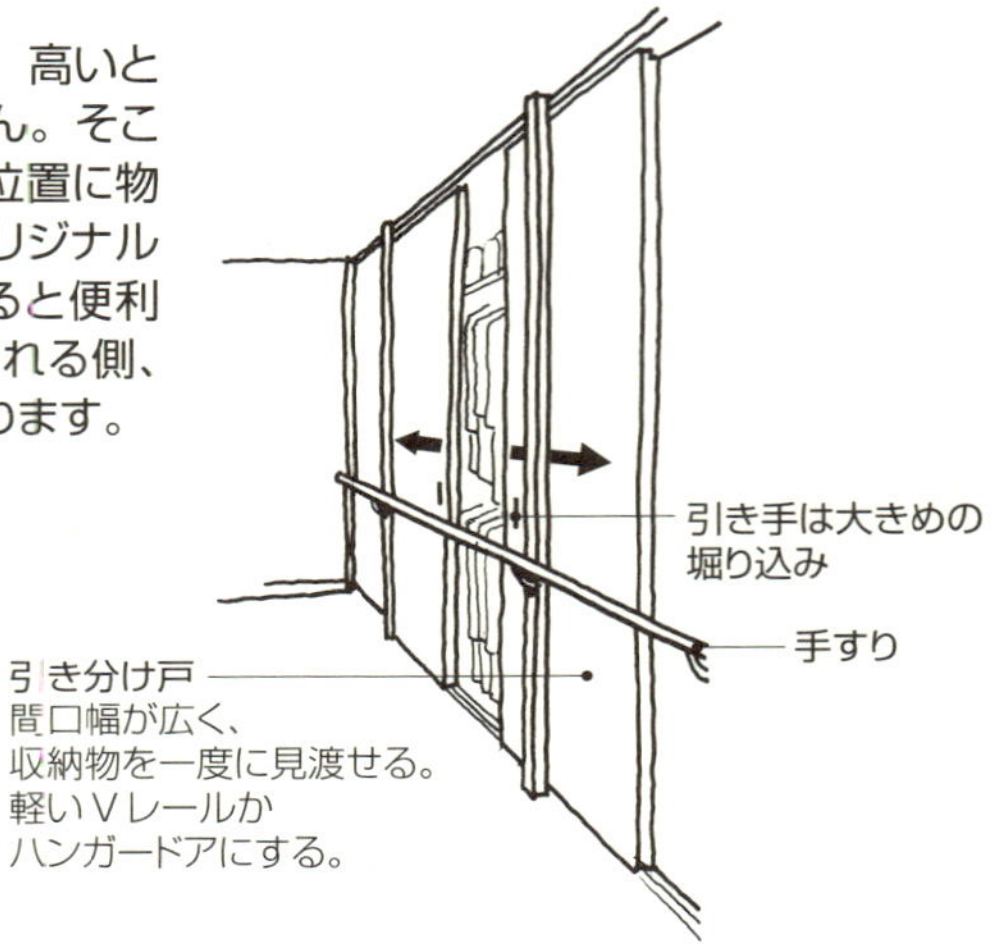

引き手は大きめの
掘り込み
手すり
引き分け戸
間口幅が広く、
収納物を一度に見渡せる。
軽いＶレールか
ハンガードアにする。

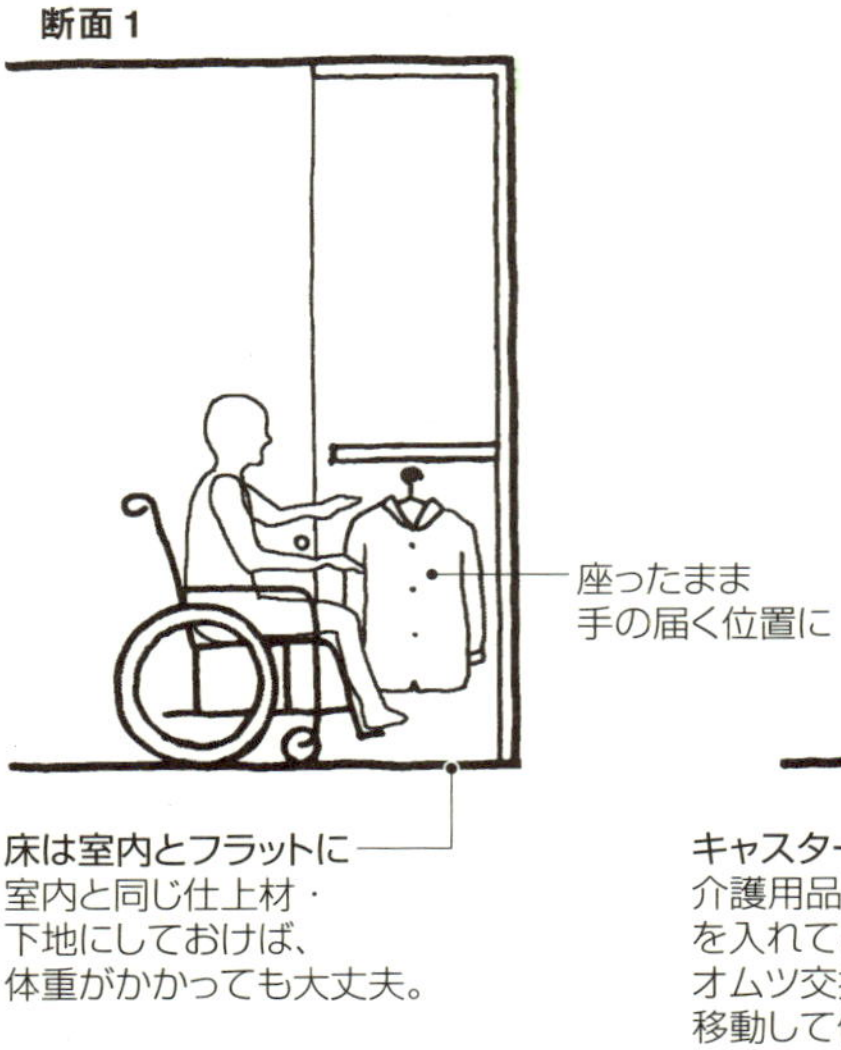

断面１
座ったまま
手の届く位置に
床は室内とフラットに
室内と同じ仕上材・
下地にしておけば、
体重がかかっても大丈夫。

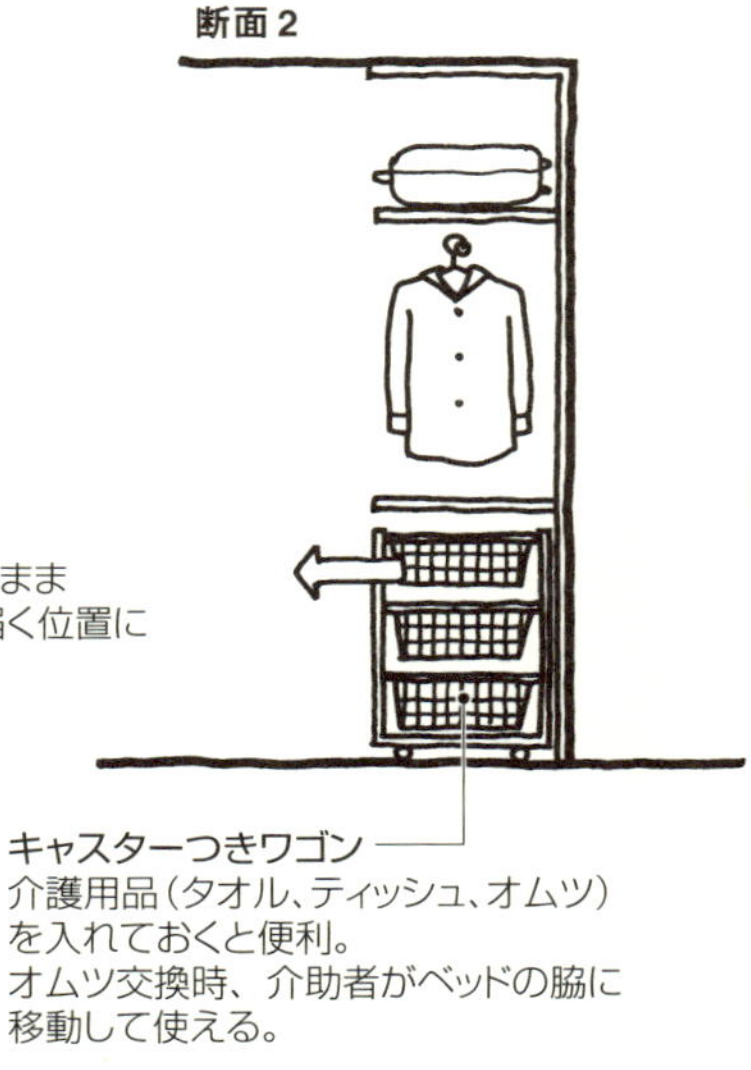

断面２
キャスターつきワゴン
介護用品（タオル、ティッシュ、オムツ）
を入れておくと便利。
オムツ交換時、介助者がベッドの脇に
移動して使える。

第7章

人が訪ねてくる住まい

——定年後はお客さまを招いて

年をとると、だんだん外出するのが億劫になります。でも“ひきこもり”になってしまうと、身体も脳の機能も衰える一方。そこで、高齢の方には外に開かれた住まいを提案しています。

自分も外に出やすく人も訪ねてきやすい工夫、また、人が多く訪れてもプライバシーを守れるよう工夫した例をご紹介します。

人が立ち寄りやすい玄関

●定年後は人を招く機会が増える

60代のMさん夫妻は、手入れの行き届いた築30年の住まい同様、まだまだこれからという感じで生き生きしています。住まいは雨漏りもせず、特別傷んだところもないのですが、定年を迎えて以降、それぞれの居場所を確保する必要性を感じはじめました。

ふたりとも元気で60代には見えませんが、身内の老いや病を見て、やはり年老いたときのことも考えておきたいと思ったそうです。家族の変化、身体の変化に対応でき、長く安全に住み続けられる住まいへとリフォームすることにしました。

共働きで動き回っていたときは、人と会うのも外が多かったのですが、定年後は人を迎える機会も増えていくように感じていました。地域の集まりなども、わざわざどこかに行くよりも誰かの家でした方が楽です。夫妻ともおつき合いは多い方ですし、やりたいことも

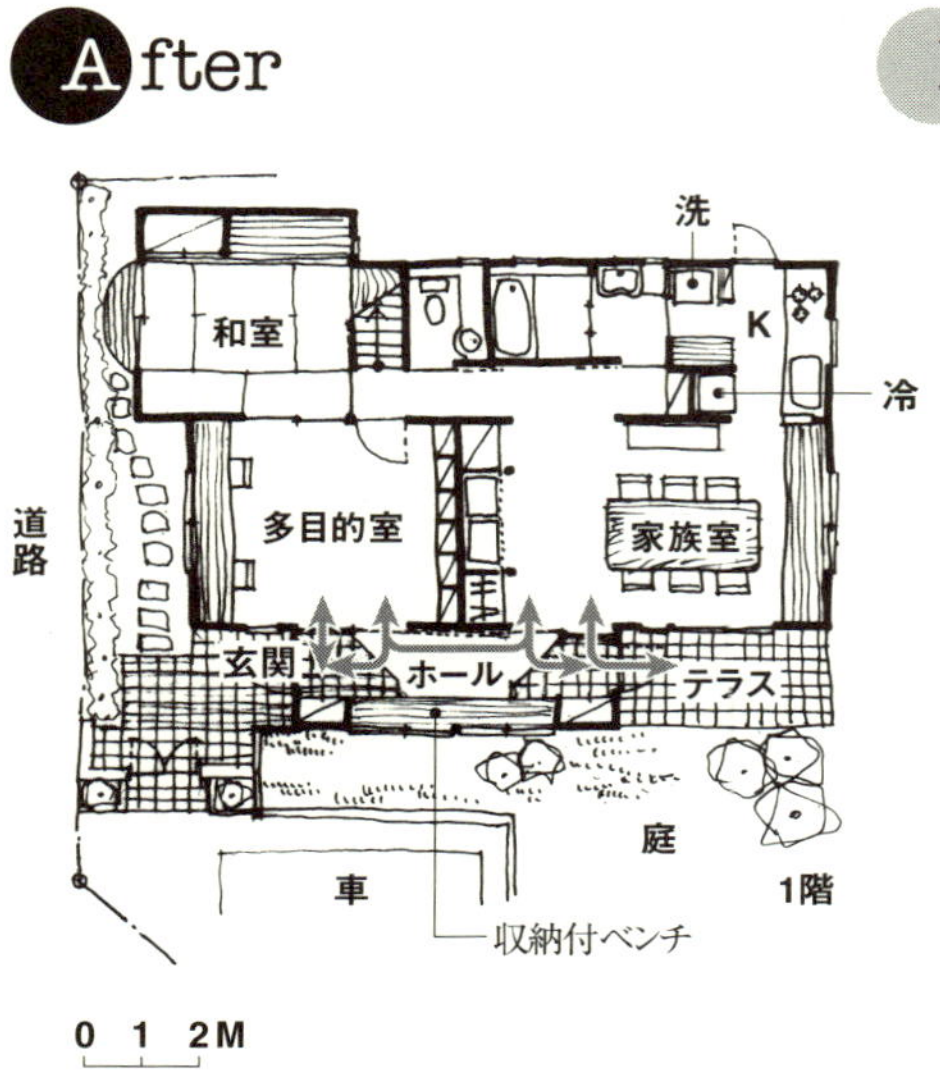

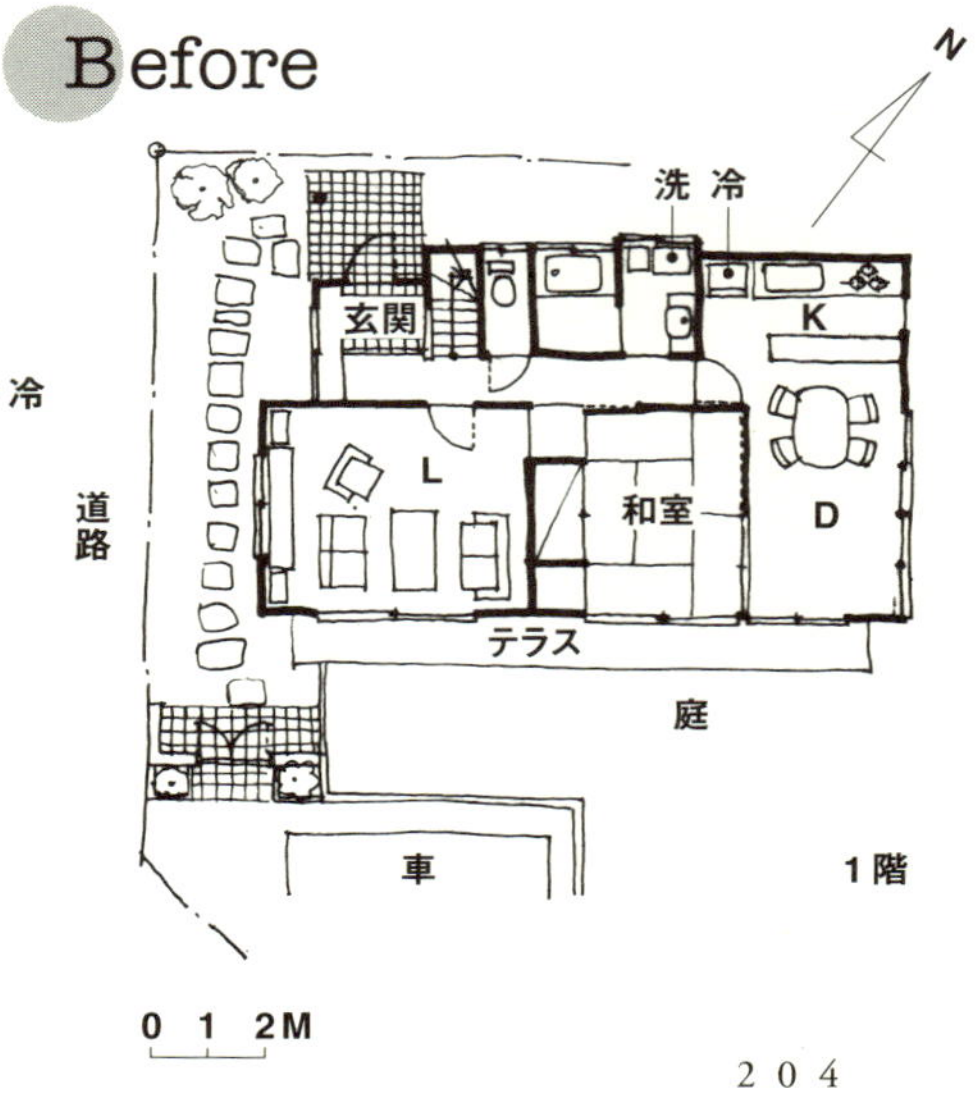

いろいろとあるので、人を招きやすい住まいにしました。

●玄関は社会との接点

高齢者にとって大事なことは、住まいが「バリアフリーであること」とともに「外とのつながりがあること」だと思います。幼児や高齢者は動ける範囲が狭いため、どうしても住まい中心の生活になりますが、地域や社会と密接につながる必要のある時期なのではないでしょうか。

Mさん宅の場合、奥まった玄関を道路から入りやすいところに移動し、内と外との接点と考えました。改まってではなく気軽に立ち寄れて、靴を脱がずに腰掛けておしゃべりができるように、昔風の濡れ縁や広縁の代わりに収納つきベンチをつくりました。ここは同時に、住まいの中の「オープンな場所」と「プライバシーが必要な空間」の通路にもなっています。

この玄関ホールは家族室につながっており、掃き出し窓の外にサンダルを出しっぱなしにできるので、気軽に庭に出ることができます。

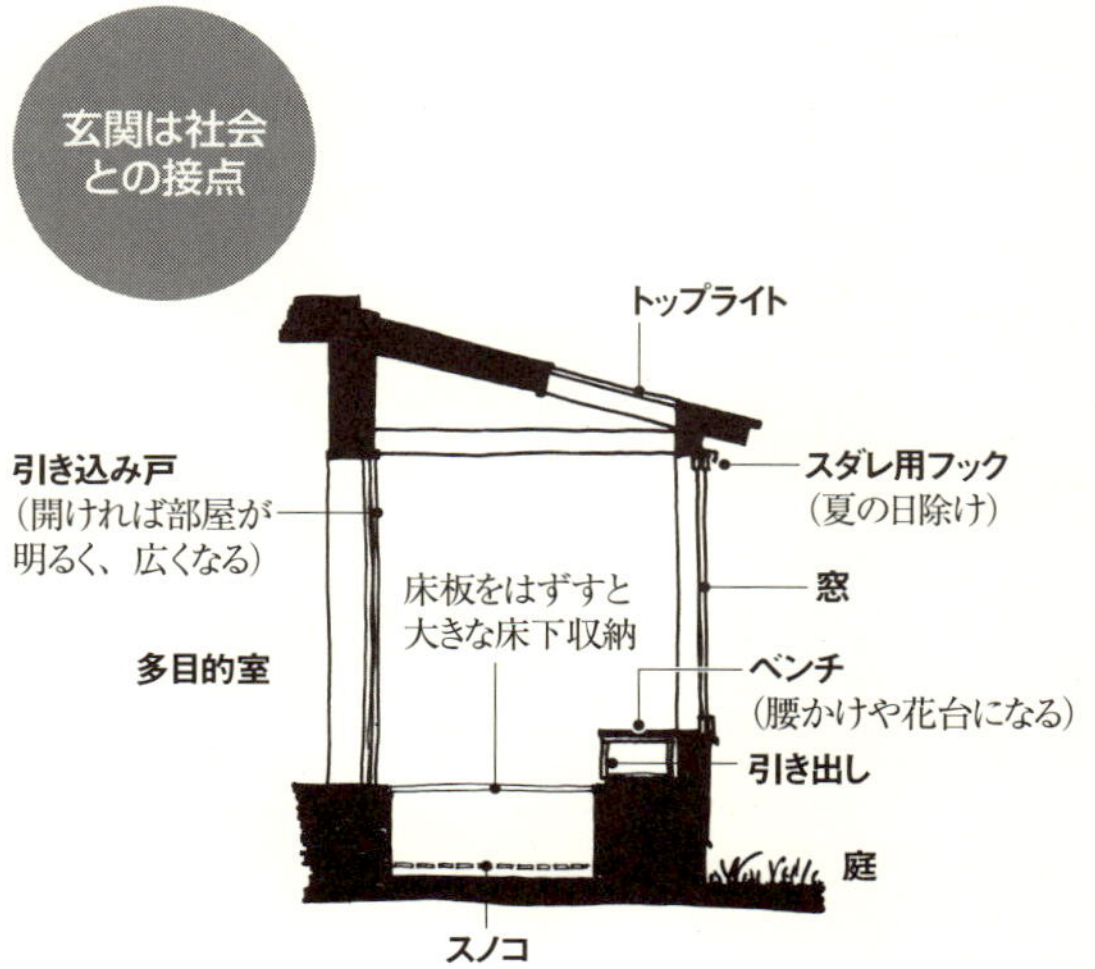

●個室にこもらないように

玄関から引き戸でつながった元のリビングは、本の収納を壁一面につくり、電話、ファクス、パソコンなどを置いて情報基地とし、多目的に使用できる部屋にしました。夫婦で並んでパソコンを打ったり、本を読んだり、来客に使用したり、地域の集まりに利用したりと本当によく使われる部屋になりました。

ふたりとも家にいることが多くなると、それぞれの個室を求める場合が多いのですが、M夫妻は個室ではなく作業別の部屋をつくることにしたのです。

子どもや高齢者の個室は、整備されすぎると何もかもその部屋でできてしまうため「こもってしまう」心配もあります。作業別の部屋づくりによって、一緒に過ごすことも別々に過ごすこともあり、変化に富んだ生活ができるのではないでしょうか。……今井

家族室から玄関ホールへ

“ひきこもり”にならないように

●ひとり暮らしが始まる

Kさんは十数年前に夫と離婚し、３人の子どもたちを無事に独立させました。

子どもの独立を機に、定年を待たずに仕事を辞めました。今までは子どもたちのためにがんばり続けてきましたが、今後は自分のために、勉強をしたり旅行をしたりして自由に過ごしたいと考えたのです。しかし、退職金と年金で暮らすつもりなので贅沢はできません。

住まいは築14年。まだまだ壊れることはありませんが、お金と気力のあるうちにメンテナンスをしておきたい。また「これから先、ひとりでも安心して暮らせるように」とKさんはリフォームを決心しました。

子ども一家は、孫の世話を頼みによく遊びにきてくれますが、孫が大きくなってそれぞれの生活が忙しくなれば、足も遠のくことでしょう。人づき合いが得意な方ではないKさんは、自分がいずれひきこもりがちになってしまわないかと心配です。そこで、積極的に出かけなくても人が訪ねてきてくれるように、外に向かって開放された部屋をつくることにしました。

●地域の人が自由に使える「茶の間」

Kさんは、地域の人々に自由に使ってもらえる「茶の間」をつくりたいと思いました。

そこで、車庫兼物置として使っていた7・5畳あまりのスペースを片づけて、床をつくって、シャッターを掃き出し窓と雨戸に替えました。小窓の内側には、雨戸代わりに引き戸も取り付け、床暖房も設置しました。これで断熱・防音効果も期待できる部屋になりました。掃き出し窓が出入り口なので、ちょっと覗いて気軽に入れる空間です。

隣のダイニングキッチンとも行き来できるようにしました。キッチンセットは小さなものに替え、壁の一部を取り払って引き込み戸

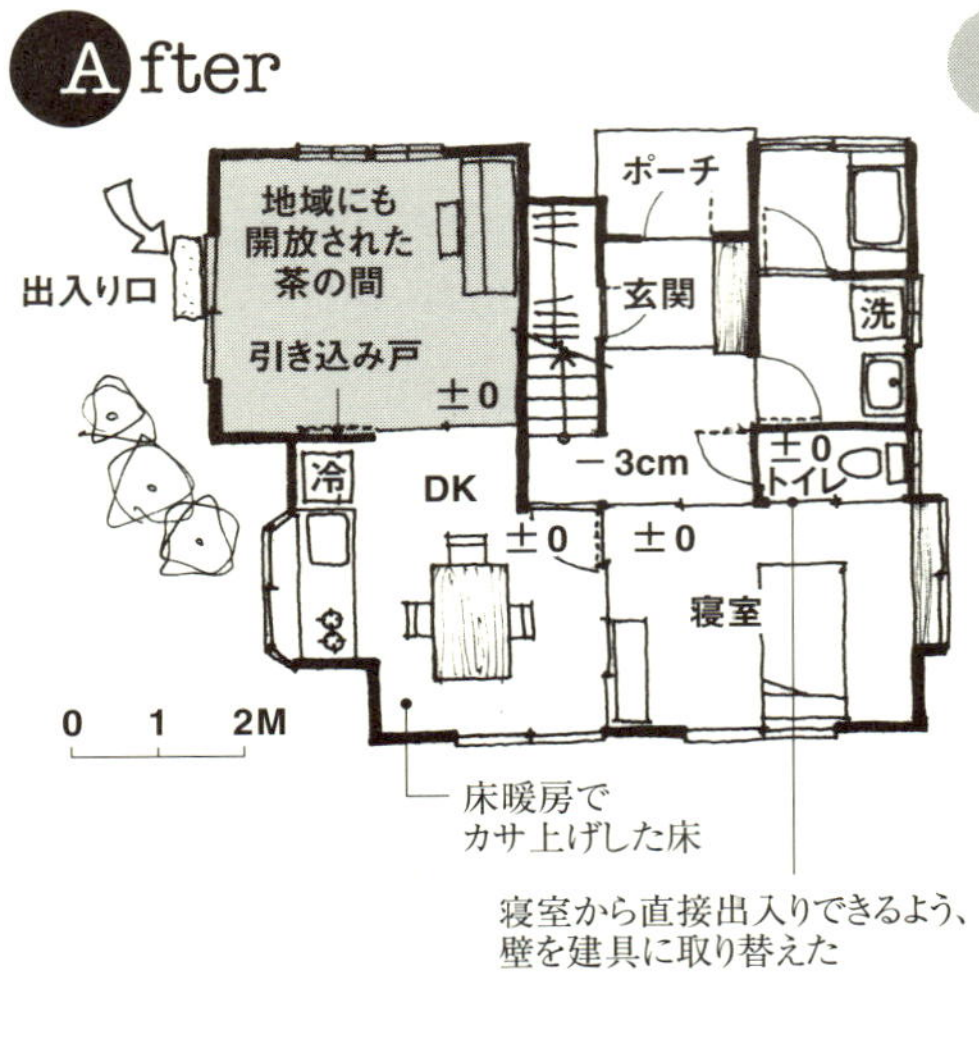

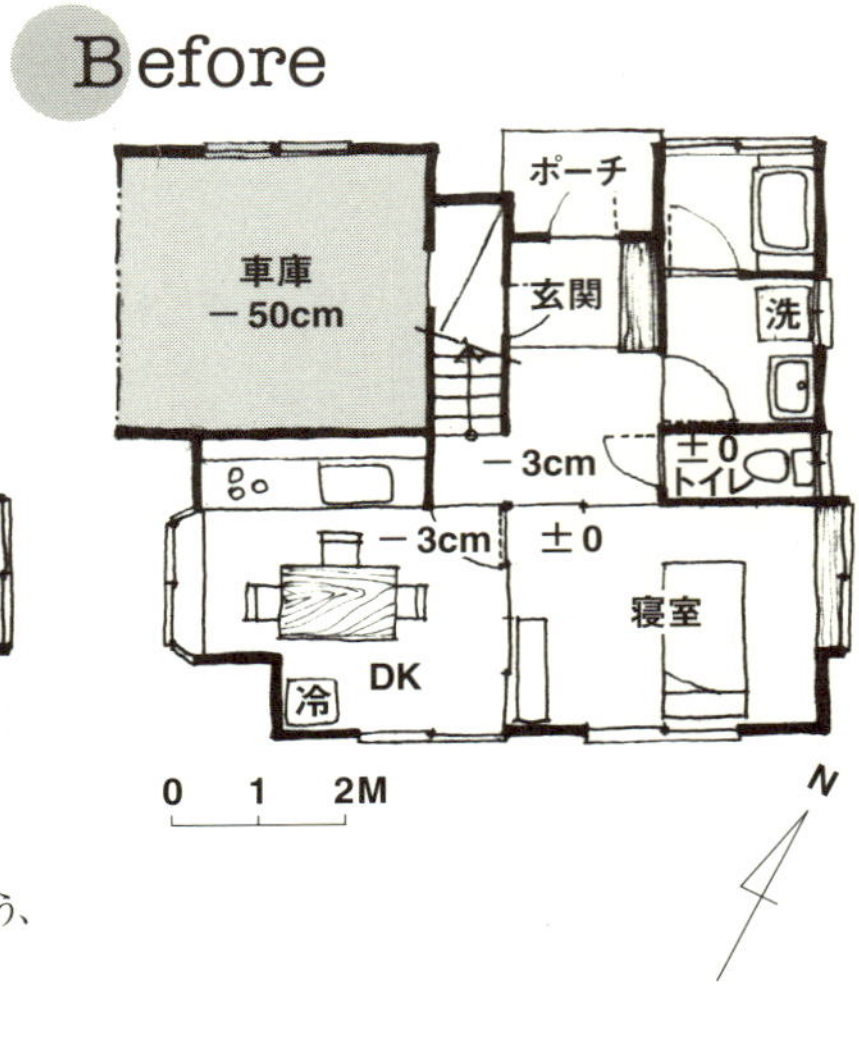

を設けてつなげました。人が集まれば、隣のキッチンでお茶の用意もできます。

ふたつの部屋をつなげれば広がりのあるＬＤＫにもなり、採光・通風がよく居心地もよい快適な部屋になりました。孫たちの喜ぶ声が聞こえてくるようです。

今のところは仲間内の集まりに利用しているだけですが、「いずれ誰もが気軽に立ち寄れる茶の間のようになったらいいな」と夢を語っていました。町の中にそんな家がいくつかあったら嬉しいし、老後がもっともっと豊かで安心できるものになるのではないでしょうか。……今井

職住一体でも住みやすく

●仕事のお客さんが出入りする家

自宅に仕事場があると便利なこともありますが、プライバシーの問題など、いろいろと不便もあります。Kさんは、庭先に事務所を構えて20年になります。Kさんの人柄や実力はもちろんですが、地縁血縁を大事にし、順調に発展してきました。

夫婦と3人の娘、愛犬、そして入院中の母の7人家族。郊外の広い敷地に住んでおり、住まいは両親が建てた鉄筋コンクリート造2階建てです。入院中の母の退院後の生活に備えて、急いでリフォームすることになりました。

事務所は庭先ですが、住まいの応接室を打ち合わせに使うため、常にお客さんが出入りしています。忙しい時期には、庭に面した奥座敷まで待ち合い室として使われます。

奥座敷の隣の和室は、家族の集まる茶の間です。みんなでテレビ

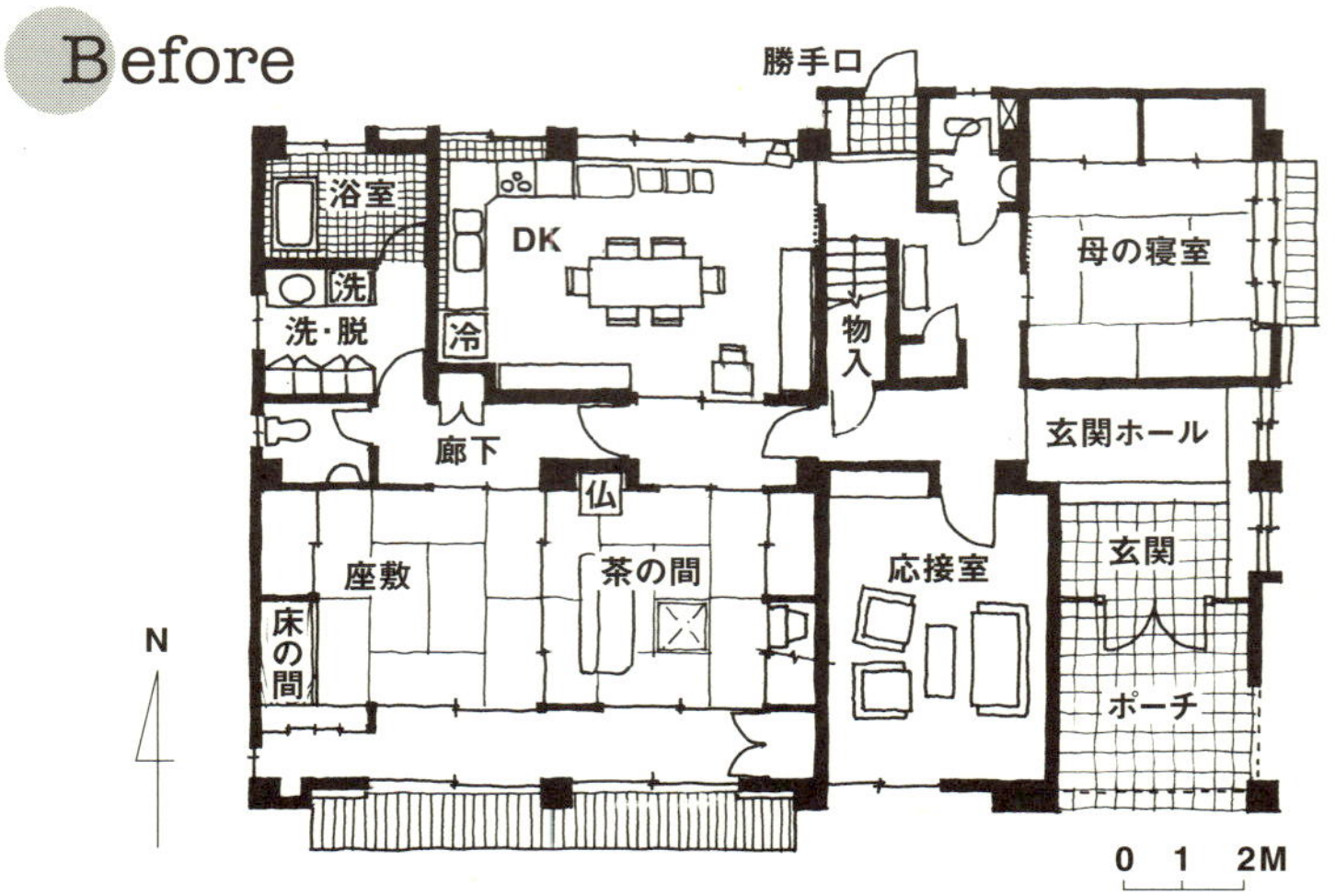

を見ているときに、襖一枚隔てた向こうに他人がいるというのはなんだか落ち着きません。結局は、ダイニングキッチンに集まるのですが、ダイニングキッチンは北側にあるため大変寒いのです。

●公私を分けて暮らしやすく

旧来の日本家屋は、家族の住み心地よりも接客重視。客間や玄関を最優先にした間取りです。そのため、Kさん宅も座敷が庭に面したよい位置にあり、台所は裏方として日の当たらない北側に設けられていました。洗濯場や浴室からも遠く、家事も楽ではありません。

客間重視の間取りであること、プライベート部分と仕事部分が入り組んでいることが問題と思われました。公私を明確に分けて、形式よりも、家族が住み心地のよい家に造り替えることが課題です。

●家族のLDKを快適に

ダイニングキッチンとリビングをひとまとめにし、暖かく明るい南側に配しました。接客用の座敷は北側に移します。

それでもやはり座敷とリビングとは接しますので、間に廊下を設

After

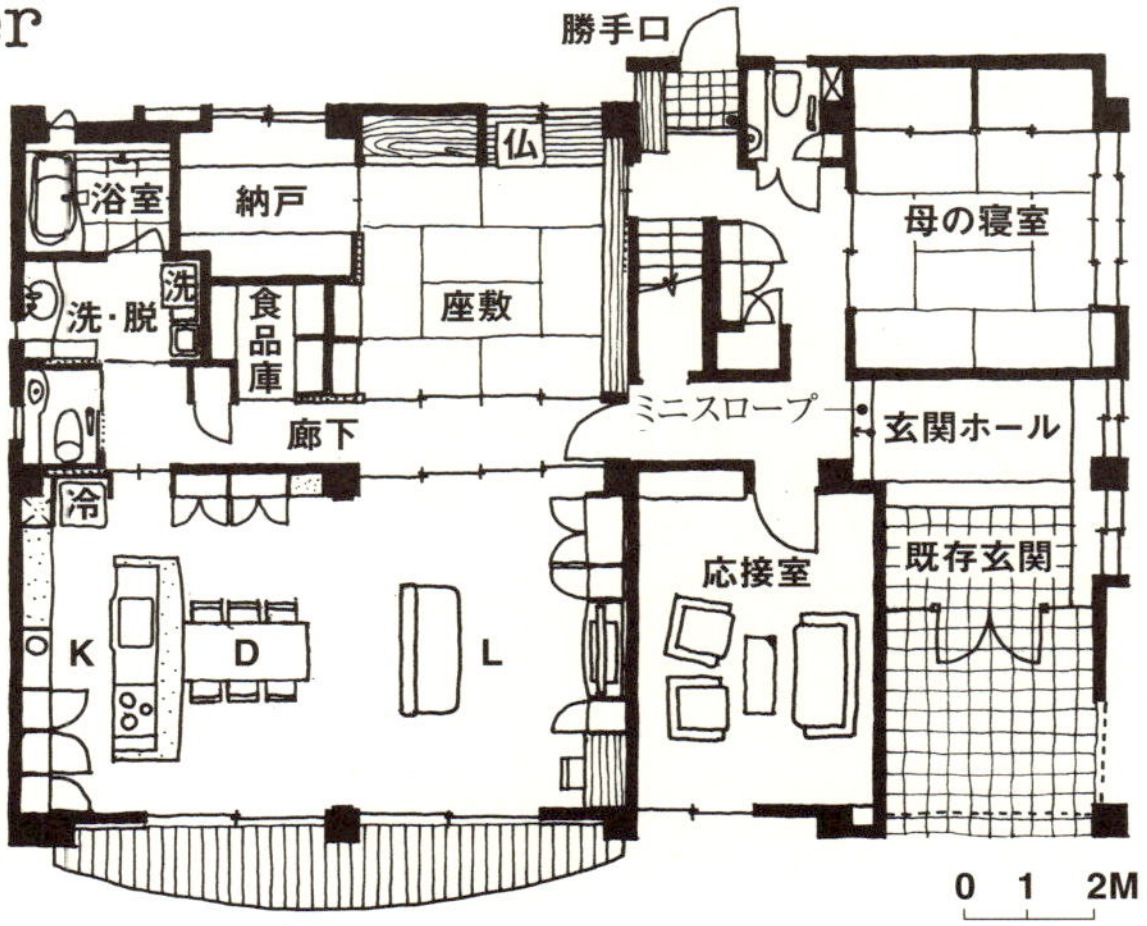

けて緩衝空間とします。廊下といっても、客人不在のときにはリビングの延長として使える空間です。天井までのハンガードアで仕切ってあり、床にレールがないので、開放時にはリビングと一体化します。また、キッチンは洗面所・浴室への動線上にとり、家事の軽減化を図りました。

●庭からはプライベートのお客さんも

新しいＬＤＫは緑豊かな庭に面し、四季の移り変わりを楽しめます。濡れ縁を設けたので、庭がより身近になりました。近くに住む親戚は、ここに座ってお茶を飲むとか。仕事のお客さんだけでなく、プライベートなお客さんも訪ねやすい住まいになりました。また、庭先の事務所から家族の様子が窺えるようにもなりました。

Ｋさんの仕事はだんだん忙しくなり、応接室と座敷を使うことも多くなりましたが、家族はもう気兼ねすることなく暖かいＬＤで過ごすことができ、わいわいがやがやと妻と娘たちの笑い声が絶えないそうです。……………………加部

ハンガードアを開ければ、
廊下もリビングに取り込める

家族のLDKを
快適に

仕事のお客さんが来ていても
気兼ねなくくつろげるように
なったLDK

第8章

ペットも喜ぶ住まい

――ちょっとした工夫でペットも快適に

ペットはとってもかわいい家族の一員。でも、家の中で飼っていると世話も掃除も大変です。「動物がいる以上、仕方がない」と諦めていませんか？ でも、ちょっとしたリフォームでずいぶんとラクになりますよ。

狭い部屋で欲求不満だった猫や、閉め切った玄関で留守番していた犬も、快適そうにイキイキとしだした例を紹介しましょう。

猫がのびのびと暮らせるように

●夫婦＋猫6匹の暮らし

ペットと暮らす人が増えています。ペットと接していると心が癒され、優しい気持ちになるからでしょうか。

Yさん夫婦は、ともに教師をしています。子どもはいませんが、猫と暮らして8年経ちます。最初は1匹だけのつもりで、拾ってきた猫にワンと名づけました。しかし育ててみると可愛くて、捨て猫と出会うと放っておけず、今では6匹です。

9年前に購入した3LDKのマンションは、3室が南に面しており日当たり良好。しかし、猫を飼っているためだいぶ傷んできました。

●掃除がなかなか大変

リビング隣接の和室は常に襖を開け放し、夫婦と猫6匹がくつろ

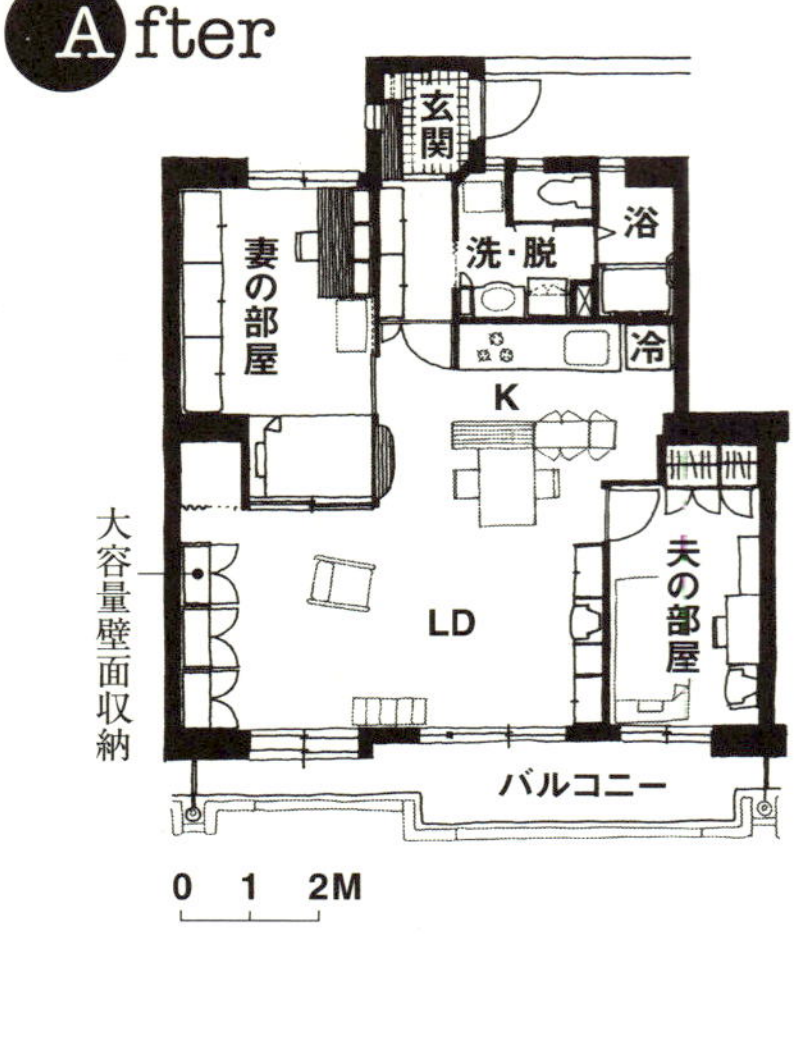

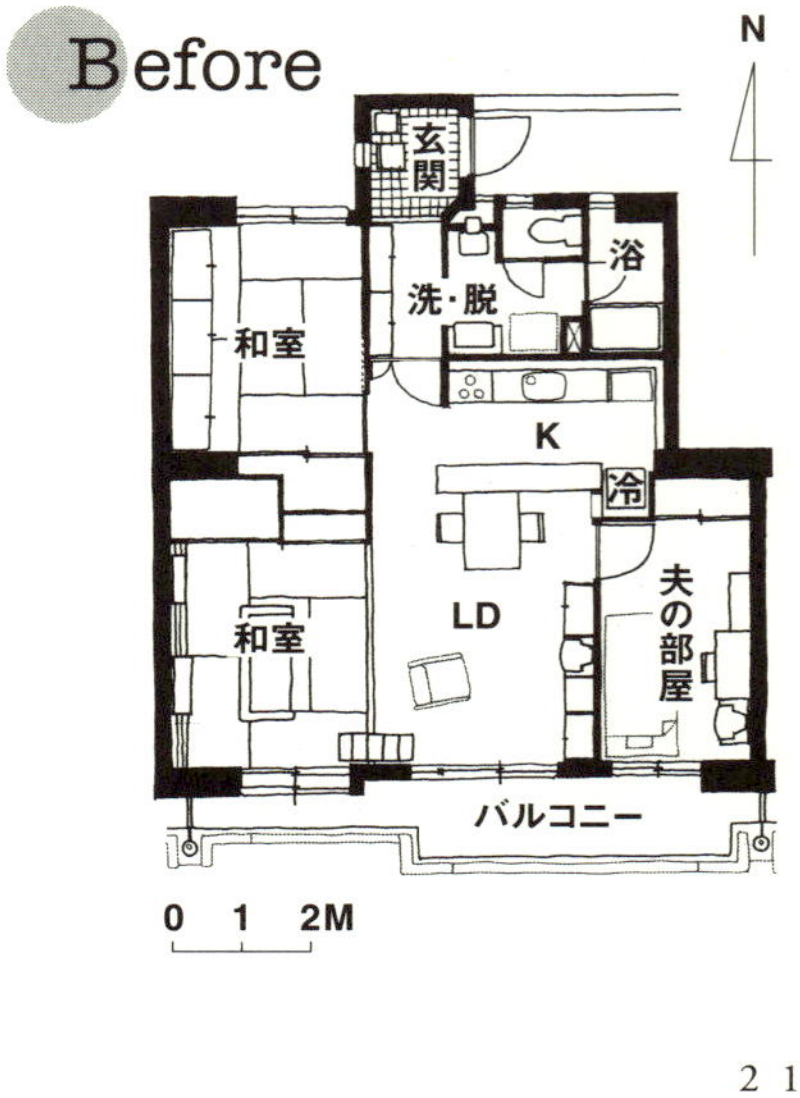

いでいます。

「猫たちを規制したくない」というのがYさんの方針。それを知ってか知らずか、猫たちは自由気ままな生活をしています。障子は破るし、床は爪で引っかくしで、内装はボロボロ。カーペットの床は、抜け毛や毛玉を吐いたときの汚れの掃除もなかなか大変そうです。

猫が大好きなふたりですが、粗相のたびに床を掃除したり、拭いてもシミになってしまったりで、6匹もいるとさすがに負担です。その上、家具や小物があふれていることもストレスになっているようです。

人間がストレスを感じない方が、猫たちにとってもよいはず。そこで、猫が集まるLDを、広々として掃除が楽な造り・仕上げとすることにしました。

●広々としたLDK

LDに隣の和室を取り込んで、17帖にしました。猫たちがのびのびと暮らせるように、できるだけすっきりとさせたいと思い、既存クローゼットの対面の壁に、同じデザインの大容量壁面収納を設けました。

猫は高いところが好きです。そこでYさんは猫たちのために空中ブリッジを制作し、天井近くまで空間をフル活用しました。行き止まりだったキッチンは回遊式にし、人間だけでなく猫にとっても自由度の大きい造りとします。広くなって運動量が増えたせいか、猫たちの気持ちに余裕が出てきました。

広い空間には、寒さ対策が不可欠。床暖房を設置します。床は耐水性のフローリングにしたので、汚れたらサッと拭きとれます。これで人間のストレスも軽減されました。

Nさんは「細々《こまごま》とした荷物が片づいて快適。気に入った家具だけ置くことで、心地よいリビングになりました」と喜んでくれました。

●寝室でも猫と一緒

今回のリフォームで、妻の部屋を新たに設けました。個室にこもっていても何となく猫たちの様子がわかるように、LDとの仕切りは障子にしました。樹脂で強化した障子なので、猫が破る心配はありません。

出入り口の幅広の引き戸には、いつでも猫が入れるようにと、一番太めのワンに合わせたサイズのひし形の穴を開けました。この穴はYさんの部屋やトイレの扉にも設けました。これで猫はいつでもどこにでも行けて、猫にとっても〝バリアフリー〟です。

ベッドスペースは、押入れと南隣の和室の収納をつぶしてセミダブル幅に。妻のいない日中は猫の昼寝場所となり、夜は妻と猫が一緒に休んでいるようです。……………………………………加部

猫も人も暮らしやすい住まい

玄関にある犬のスペース

●夫婦共働きの悩み

共働きをし続けているHさん夫妻の悩みは、帰宅すると家の中の空気がむっとすること、そして狭い玄関で留守番をしている犬がかわいそうなことでした。

親・兄弟との3世帯住宅なので、リフォームに際して自分たちの希望ばかりを主張するわけにいきません。「これだけは譲れない」という大切なことは何かを話し合った結果、通風や音の問題、犬の心配などが浮かび上がりました。こうした話し合いは、結果として自分たちの生活設計にもつながります。

●風通しのよい住まいへ

Hさんたちのスペースは、1階の一部と2階の半分。1階には玄関、水まわり、DKがあり、2階にはリビング、個室、物干し場が

Before

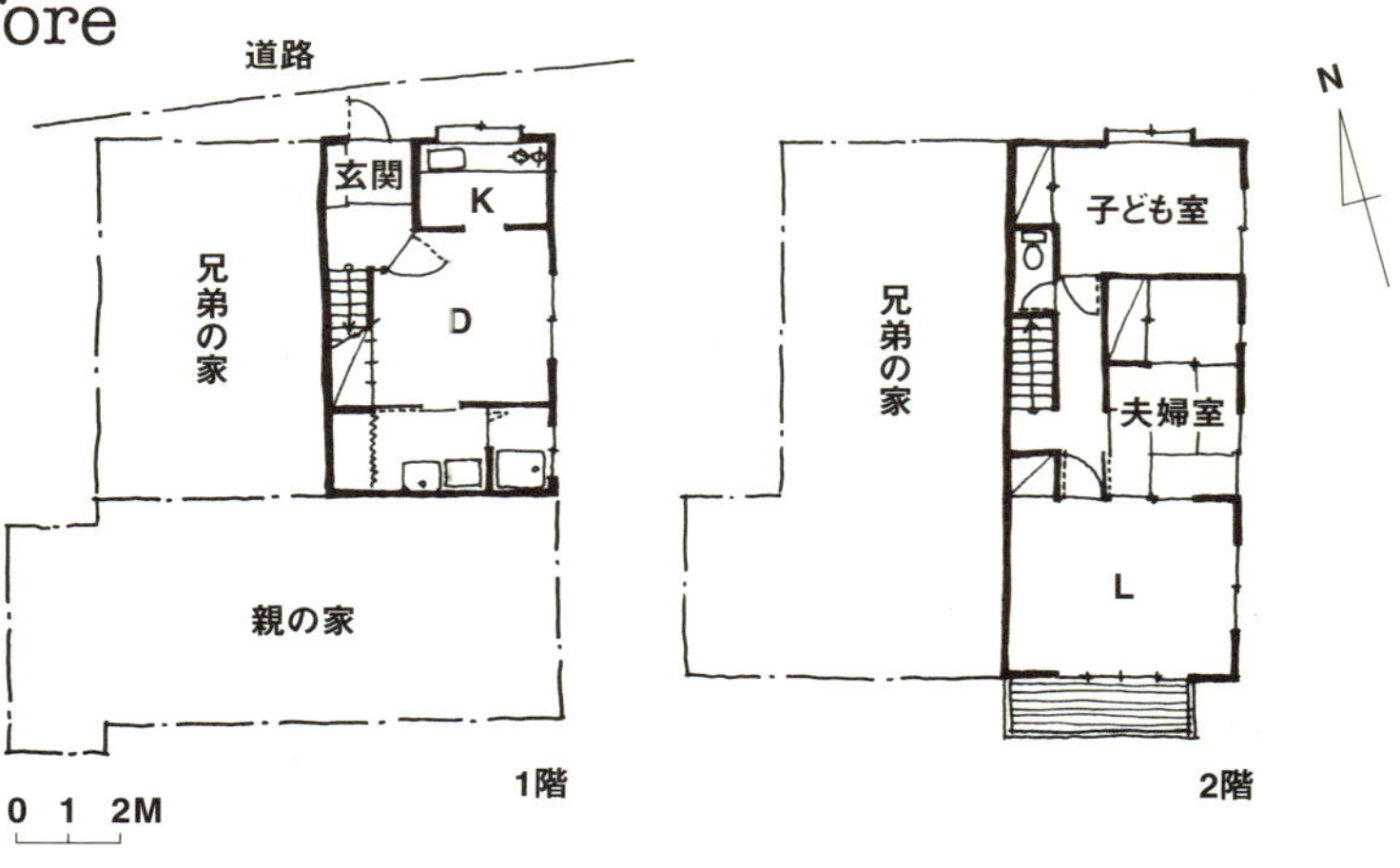

あります。
特に1階は、北側の道路面と隣家に接近した東側にしか開口がないため、風が通らない上に暗くて居心地もよくありません。その上、家事をする場と団らんの場が分断されてしまうことがストレスになっていました。

そこで、DKを2階に移すことにしました。2階のリビングには南面いっぱいの開口があるので、ここをダイニングと兼用とし、階段や廊下ともガラスの引き戸でつなげて広がりを持たせます。

リビングの下は両親の寝室です。今までの床の上に床暖房のパネルを敷き込んでコルクタイルを貼り、さらに階下の天井に断熱材を入れさせてもらって遮音の対策をしました。

●犬の暮らしも考える

南側の庭は両親が使用し、Hさんの専用庭は玄関前だけです。帰宅するとすぐに犬を散歩させ、玄関前につないでおきますが、留守の間は玄関の土間が居場所です。風も抜けず外も見えずの場所で「かわいそうだけど、仕方がない」と思っていました。

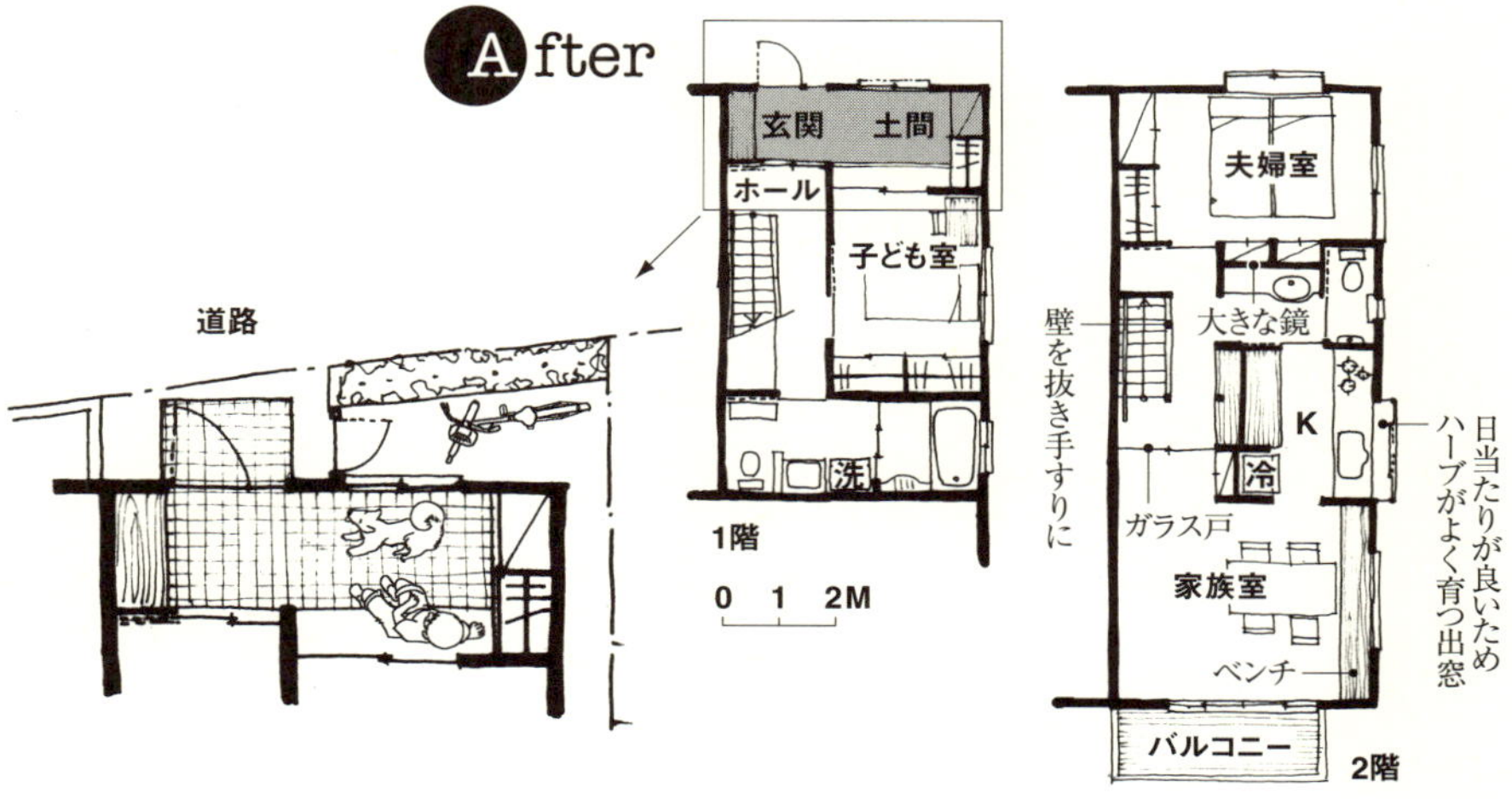

今回のリフォームでは、キッチンのあった3帖ほどのスペースを玄関の土間につなげ、犬のスペースにしました。高窓を掃き出し窓に替え、通風ができるシャッターをつけます。これで、閉じ込められているのではなく、風と光が入って道行く人も眺められる楽しいスペースになりました。

個室の建具の手前に縁台風に床を延ばして、腰掛けられるようにしてあります。回覧板を届けにきてくれた近所の人や同居の兄弟などとの、ちょっとしたおしゃべりの場にもなったようです。

玄関前のスペースには自転車を置いていただけでしたが、せっかく大きな窓ができたので、家の人も道行く人も楽しめるよう草花を植える提案をしてみました。道路との距離がない場合、防犯のために建物を閉じてしまいがちです。でも、植え込みをつくることで距離を感じさせ、同時に開かれた住まいにするとよいのではないかと思います。……今井

玄関西面

玄関東面

老犬を常に見守れるように

●犬も年をとった

女所帯のKさん宅には、外犬が2匹います。敷地も広く、近くには公園もあり、犬の環境としてはとてもよいところです。Kさんが健康でいられるのは、毎日の犬の散歩のおかげ。女所帯でも安心して暮らせるのも、見知らぬ人には2匹そろって吠えてくれるからです。

散歩のときの綱の引き具合から「犬も老いてきたな」と感じ、自分たちの老後についても考えるようになったそうです。そんな折、プロパンから都市ガスへの変更に伴い、器具の交換だけでなく水まわりをリフォームすることにしました。

●老いた犬の居場所

流し台の前の出窓は、ちょっと物が置けて便利でしたが、思いき

り手を伸ばさなければできない窓の開閉が、だんだんきつくなってきました。流し台の上の吊り戸棚も同様です。キッチンセットの交換に併せて出窓を撤去、透明のガラス入りサッシにしました。吊り戸棚はつくらず、水切りパイプを取りつけるだけにしました。

これまでは、出窓の下が犬の居場所でした。ここは雨でも動き回れるし、家族が庭に出るとすぐに寄ってきて遊べます。しかし、年をとってからは犬も寝ていることが多くなりました。今後はいつも見守ることのできる場所の方が、お互いに安心できそうです。

Kさんは、家にいる間はほとんどキッチンに立っているか食卓に座っているかなので、どちらからでも見えるところに犬の居場所があればいいなと考えました。

●犬の見える勝手口

Kさんはまだ勤め人ですが、趣味で家庭菜園をやりたいし、生ゴミも庭に埋めたいと思っていました。そのためには、ダイニングの掃き出し窓から庭に出るより、キッチンから直接出られた方が便利。そこで、キッチンセットの横に新たな勝手口をつくることにしまし

Before

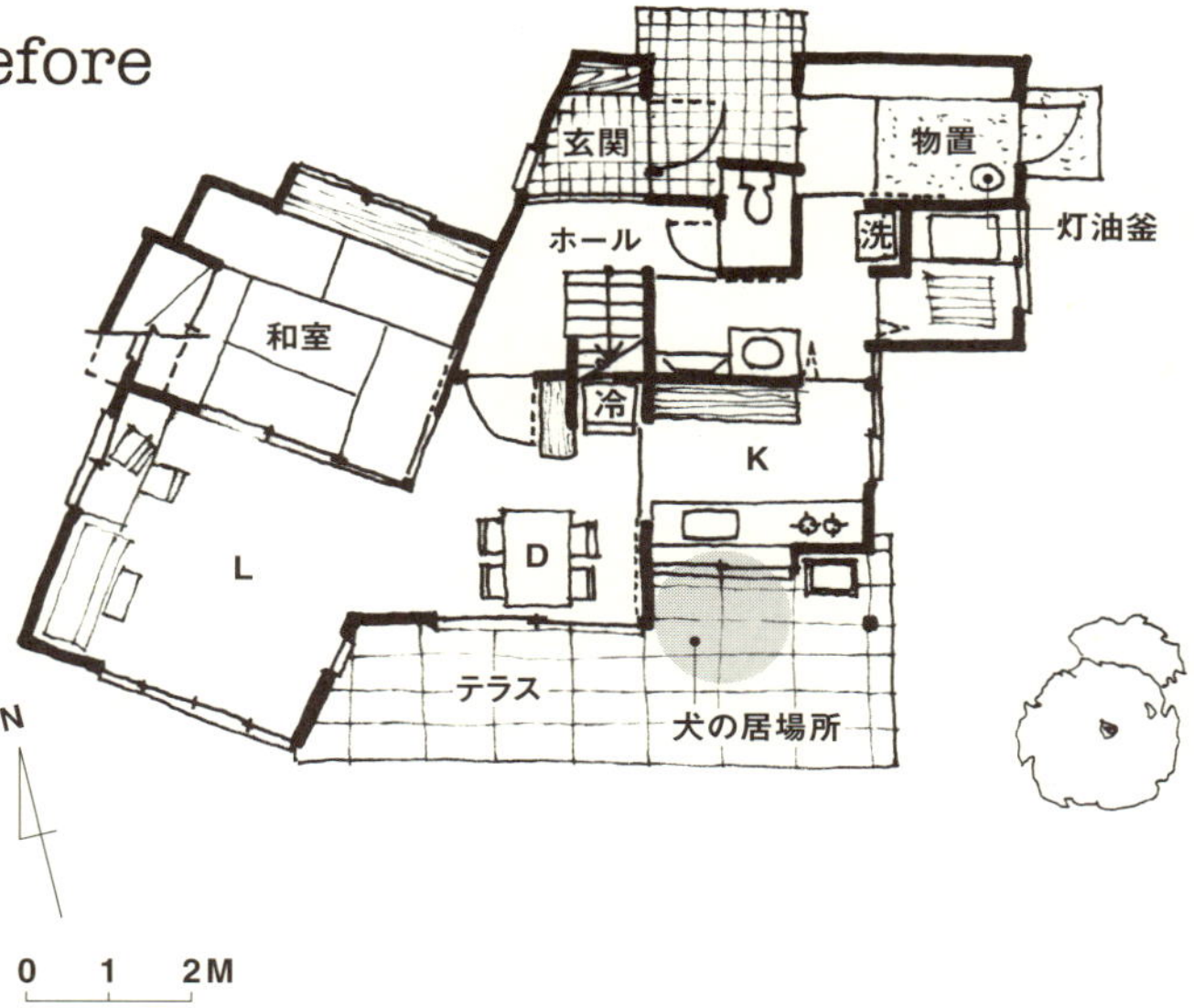

After

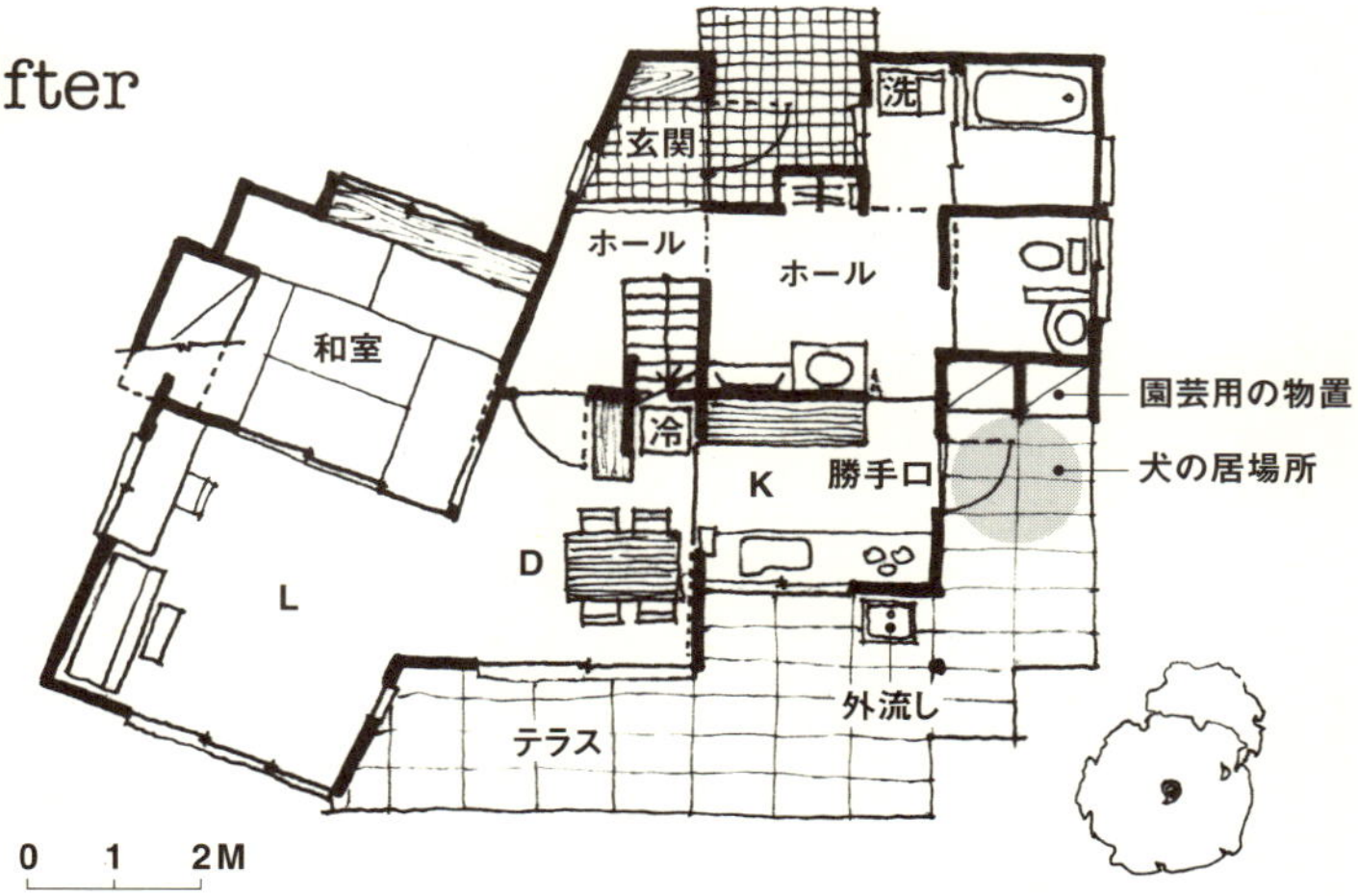

た。

勝手口には大きな庇をつけて、犬の居場所と園芸用の物置をつくりました。ドアは透明ガラスの上げ下げできるものにしたので、閉めたままでも視界が開け、ダイニングからも犬が寝ている様子がよく見えます。

●飼い主の老化対策も

若い頃は気にも留めなかったのに、最近は「冬のお風呂は寒いな」「浴槽が狭いな」と感じるようになりました。トイレもスリッパの履き替えのため一段高くなっていて「将来大丈夫かな」と心配です。

燃焼器具の交換をきっかけとして、不安を取り除くためのバリアフリーリフォームとなりました。水まわりは必要以上に広くすることはせず、中心のホールを広くとりました。介護が必要になっても、また車椅子になったとしても、このスペースを使ってスムーズに動くことができそうです。……………今井

犬の見える勝手口

第9章

毎日が楽しくなるリフォーム

——せっかくだからわがままに

子どもが社会人になると、親としては寂しくなる反面、時間的・経済的・精神的に余裕ができて趣味に力が入ります。リフォームでも、趣味室をつくったり趣味を住まいに反映させたりして、楽しみたいですね。

特別な趣味がなくても、せっかくリフォームするのですから、かねてからの夢や希望を設計者に伝えてみてはいかがでしょう？

プラスアルファの工夫をご紹介します。

暖炉のある暮らし

●ゆとりを求めて

Mさん夫妻は、親が建てて暮らしていた家に住むことになりました。生活様式の違い、周辺環境の変化に対応すべくリフォームをすることにしましたが、その際、憧れだった暖炉もつくりたいと思いました。

別荘と違って、一般の住宅に暖炉を設けるのは大変です。薪の入手、火おこし、灰の始末など、手間がかかります。しかし子どもたちも手が離れ、数年後のリタイヤを見据えたMさん夫妻は、その手間までも楽しみたいと考えています。

●五角形のオリジナル暖炉

1階のキッチンとダイニングは日の当たらない北側にあり、その上周辺に家が建ってしまったので、暗く閉ざされていました。リビ

Before

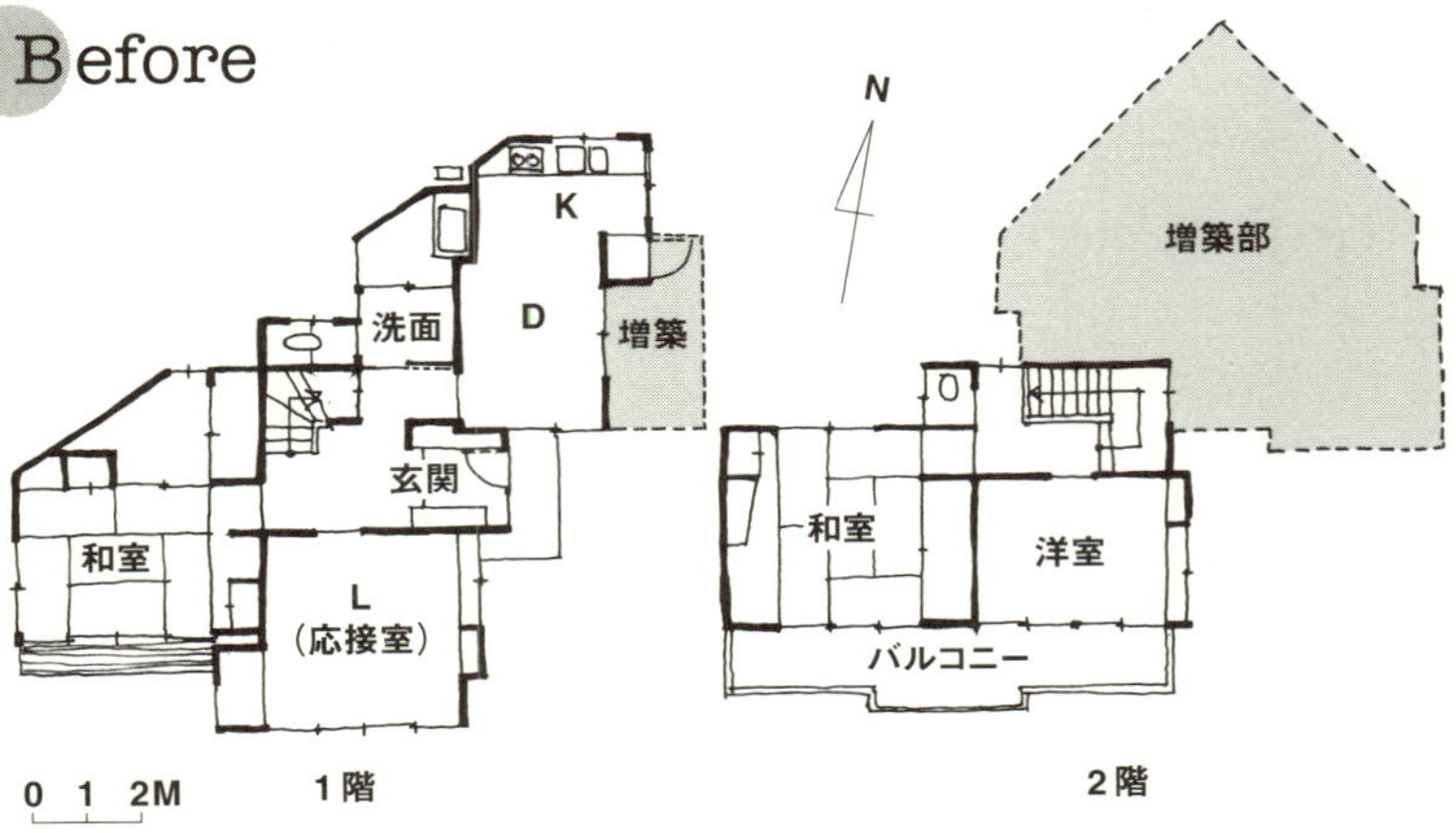

ング兼応接室は玄関のそばにあり、昔風の接客第一の造りです。

Mさんたちにとってリフォームの主目的は、家族の団らんの場をつくることでした。1階のキッチンは暗室にし、ダイニングは少し広げて趣味室として生かし、日当たりと見晴らしのよい2階に新たなキッチン、ダイニング、リビングを増築。その中心に暖炉をつくりました。

増築した部分は変形五角形なので、鍛冶屋さんに暖炉も同じ五角形につくってもらい、まわりを耐火煉瓦で囲いました。白い壁に赤っぽいレンガが映えます。床と天井の木目が暖かな雰囲気をつくり、夏には観葉植物の緑が彩りを添えます。

●暖炉でおもてなし

火のある暮らしは、予想以上に楽しいようです。散歩の途中でも薪になりそうな木を拾い集め、近所の人からも「木を切ったのでどうぞ」といただいたり、駐車場の下は薪のストックでいっぱいです。灰は庭の植物の肥料になり、きれいな花を咲かせています。

夜、照明を落として火を見つめながらコーヒーやお酒を飲み、音

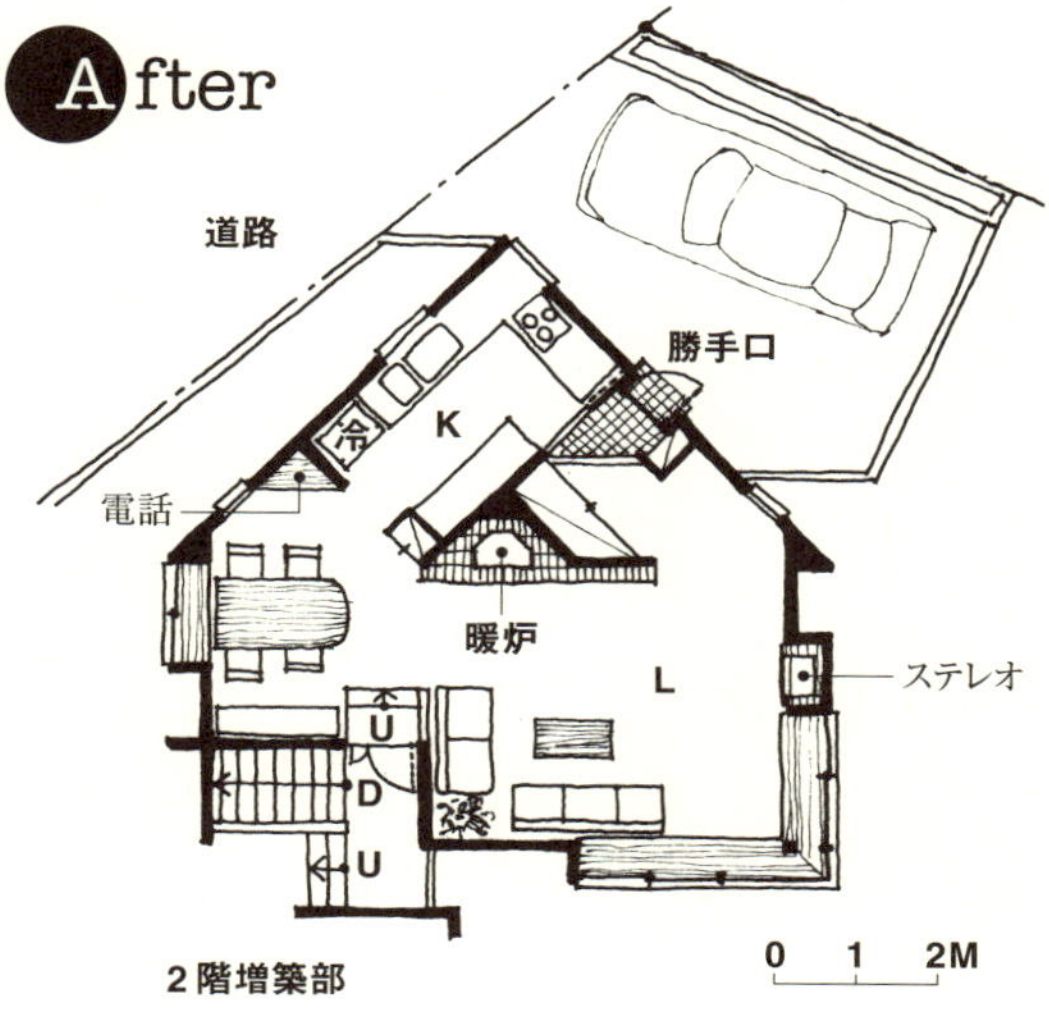

楽を聴いたりおしゃべりを楽しんだり。家族の団らんの中心には、いつも暖炉があります。「わが家のおもてなしは、暖炉です」とMさんが言うように、お客さんも落ち着いて帰りたがらないそうです。ストーブと違って、煙らずに燃やすのにはコツが要ります。家族それぞれが自分のやり方を持っていて、暖炉当番の順番を楽しみにしているようです。「手間がかかるからこそかわいい」と感じ、楽しめるのでしょう。

暖炉は輻射暖房でとても暖かいのですが、増築部には床暖房も設置しました。火を焚けないときにも、暖かさを確保してあります。

今井

五角形のオリジナル暖炉

港の花火が見える窓

●せっかくの眺望が生きていない

横浜の高台にあるKさんの家は、建てた頃は1階まで日が差し込んで見晴らしもよかったのですが、だんだん周辺に家が建て込んできました。1階はもう無理ですが、2階は今でも日当たりも見晴らしも抜群。夏には港の花火も見えます。

ところが、2階には夫の部屋と息子たちの部屋と納戸のみ。夫も息子も昼間は留守、休みの日は寝ているか出かけているかで、せっかくの日当たりも眺望も充分に生かされていません。

Kさんは外出が多い方ですが、彼らに比べれば家にいる時間が長いのに、日当たりの悪い1階で過ごさなければなりません。しかし、夫婦ともに50代半ばなので「これからのことを考えると、1階で過ごす方が安全なのかな」と迷いに迷ってリフォームの決断がつきませんでした。

●将来より今を大切に

「将来足腰が弱って2階での生活が無理になったら、また1階での生活に戻ればよいのでは?」とアドバイスするとKさんは納得。長年の夢だった2階での生活を始めることにしました。

10年20年はすぐに経ってしまいますし、その間住まいも手を入れずにすむわけではありません。また、現在抱えている問題は、2階での生活になれば解決するものばかりです。外を見ながら台所仕事をしたい、朝日が差し込む中で朝食をとりたい、昼間から電気をつけたりせずに家事がしたい、夫や息子の部屋を通らずに洗濯物を干したい……。

10年前にキッチンとダイニングのリフォームで壁を抜いてしまったのも心配でしたが、耐震診断をして不足の壁も付け加えることにしました。

●お客さんに花火を見せたい

夫と息子たちの部屋を1階に移して、2階には元納戸の位置にキ

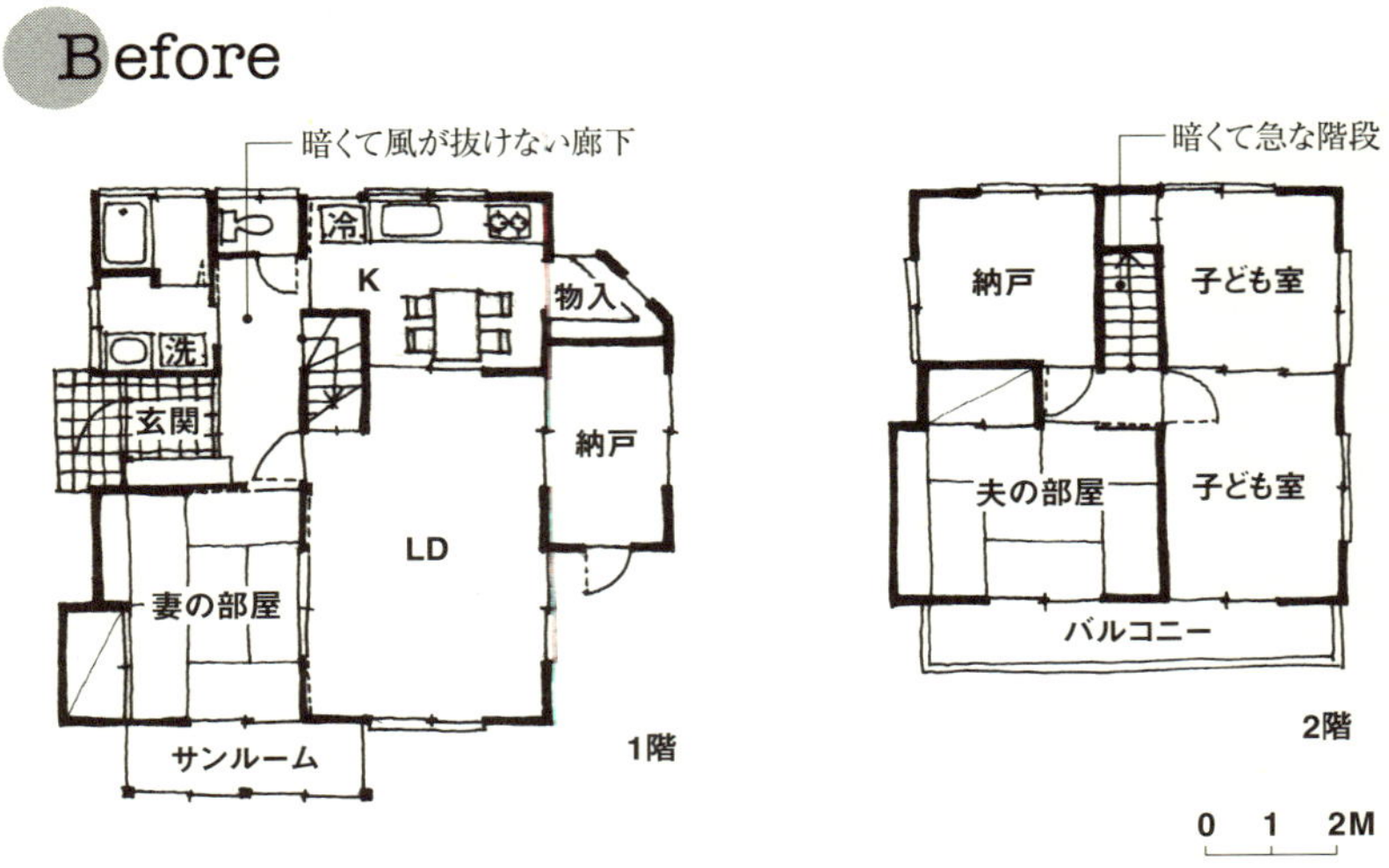

ッチンとトイレ、南にダイニングとリビング、続きの北側にKさん用の和室をとりました。ほとんどワンルームのような空間にしたので、隅々まで光が差し込み、風も通り抜けます。どこからでも遠くの丘が見える開放的な住まいになりました。

Kさんの部屋は1階にあったのと比べて狭いのですが、一日の大半は2階全体を広々と使えるので問題ではないようです。

キッチンとKさんの部屋の窓から、港の花火がよく見えます。今までは、来客に花火をお見せしたくても納戸と息子の部屋だったので叶わなかったそうですが、またひとつ楽しみが増えました。

●階段を明るく安全に

住まいの中心にあった階段は、暗い上に急でした。そこで位置はそのままで、ゆったりとして明るく安全なものに造り替えました。

2階には温水の床暖房をしてありますが、1階からの冷気を遮断するために、階段下に引き戸をつけました。冬は必ず閉めるようにし、夏は階段を煙突代わりに風が抜けていくようにしてあります。

足腰が痛くなったりすると階段は辛いのですが、一日に何度も上

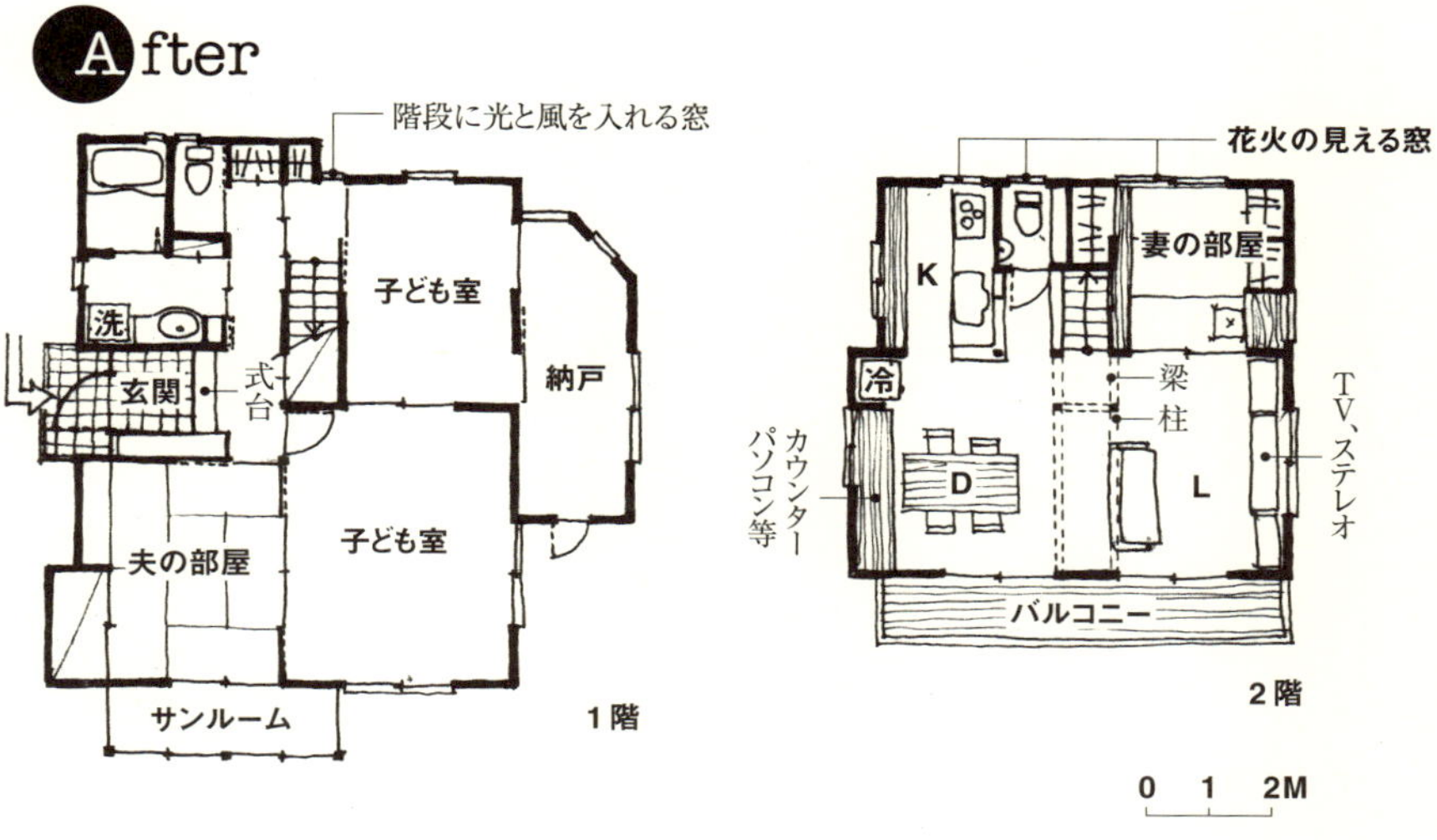

り下りすることで自然に運動になります。と言っても、セールスの相手のために上がったり下りたりはストレスにもなってしまうので、チャイムをテレビつきインターフォンに替え、キッチンの窓からも訪れた人が見えるようにしました。……………今井

お客さんに
花火を見せる
楽しみ

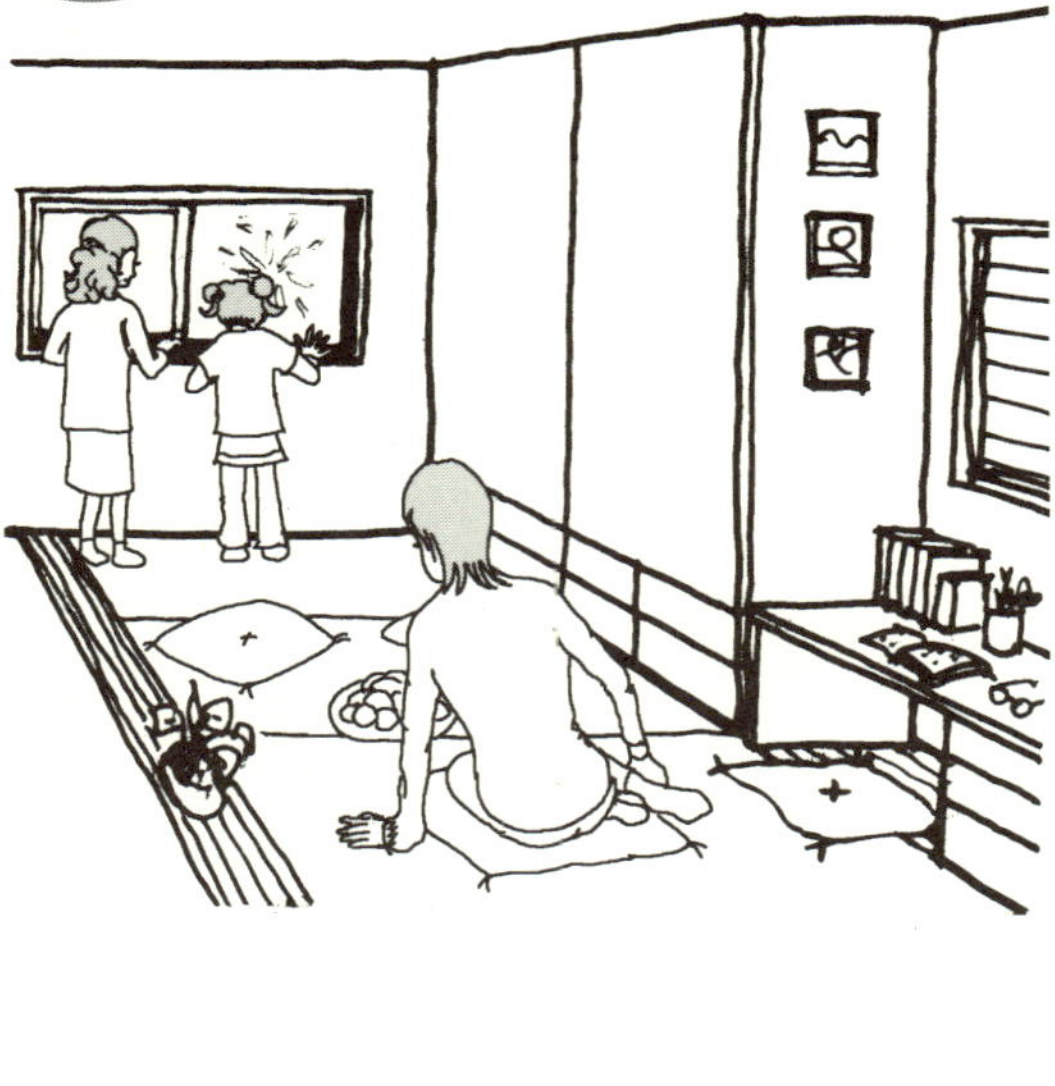

趣味はインテリアデザイン

●ノート1冊分の間取り図

Sさん夫婦は、2人の娘と東京近郊に住んでいます。築29年の3LDKのマンションは、際立って広くはありませんが大変好立地です。しかし、先住者がリフォームしたLDKはSさんの家具とデザインが合わず、片づけもしにくい造りなので、以前からリフォームを強く望んでいました。

Sさんは、間取りやインテリアを考えるのが趣味のようです。テレビを見ていても、ドラマのストーリーはそっちのけで主人公がどんな家に住んでいるのかと間取り図が頭の中を駆け巡り、つい鉛筆を持ってしまいます。ドラマ「奥さまは魔女」のサマンサの家など、多数見せていただきました。

もちろん、自宅のリフォームの間取り図も、たくさん描いてあります。10年間で『お気に入りの家』というノート1冊になりました。

細かい解説入りのプラン50案です。

ある夏の日、調子の悪かったビルトイン冷蔵庫が本格的に故障し、稼働しなくなりました。時期が時期だけにすぐにも買い替えたいところですが、インテリアにこだわるSさんは、冷蔵庫だけを替えるとキッチンのデザインが崩れてしまわないかと心配です。「思い切って、リフォームをしよう」と冷蔵庫に背中を押されました。

●統一感のないデザイン

Sさん宅のLDKは10帖で、壁際にオープンなキッチンが張りついた一般的なワンルームです。

問題の冷蔵庫は壁面中央にあり、部屋を二分しています。確かに、既製品の冷蔵庫がここにくるとLDKの雰囲気が壊れます。また、室内は扉やキッチンが焦げ茶色のため、部屋全体が暗く重い感じがします。どっしりとしたダイニングテーブルがキッチンの前中央に配置されているのも、窮屈な感じです。

黒に金淵の高級椅子、無垢材のがっしりとしたテーブル、金色のフロアースタンドなど、Sさんはその時々のお気に入りの品を購入

Before

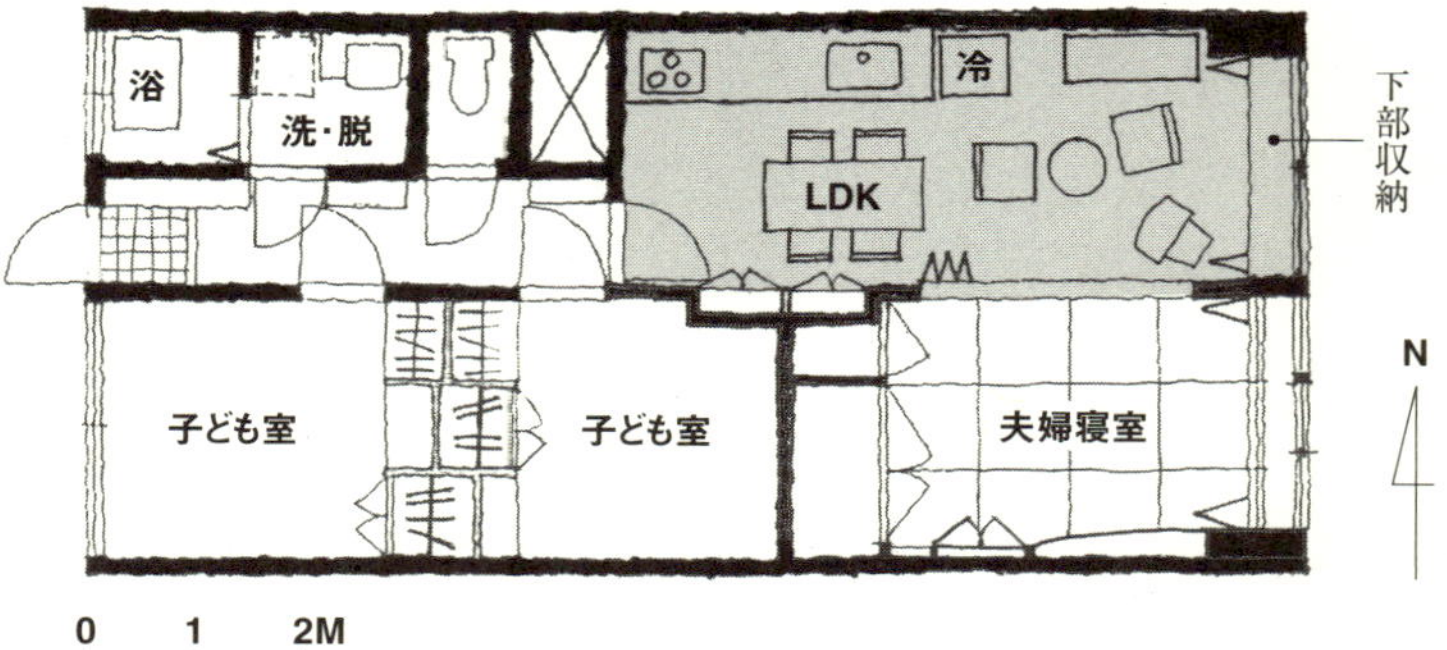

してきましたが、テイストがさまざま。「デザインをどうまとめればいいの？」と悩んでいました。

●基調色を決める

ＬＤＫをどう料理するか。Ｓさんの希望は、

・モダンアートで美しく映えるレイアウト
・ヨットキャビンのコンパクトな利便性と豪華さ
・リゾート地のキッチン
・地下のこぢんまりとしたサロン
・レストランバー・カフェバーのように

共通点は、生活臭さがないことです。それは、雑多な生活用品が表に出ていないことを意味します。物を減らし、どこに何を置くかを考え直す必要があります。

また、基調となる色を決めることも大切。和室のアクセントカラーになっている〝黒〟と、Ｓさんの好きな〝赤〟を基調色としました。隣の和室もＬＤＫとデザインをそろえることで、一層広々と感じます。

Ａfter

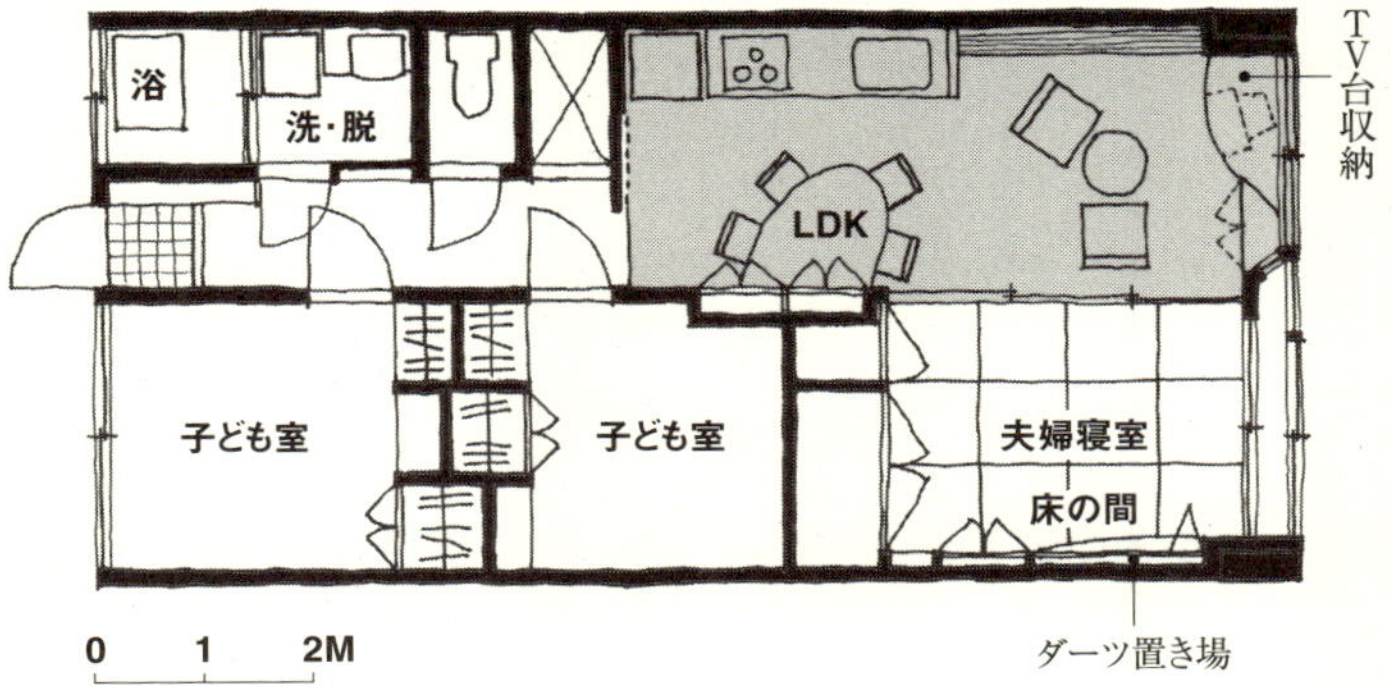

方針が決まると、Sさんは新しい住まいに合わない小物を欲しい人にあげて、どんどん物を減らしていきました。

●見せるキッチン

キッチンの高級感を損なわないために家具の一部として扱い、意識的に〝見せるキッチン〟にしました。サイドボード、食器棚、テレビ収納と同じ材料・色彩（黒）で、家具職人につくってもらいます。フロアーキャビネット（流し台）は黒で、吊り戸は赤。Sさんの夢は〝赤いキッチン〟でしたが、すべて赤では飽きてしまいますし、この広さではしつこくなります。

〝真っ赤〟と〝真っ黒〟では対比が強すぎるので、黒は〝墨色〟にし、木目現しの染色仕様にします。墨色に塗装した造りつけ家具には、金色のツマミをつけました。壁の一部に少し艶のあるパウダーピンクのクロスや耐火合板を使い、全体的に甘い白のクロスを使うことで、微妙な色の違いによる調和を図りました。

通常、キッチン前の壁は耐火・耐水性タイルなどの素材にしますが、それではキッチンがデザイン的に浮いてしまいます。そこで、

パウダーピンクの耐火合板をキッチン前からリビングの壁一面に施しました。ちょっと高級感が出るように表面に光沢のある素材を選んだところ、これが功を奏し、来訪者が大理石と間違えるそうです。

●オンリーワンのダイニングテーブル

無垢のダイニングテーブルは古道具屋さんに引き取ってもらい、新たに変形曲線のテーブルをつくりました。グランドピアノのような形で提案すると、Sさんは大変気に入りました。世界でオンリーワンのテーブルです。

壁面に寄せて、壁埋め込みの食器棚、ニッチの飾りスペースと一体化し、ダイニングコーナーを設けます。テーブルの一方を壁につけると、落ち着きや安定感が得られます。

ニッチには、Sさんが趣味でつくった木彫りの小さな動物がたくさん並べられました。ただ楽しんでつくるだけでなく、人に見てもらい評価されることで、趣味は断然面白くなるようです。……加部

光庭でつながる家族

●築40年の傾いた住まい

Kさん夫妻は、大学生の息子2人と暮らしています。住まいは商店街の一角にあり、夫の親の代まで商いをしていたため店舗つきの住居です。表側の店舗はシャッターを閉じてあり、見るからに古そうな築40年の建物なので、セールスマンなどから建て替えを勧められるのですが、裏側の住居部分は25年前にそっくり建て替えられているのです。

80歳になるKさんの母親が同居することになり、母親が気兼ねなく快適に過ごせるようにしたい、また店舗部分も住居に生かしたいと、夫婦で相談にみえました。

現地に行って、見てびっくり。店舗部分が傾いていたのです。店舗は一般的に道路に面した間口一杯に開口をとるため、耐震性に問題があるとは思っていたのですが……。増築した住居部分は、構造

Before

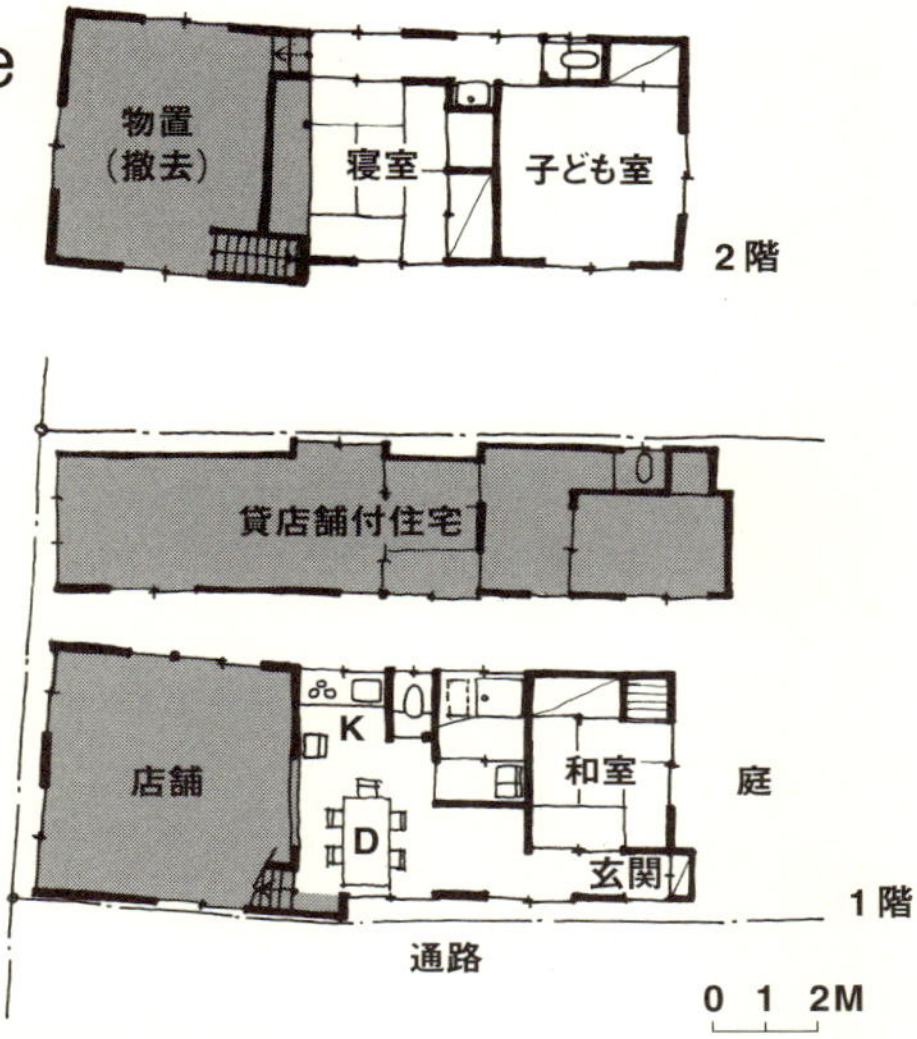
物置
（撤去）
寝室
子ども室
2階
貸店舗付住宅
道路
店舗
K
D
和室
庭
玄関
1階
通路
0 1 2M

After

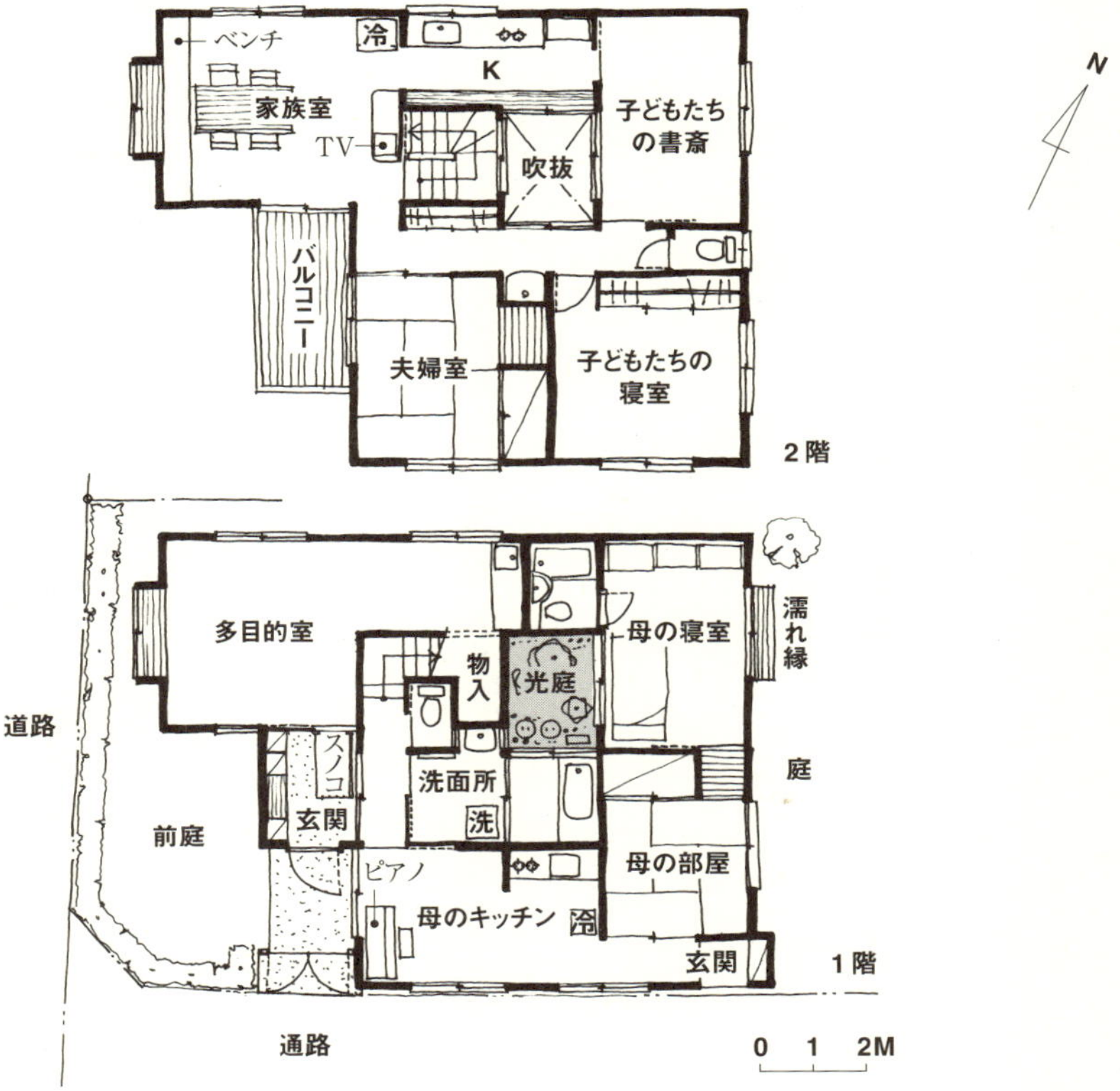
ベンチ
冷
K
家族室
TV
吹抜
子どもたち
の書斎
N
バルコニー
夫婦室
子どもたちの
寝室
2階
多目的室
物入
光庭
母の寝室
濡れ縁
道路
スノコ
洗面所
庭
玄関
洗
前庭
ピアノ
母の部屋
母のキッチン
冷
玄関
1階
通路
0 1 2M

的な傷みもなく大丈夫でした。

要望や予算、近隣の状況などから、建て替えでなくリフォームで対応できると判断し、早速打ち合わせを始めました。

●「もったいない」からなるべく残す

構造的に問題のあるところは撤去しても、まだ使用に耐えるところは残すことにし、スペースの不足分を増築することにしました。

Kさんも私も、布でも野菜でも余すところなく使い切りたい主婦同士なので、打ち合わせは「この際すべて新しく」ではなく、「使えるものは生かしましょう」という考えに基づいて進みました。

住居部分はほとんど手を加えずにそのまま残します。店舗部分と貸店舗つき住宅は撤去し、その分、住居部分に増築することにしました。

●お互いの気配が伝わる「光庭」

増築することによって光や風が入らなくなったり、柱や壁を抜いて構造的に弱くなるケースが多いのですが、そうならないように、

2・5帖ほどの光庭をつくり、二面の壁を耐力壁にしました。

光庭は階段とともに住まいの中心にあり、お母さんとKさん一家とを緩やかに結ぶ役割を果たします。浴室にも面しているので、坪庭のように白砂利を敷き、数本の木を植えました。

光庭は階段、1階の浴室、お母さんの寝室、2階の廊下、子どもたちの書斎、キッチンに面しており、お互いの気配が伝わり安心感があります。適度な距離を保てるので、気疲れすることもありません。

家族のつながりにもいろいろな時期があり、いつも一緒にいたいときもあれば、大人同士になると、ある程度の距離が必要なときもあるでしょう。

●母親の部屋も半分増築

1階の和室をそのまま生かして、母親の部屋として使うことにしました。お母さんは今までもよく泊りにきていたので、この和室には馴染みがあります。

ただ和室にベッドは馴染まないので、床の間だったところを通路

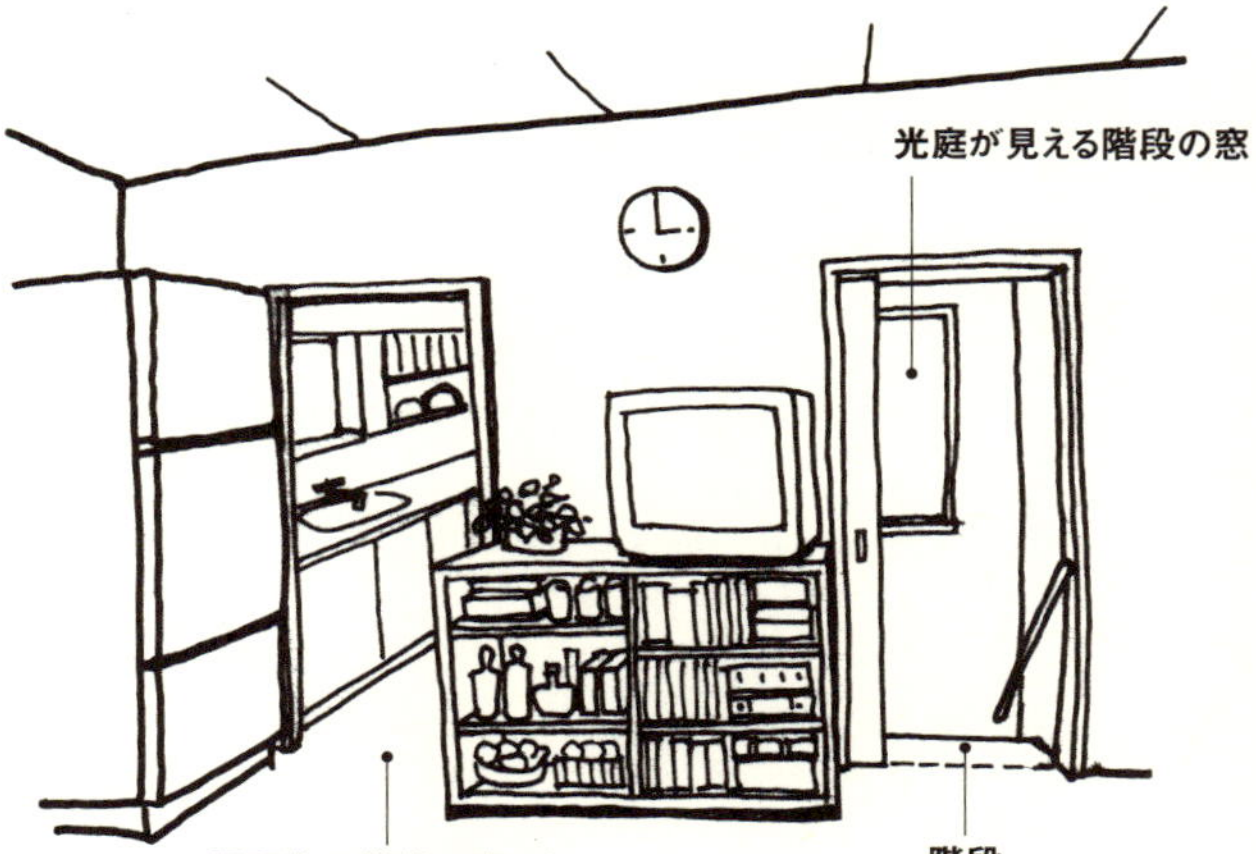

とし、奥に寝室と専用の水まわりを増築しました。こちらに濡れ縁をつけたので庭にも出やすくなりました。光庭があるため、風通しのよい部屋です。

●多目的室を設ける

Kさんは暮らし全般を楽しんでいますが、趣味は籐工芸です。なかなかの腕前で、新居の照明器具にも生かしました。近所の人たちが習いにくるので、籐工芸のための部屋をご希望です。

そこで増築した家族室とキッチンの下に籐工芸の部屋をつくりました。外部とのつながりのよい部屋なので、多目的室としていろいろと使えそうです。階段下までも収納に取り込んでいるので収納もたっぷりあります。

玄関の土間に面していますが、玄関には住居への扉と多目的室への扉、2つの引き戸を設けて独立性を高めています。

仕事部屋として、介護のための部屋として、必要に応じて多目的に役立ち続けることでしょう。出窓には作品が飾られ、道行く人の目も楽しませているようです。……………………今井

みんなで集まるときには、
新たに設けた家族室で

手前の引き戸は住居へ、
奥の引き戸は多目的室へとつながる

おわりに

リフォームに失敗しないために

以前に比べて、リフォームの依頼が増えています。雑誌ではリフォーム特集が組まれ、テレビでも「リフォームで見違えるようにきれいになったわが家」を紹介する番組が人気です。

しかし一方で、予想以上に費用がかかり心にわだかまりが残ったり、壁を抜いてしまって耐震に不安が残ったりという人も多く、この本で紹介したように「リフォームしてよかった」と心から満足できるケースばかりではありません。

納得のいく結果が得られるように、依頼者として注意すべき点を10挙げてみましたので、参考にしてください。

1. タイミングをよく考える。

住まいは、7～10年に1回「見直し」をしましょう。10年経つと家族構成も変化していて、間取りにも無理が生じているはずです。家自体も傷んできて、メンテナンスが必要です。

大きなリフォームは〝家族の変化〟がきっかけとなることが多いようですが、マンションの場合、〝建物の大規模修繕〟に合わせて行うのが効率的です。特に設備の改修がある場合、共用部分と一緒に専用部分の直しができるため、手間も費用も少なくてすみますし、音の迷惑もさほど考えずにすみます。

2. 業者の飛び込み営業に注意する。

悪徳リフォーム業者による被害が増えています。手口はだいたい決まっています。「耐震補強しないと、地震に耐えられない」「床下の換気が悪く、土台が腐っている」などと言って不安を煽り、必要のない補強工事を高額で行ったり、床下に不要な調湿剤を敷いたりするのです。最近は手口が巧妙になってきて、下水道の整備を安く引き受けて相手の信頼を得たところで、あれもこれもと勧めてきたりします。

よい業者もたくさんあるのですが、とにかく飛び込みの営業マンには慎重に応対するべきです。アドバイスできることは、その場で契約せずに誰かに相談してみること、依頼するなら近所の業者にすることです。近所なら、評判もありますから悪いことはしないはずです。

3. 相談相手をよく考える。

ある依頼者は、家を建ててもらった工務店にリフォームの相談をしました。65項目の希望を伝えると、要求通りに図面を書いてくれたものの水まわりやキッチンの使い勝手に不安がありました。そこで設計者に相談を持ちかけ、依頼者・工務店・設計者の三者で会って、役割を確認してからリフォーム計画を進めることになりました。こういう例は多々あります。

工務店によっては、設計者が入るのを嫌うこともあります。「設計者が無理難題を言うためやりにくい」という単純な理由から、「細かく監理され、思うように儲けられない」という悪質な考えまでいろいろです。

住まい方はもちろん、予算、工事の監理まで、**依頼者の立場に立って専門的なアドバイスができるのは設計者**です。リフォームの内容にもよりますが、住まいに対する不満や悩みがあるようでしたら、設計者に相談することをおすすめします（ここでいう「設計者」とは、施工会社所属の設計者ではなく、建て主が直接依頼する設計者です）。

4. 「住みながら」か「引っ越す」かを考える。

改修部分の割合によります。

住みながらの工事は、それなりに覚悟が要ります。特に水まわりの改修がある場合、キッチンは1〜2週間使えなくてもコンビニがあるのでなんとかなりますが、お風呂やトイレは対策が必要です。いつからいつまで使えないのかを確認しておくことが大切です。工事が長引き気疲れしますが、現場を逐一確認することができるというメリットがあります。

引越しは費用がかかりますが、「荷物を整理するチャンス」と考えることもできます。音や振動によるストレスもなく、職人さんに気配りする必要もないので、いくらか気持ちに余裕が持てるという利点があります。

5. 優先順位を明確にする。

せっかくリフォームするのだから、メンテナンスをしっかりして、バリアフリーにして、キッチンを新しくして、家族室もつくって……とやりたいことはたくさんあると思います。でも、予算に限りがあったり施工上の問題などで、すべてをいっぺんに叶えられるわけではありません。

家族で話し合って、優先順位を決めておくのが成功の秘訣です。今回のリフォームの一番のテーマは何でしょう？　バリアフリー化か、家事の軽減か、夫婦寝室の見直しか……。それを伝えるだけで、設計者も提案しやすくなります。

6. 気になるところは、すべて伝える。

住まいのことは、住んでいる人が一番よく知っています。専門家でも、見ただけではわからないことがたくさんあるのです。ですから、「今回のリフォームには関係ない」と思っても、気になることはすべて伝えましょう。

たとえば「10年前に雨漏りがして、屋根の一部を修理した」「以前にシロアリが出て、調べたら土台が腐っていた」といったことも貴重な情報です。こういったことは、「住まいのノート」に書き留めておくと便利です（50ページ参照）。

7. 耐震を考える。

依頼者の要望でよくあるのが、「2間をつなげて、明るく広々とした部屋にしたい」というもの。これに応えて、言われるままに壁を抜いてしまう業者も多いのです。しかし、構造上、抜いても問題のない壁や柱もあれば抜いてはならないものもあります。問題がないと言っても、抜いた場合には補強が必要です。

阪神・淡路大震災で倒壊した住宅は、リフォームした住宅も多かったと聞きます。地震に耐えられるように、要望の中に必ず「安全性」を入れましょう。

8. 予算に余裕を持たせる。

工事が終わってみたら、請求額が見積もりを大幅にオーバーしていた……という話を聞きます。設計者が間に入っている場合、予算に見合った計画を立て、工務店からの見積もりチェックや交渉までを行うのが設計者の仕事ですから、それほど心配はいりません。

ただ、リフォームは工事を始めてみないとわからないことが多々あります。壁や床を壊したら木材が腐っていたとか、設備が古くなっていて取り替える必要が出てきたとか……。「もしも」の場合に備えて、予算には余裕を持たせておきましょう。

9. 工事中、気づいたことはすぐに伝える。

工事が始まったら、依頼通りに進んでいるかどうかを確認しておきたいですね。思っていたのと違うようだったり気になることがあった場合、すぐに伝えましょう。工事の途中ならば修正も可能ですが、仕上がってから変更するのは大変です。

その際、窓口をひとつにしておくことが大切。家族（依頼者）の代表者から設計者（設計者に頼んでいない場合は工事責任者）に伝えることにしておけば、問題ないでしょう。その場で職人さんにあれこれ指示を出してしまうと現場が混乱しますし、追加請求などのトラブルの原因になります。

10. 近隣への気配りを忘れない。

音、臭い、車の出入りなど、多かれ少なかれ何かしら近所に迷惑をかけます。工事後に気まずくならないよう、挨拶は欠かせません。

マンションの場合は、必ず計画の段階で管理組合に届け出ることです。また、上下階だけでなく、両隣や思わぬところにまで振動が伝わるので、着工前に挨拶をしておくべきです。

さらに工事の予定表を所定の場所に張り出し（たいがい工務店が張ってくれます）、その中で大きな音の出る日を知らせることも大事なマナーです。

著者紹介

今井淳子（いまい・じゅんこ）
1945年生まれ。工学院大学建築学科卒。一級建築士。
住まいの町医者をめざして30年。建て主の想いを一緒に整理し、形にする。住まいを創るのは“家族”なので、共働き、育児、同居、介護、趣味など、生活全般がテーマとなる。
㈱あい設計主宰。
〒221-0823　横浜市神奈川区二ツ谷町1-8
Phone……045(290)9399　Fax……045(290)9388
E-mail……aisekkei@triton.ocn.ne.jp

加部千賀子（かべ・ちかこ）
1950年生まれ。東京電機大学工学部建築学科卒。一級建築士。
豊かな光や心地よい風の通る住まい、収納を工夫した見通しのよい室内は、行動を喚起し、生き生きとした暮らしを支える。そんな「元気の出る家」をつくりつづける。
㈱ビラ・プランニング主宰。
〒188-0011　西東京市田無町4-17-22
Phone……0424(62)7501　Fax……0424(62)4704
E-mail……kabe@mx6.ttcn.ne.jp
URL……http://www1.ttcn.ne.jp/~kabe/

もう一度わが家を住み直そう!
定年後が楽しくなるリフォーム

2005年7月15日　第1版第1刷発行

著　者	今井淳子 加部千賀子
発行所	株式会社 亜紀書房 〒101-0051 東京都千代田区神田神保町1-32 電話　03-5280-0261 FAX　03-5280-0263 振替　00100-9-144037 http://www.akishobo.com/
印刷・製本	株式会社トライ http://www.try-sky.com/
装　幀	斉藤よしのぶ
装　画	細田雅亮
人物イラスト	ヒウラケンジ
建築イラスト	今井淳子・加部千賀子

ISBN4-7505-0506-4